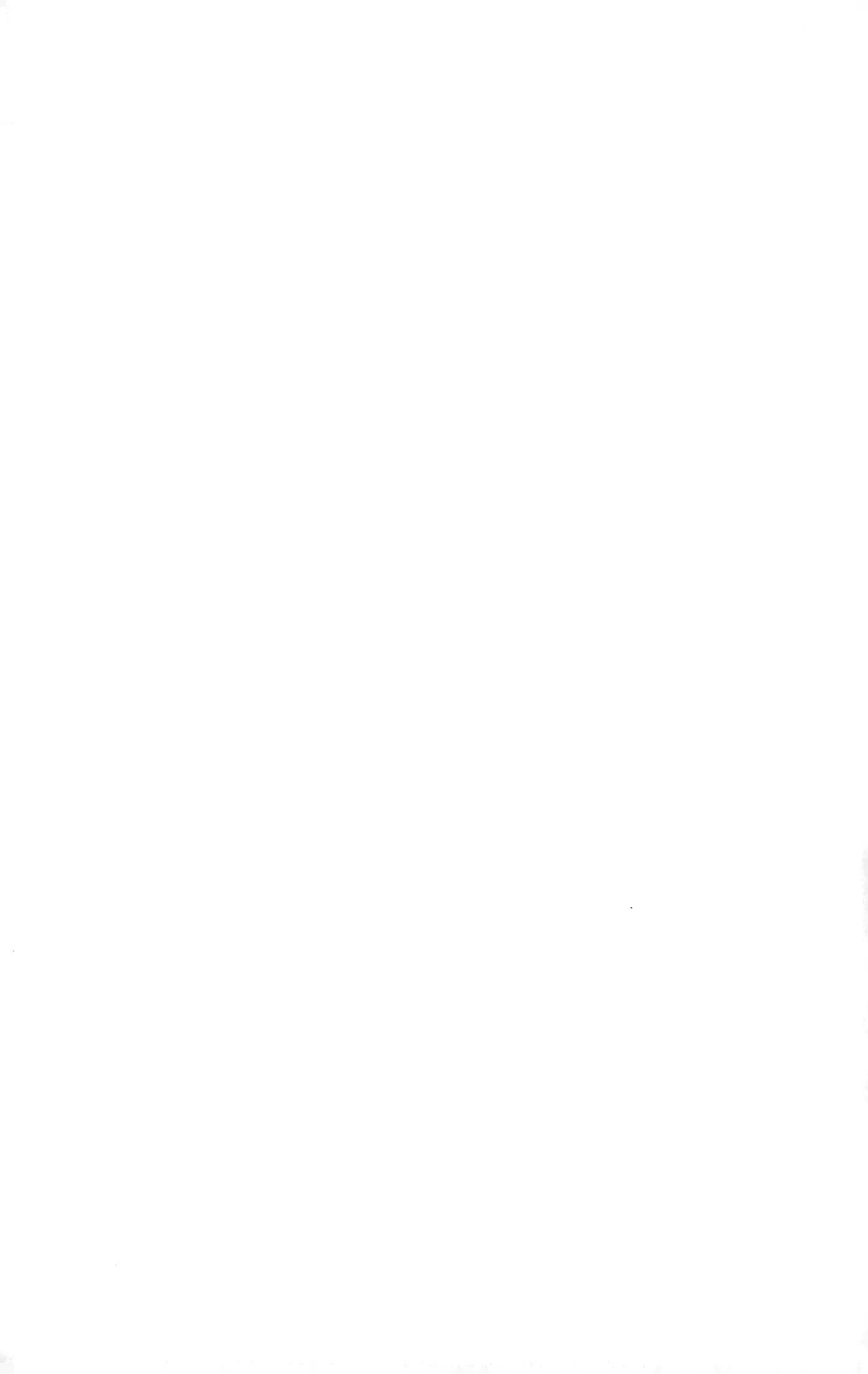

Chris Bosh

Briefe an einen jungen Athleten

CHRIS BOSH

BRIEFE *an einen* JUNGEN ATHLETEN

Bibliografische Information der Deutschen Nationalbibliothek
Die Deutsche Nationalbibliothek verzeichnet diese Publikation in der Deutschen Nationalbibliografie. Detaillierte bibliografische Daten sind im Internet über http://dnb.d-nb.de abrufbar.

Für Fragen und Anregungen
info@finanzbuchverlag.de

Originalausgabe
1. Auflage 2021

Türkenstraße 89
80799 München
Tel.: 089 651285-0
Fax: 089 652096

Projektleitung: Fabian Neidl
Übersetzung: Mark Bergmann
Redaktion: Tillmann Court
Korrektorat: Silvia Kinkel
Umschlaggestaltung: Marc-Torben Fischer in Anlehnung an das Original von Lucia Bernard
Umschlagabbildung: Melvin Rodas
Satz: Achim Münster, Overath
Druck: GGP Media GmbH, Pößneck
Printed in Germany

ISBN Print 978-3-95972-504-0
ISBN E-Book (PDF) 978-3-96092-955-0
ISBN E-Book (EPUB, Mobi) 978-3-96092-956-7

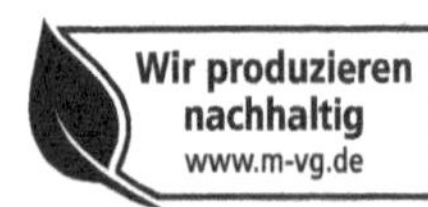

Ich möchte dieses Buch meiner wundervollen Frau Adrienne und unseren fünf tollen Kindern widmen. Ohne euch ist alles nichts, ich liebe euch von ganzem Herzen. Außerdem danke ich allen, die mir bislang auf meinem Weg geholfen haben: Trainer, Lehrer, Mitspieler, Betreuer und Fans: vielen Dank!

INHALT

VORWORT 9

EINFÜHRUNG 23

BRIEF 1 | Wenn Du nur noch müde bist 33

BRIEF 2 | Finde Dein Warum (und es darf weder Ruhm noch Geld sein) 53

BRIEF 3 | Die Gabe des Hungers 71

BRIEF 4 | Kultiviere Deinen Geist 83

BRIEF 5 | Kommunikation ist entscheidend 103

BRIEF 6 | Wirf Dein Ego in die Tonne 125

BRIEF 7 | Anführer führen an 145

BRIEF 8 | Gib auf Dich acht 163

BRIEF 9 | Lass Dich nicht verrückt machen 181

BRIEF 10 | Was zählt, ist der Name auf
der Brust Deines Trikots 201

BRIEF 11 | Gewinnen und Verlieren:
Nicht zu hoch, nicht zu tief 219

BRIEF 12 | Es braucht, was es braucht........................ 243

FAZIT 263

DANKSAGUNG 273

INDEX 276

VORWORT

VON PAT RILEY

Lieber Chris,

es gibt entscheidende Momente im Leben, die für dich und die Menschen in deinem Umfeld alles verändern. Momente, in denen alte Wahrheiten auf einmal glasklar erscheinen. Ein solcher Moment könnte sich an jedem beliebigen Tag deines Lebens ereignen. Wir bleiben diesen Momenten auf ewig verbunden, denn sie weisen uns einen Weg zu neuen, noch besseren Erfahrungen.

In meinen Jahren als Spieler, Trainer und Funktionär der NBA habe ich viele freudige und schmerzhafte Momente erlebt. Bis heute sind sie mir ganz nah. In meinem Alltag passiert ständig etwas – ein Meeting, ein Anruf von einem Freund, ein bestimmtes Lied oder ein Bild an der Wand – und schon bin ich wieder mittendrin und erlebe diese Momente erneut, häufig mit mehr Klarheit und Einsicht.

Manche Momente wirken bis heute ganz unglaublich auf mich, noch immer denke ich mir dann: »Wie konnte das passieren?« Ein Paradebeispiel war dein – aus meiner Sicht – entscheidender Moment als Spieler bei den Miami Heat. Ein Jahr, nachdem du 2012 mit den Heat deine erste Meisterschaft gewonnen hattest (gegen Oklahoma City Thunder, die damals mit den Führungsspielern Russell Westbrook, James Harden und Kevin Durant einen starken Kader hatten), wollten wir den Titel verteidigen und lieferten uns im Finale mit den San Antonio Spurs einen echten Kampf. San Antonio war eine grandiose Mannschaft, trainiert vom großen Gregg Popovich und angeführt von Tim Duncan, Tony Parker und Manu Ginobili. Die Spurs führten mit drei zu zwei Spielen und waren kurz davor, uns vor heimischer Kulisse die entscheidende vierte Niederlage beizubringen und sich den Titel zu holen. Bislang hatten sie deutlich besser gespielt als wir, nun war Spiel 6 fast vorbei und es sah ziemlich düster für uns aus: Wir lagen 95:92 zurück und es waren noch 17 Sekunden zu spielen. Wir hatten den Ball und attackierten ihre Defense. Sie mussten eigentlich nur noch einen Angriff stoppen, einen Rebound holen und das Spiel wäre im Grunde vorbei gewesen. Wir hingegen brauchten Punkte, einen Zweier oder Dreier, um weiter im Spiel zu bleiben. Coach Spo hatte einen hohen Screen aus zwei Spielern aufstellen lassen, um LeBron freizublocken, der sich dadurch in perfekter Position für einen Dreipunktewurf befand, mit dem er das Spiel ausgleichen konnte. Die Uhr tickte runter, noch weniger als zehn Sekunden. LeBron verwarf und der Ball prallte in einem sehr hohen Bogen vom Ring zurück. In der NBA gilt: Triff oder du verlierst – und Zufälle gibt es nicht. Nun brauchten beide Teams einen Rebound. Wäre San Antonio an den Ball gekommen, hätten wir foulen müssen. Während der Ball noch in der Luft war, begannen unsere Fans – die inzwischen alle von ihren Sitzen aufgesprungen waren – das Hallenpersonal auszubuhen, das in Erwartung eines Sieges von

SA am Rand des Spielfelds bereits Absperrband spannte. Es schien ewig zu dauern, bis der Ball wieder runterkam. Die Defense von SA hatte auf jeder Position durchgewechselt und du spieltest plötzlich gegen Tony Parker – gegen den du wegen deiner 25 Zentimeter Größenvorteil bei Rebounds die Nase vorn hattest. Du warst so ein cleverer, instinktiver Spieler. Du wusstest, dass du im Vorteil warst, du musstest nur aufpassen, ihn bei deiner spielentscheidenden Chance nicht zu hart anzugehen und ein Offensivfoul zu kassieren, weil du ihn mit deiner Größe bei seinem Block einfach umgestoßen hättest. Mit perfektem Timing bist du so hoch gesprungen wie du konntest und zum Ball gezogen, statt darauf zu warten, dass er zu dir kommt. Du hattest schon immer Hände wie Schraubzwingen. Mit kaum noch Zeit auf der Uhr hast du dir den Ball geschnappt und zielsicher an einen der gefährlichsten Dreipunkteschützen der NBA-Geschichte weitergegeben: Ray Allen. Für den war das Routine. Er hatte gewittert, dass du den Rebound bekommen würdest und lief blindlings rückwärts in Richtung Ecke. Nach vielen Jahren in der NBA war seine Court-Übersicht überragend. »Ball in der Luft, Füße in der Luft« war ein geflügelter Spruch, den ich häufig verwendete, um meinen Spielern beizubringen, wie sie einen Pass annehmen sollen, um beim anschließenden Wurf ihre Balance halten zu können. Ray fing den Ball und platzierte seine Füße perfekt hinter der Dreipunktelinie. Er hob ab, stieg hoch in die Luft, richtete seinen Körper zum Korb aus, die Augen lasergenau auf den Ring fokussiert und ließ den Ball fliegen. Als drei verzweifelte Spurs-Spieler zum Blocken bei ihm waren, hatte er seinen Wurf längst abgeschlossen. Ich stand direkt hinter Ray und hielt die Luft an: Wir hatten eine Top-Wurfposition von LeBron, einen rettenden Offensiv-Rebound plus einen anschließenden, punktgenauen Assist von dir – den perfekten Pass, genau in die sicheren Hände unseres besten Clutch Shooters, Ray Allen. Nach mehr hätte man in dieser dunklen Stunde nicht verlangen können. Triff oder du verlierst! Die Zuschauer waren wie gelähmt – die Augen geschlossen, die Münder weit geöffnet – und beteten zum lieben Gott für ein Wunder. Mit 5,3 Sekunden auf der Uhr ging der Ball rein, wir glichen aus auf 95:95 und die Halle brach in frenetischen, lautstarken Jubel aus. Wahnsinn! Wir spürten plötzlich, wie uns das Adrenalin in die Adern schoss. Der Umschwung, der in diesem Moment in den Köpfen der Spieler geschah, lässt sich nur schwer beschreiben. Diese Chance würde sich unsere Mannschaft nicht mehr nehmen lassen.

Am Ende der Overtime lagen wir mit einem Zähler vorn und konnten den Sack zumachen. Die Spurs hatten ihren Angriff auf Danny Green zugeschnitten, praktisch der Ray Allen der Gegenseite. Ihr Spielzug war komplex, mit jeder Menge Spielerbewegung, vielen Richtungswechseln und Screens. Sie passten den Ball zur Weak Side, also der ballfernen Seite, wo Green bereitstand, um ihn anzunehmen. Du allerdings hast den späten Switch erkannt und bist sofort auf Green zugestürmt. Als der zum Sprungwurf ansetzte, hast du ihn mit perfektem Timing und ohne zu foulen geblockt und damit unseren Sieg gerettet. Die voreilig gespannten Absperrbänder wurden wieder entfernt, in dieser Nacht würde es keine SA-Siegesfeier in Miami geben. Mit deinem Rebound, dem Pass an Ray und dem geblockten Wurf von Green hast du jedem gezeigt, was für ein vielseitiger, großartiger Spieler du bist. Du besitzt das Herz und den Willen, die kleinen Dinge zu erledigen, die am Ende Spiele gewinnen. Zwei Nächte darauf gewannen wir daheim in Miami Spiel 7 und feierten die zweite Meisterschaft in Folge. LeBron wurde – zu Recht – zum Most Valuable Player (MVP) der Finals gewählt, und alle Spieler, die in dieser Serie auf dem Court standen, hatten ihre Momente. Aber für jeden, der etwas davon versteht, wie man Spiele gewinnt und enge Kisten nochmal dreht, wirst du in die Geschichte der Miami Heat eingehen als der Spieler, der mit seinen wichtigen Spielzügen sein Team zur Meisterschaft geführt hat. Es gibt keine Zufälle. Chris Bosh für immer!

QUAL UND LEID

Zwei Jahre zuvor hast du noch fassungslos und niedergeschlagen auf die Punktetafel gestarrt und tief seufzend mit ansehen müssen, wie die Dallas Mavericks den Gewinn der NBA-Meisterschaft 2011 feierten. Ausgerechnet in unserer Halle, was das Ganze umso schmerzhafter machte. Mit hängendem Kopf und Schultern hast du dir langsam deinen Weg gebahnt durch die Menschenmassen auf dem Spielfeld und die Championship Alley der American Airlines Arena hinab. Damals konnte ich spüren, wie schmerzhaft es für dich war, deine Titelträume in einem Trommelfeuer aus Dirk Nowitzkis Sprungwürfen und Jason Kidds cleveren Spielzügen zerplatzen zu sehen. Dies war das schlimmste Erlebnis deiner Karriere. Du bist auf die Knie gefallen und hast bitterlich geweint. Deine Teamkollegen nahmen dich in den Arm und versuchten, dich so gut es ging zu trösten, halfen dir auf und begleiteten dich Arm in Arm in den Kabinentrakt. Wie Brüder, die denselben Schmerz fühlten wie du.

In Situationen wie den NBA Finals, in denen es nur einen strahlenden Sieger geben kann, reagieren manche Spieler stoisch, manche depressiv und andere wütend auf Niederlagen. Einige scheinen ganz nüchtern damit umzugehen, so als handele es sich um einen ganz normalen Misserfolg, andere brechen unter Tränen vollkommen zusammen. Es ist schwer zu beschreiben, welch emotionale Achterbahn ein Spieler in solchen Momenten erlebt, besonders wenn ihm wirklich etwas am Spiel liegt. Auf alle Fälle folgt auf diese Niederlage ein richtig mieser Sommer. Viele Spieler verkriechen sich erstmal und lassen sich wochenlang nicht mehr blicken. Eine solche Pleite bekommt man nicht mehr aus dem Kopf, bis im Herbst endlich die neue Saison beginnt.

Als ich euch in diesen traurigen Augenblicken so beobachtete, quälte mich der Gedanke, euch für einen Sieg nicht gut genug vorbereitet zu haben. So schlecht hatte ich mich schon lange nicht mehr gefühlt, auch wenn ich solche niederschmetternden Momente zuvor schon viele Male erlebt hatte. Am liebsten hätte ich mich in meiner Verzweiflung unter einer Decke verkrochen und darauf gewartet, dass dieser Alptraum endlich vorbei ist. Doch hier half keine Decke, keine heiße Dusche hätte diesen Schmerz wegspülen können. So etwas kann nur die Zeit. Irgendwann kamst du zurück und zogst dich selbst an den eigenen Haaren aus diesem Loch, denn so verhalten sich echte Profis nun mal. Und du warst ein Profi, wie er im Buche steht.

Nur ein Jahr zuvor, am 9. Juli 2010, fand in derselben Halle eine riesige Feier anlässlich der Ankunft der »Big Three« in Miami statt. LeBron James, unser Dwayne Wade und du hatten sich dazu entschieden, als »Superteam« einen Vertrag bei den Miami Heat zu unterschreiben. Als ihm auf der Bühne die Liebe und Freude Tausender Heat-Fans auf den Rängen entgegenschlug, prognostizierte LeBron überschwänglich, dass dieses Team nicht eine, nicht zwei, nicht nur drei oder vier, sondern viele Meisterschaften gewinnen könne. Man konnte ihm nicht verübeln, dass er sich damals von diesem Moment mitreißen ließ. Einige Leute taten es dennoch, als wir ein Jahr später von Dallas in unserer eigenen Arena gedemütigt wurden. Der Schmerz saß tief und LeBron bekam damals von den Kritikern am meisten auf den Deckel, weil er mit seinem Spiel weder ihre noch seine Erwartungen erfüllt hatte. Die Big Three galten als erledigt, bevor sie richtig angefangen hatten.

Dallas hatte uns wirklich eine gehörige Abreibung verpasst. Das Medienecho war grausam. Es war genau das eingetreten, was fast alle hatten sehen wollen: Die Big Three hatten verloren, und zwar sang- und klanglos. Wie sollten wir also damit umgehen? Was mussten wir in der kommenden Saison anders machen? Die Auswirkungen dieser Niederlagen würden uns zu Veränderungen zwingen. Der Sport kennt zwei emotionale Zustände: Sieg und Leid. Dazwischen gibt es nichts. Diese Wunden würden heilen und du würdest maßgeblich daran beteiligt sein, die dafür nötige Wund- und Heilsalbe aufzutragen.

Du bist verdammt clever und ein äußerst vernünftiger, pragmatischer Mensch. Du verfügst darüber hinaus über einen ganz bemerkenswerten Charakterzug, eine ungewöhnliche Mischung aus Mitgefühl und mentaler Härte. Diese Kombination half uns dabei, eine echte Spitzenmannschaft zu formen.

Es begann mit großen individuellen Opfern, sowohl auf dem Spielfeld wie auch abseits desselben. Auf dem Court hast du am meisten geopfert, indem du Würfe, Punkte, Bälle – dein gesamtes Spiel – Dwayne und LeBron überlassen hast. Dwayne opferte sein eigenes Spiel, um dem besten Spieler des Teams – LeBron – mehr Chancen zu ermöglichen. Der blühte in dieser Nummer-eins-Rolle auf, und so entstand eine neue Hackordnung in der Mannschaft, ganz ohne irgendwelche Egoprobleme, die häufig mit derartigen Veränderungen einhergehen. Du, LeBron und Dwayne, ihr habt euch gemeinsam die Einstellung echter Gewinner zu eigen gemacht und den Fokus weggelenkt von der Frage »Wessen Team ist das?« und somit die Ecken, Kanten und persönlichen Befindlichkeiten ausgeblendet, die großartige Mannschaften kaputtmachen können. Wir haben uns völlig neu erfunden: Auf einmal hatten wir nicht mehr nur Superstars im Team, sondern intelligente Spieler, die Meisterschaften gewinnen wollten und nicht nur Scoringtitel. Von Beginn an war da dieser Sportsgeist: Unsere Spieler waren großartige Sportler und harmonierten auch menschlich miteinander. Doch nachdem du den Dallas-Spielern die Hände geschüttelt, Fist-Bumps und Umarmungen verteilt, den Court verlassen und dich auf den Weg in die Katakomben gemacht hattest, da wusstest du tief in deinem Herzen, dass du für eine sehr lange Zeit kein Licht am Ende des Tunnels sehen würdest. Es würde harsche Kritik hageln. Wir konnten nichts tun, als sie einfach über uns ergehen zu lassen, bis die Nadelstiche der Medien eines Tages aufhören würden, unsere Psyche zu piekSen. Dann erst konntest du dich wieder aufrappeln, die Sachlage akzeptieren und die Veränderung einleiten.

Die Big Three hatten sich freiwillig verändert, jeder seine neue Rolle akzeptiert. Wir waren auf dem aufsteigenden Ast und ahnten, dass es eine weitere Chance für uns geben würde. Wenn man sich ändern und besser werden will, dann bringt man dafür jedes Opfer. Jeder Spieler mag den Ruhm, das Geld und die Aufmerksamkeit, die der sportliche Erfolg mit sich bringt, wenn man in einem NBA-Team auf diesem Niveau spielt. Doch nicht jeder ist bereit, die dafür nötigen Opfer zu erbringen. Deine Miami Heat haben es getan und konnten das tiefe Gefühl des Schmerzes abschütteln. Opferbereitschaft und Vertrauen waren ihre Heilmittel.

Nach der verlorenen Finalserie herrschte nun Klarheit darüber, wie sich die Rollen von LeBron, Dwayne und dir entwickeln mussten, um zu vermeiden, dass sich so etwas wie 2011 wiederholte. Du warst der Spieler, der am meisten geopfert hat. Schon in Toronto warst du immer der talentierteste Spieler und hast in deinem Team jede bedeutende Statistik angeführt. Doch die Raptors konnten damals mit deinen Zielen nicht mithalten, nämlich um Meisterschaften zu spielen. Nun aber warst du ganz bewusst bereit, deine eigenen Statistiken für das Wohl des Teams zu opfern. Meiner Meinung nach wurdest du die zentrale Figur, wegen der diese Big-Three-Idee funktionierte. Durch dein Temperament, deine Intelligenz und deine Vielseitigkeit wurden wir eine echte Macht. Nicht jeder Superstar würde freiwillig die dritte oder manchmal sogar vierte Geige spielen. Du hast das bereitwillig getan, weshalb wir schließlich auch Titel gewinnen konnten. In diesem Sommer voller Gedankenspiele und schwieriger Diskussionen über die Rollen im Kader änderten sich die Dinge zum Besseren. Es gab weniger Ungewissheit über die Funktionsweise des Teams im darauffolgenden Jahr. An ihrer Niederlage gegen Dallas sind die Heat extrem gewachsen und diese neuen Heat erwiesen sich als unschlagbar. Nach einer Niederlage in Spiel 1 der Finalserie gegen OKC gewannen wir die nächsten vier Spiele in Folge und feierten damit den ersten Heimtitel der Big Three. Die Mission Meisterschaft war erfüllt. Nach fünf Spielen hatten wir es geschafft. Das Hochgefühl zu wissen, was für ein Team wir da zusammengestellt hatten, war berauschend. Wir waren von Titelkandidaten zu Champions geworden, unsere Mannschaft hatte Potenzial. Wenn wir zusammenblieben, könnten wir immer und immer wieder in den Finals stehen. Diesmal gab es keine Tränen der Trauer auf dem Weg zurück in die Kabine, sondern euphorische Schreie, Umarmungen und verspritzten Champagner, der dir vom Kopf in die Augen floss und ganz andere, viel schönere Tränen erzeugte: Tränen der Freude. Was für einen Unterschied ein Jahr ausmachen konnte.

WIDRIGKEITEN

Du warst erst 35 Jahre alt und hattest seit der Saison 2015/16 kein NBA-Spiel mehr bestritten. Am 26. März 2019 ließen die Miami Heat feierlich ein Trikot mit deinem Namen und deiner Rückennummer zum Hallendach der American Airlines Arena aufsteigen, wo du während deiner Zeit im Team so großartige Spiele abgeliefert hast. Niemals wieder wird ein Spieler wie du auf diesem Parkett spielen – du warst ein einzigartiger Mensch und Sportler. Etwas ganz Besonderes. Du warst von 2010 bis 2014 Teil einer Ausnahmemannschaft: Vier Finalteilnahmen in Folge und zwei Meisterschaften stellen bis heute die stärkste Phase in der Geschichte der Franchise dar. Eine Zeit voller großartigem Basketball, tollem Spirit und Wahnsinns-

Support von Fans und Medien. Es war die reinste Freude, möglich gemacht durch einen großen Zusammenhalt. Du hättest 20 Jahre an der Spitze spielen können, wenn gesundheitliche Probleme deiner Karriere kein verfrühtes Ende bereitet hätten. Im Sommer 2014 verloren wir LeBron, der sich entschieden hatte, in seine Heimat Cleveland zurückzugehen. Wir waren geschockt und verletzt von dieser Entscheidung – um es milde auszudrücken. Denn nach vier Finals und zwei Meistertiteln hatten wir geglaubt, die Big Three stünden erst am Anfang einer monumentalen Ära. Doch trotz LeBrons Abgang hielten wir die Heat weiterhin für ein starkes Team, mit Dwayne und dir als Spielmacher, die gemeinsam noch viele erfolgreiche Jahre mit All-Star-Potenzial vor sich hatten. Wir mussten euch nur mit starken Mitspielern umgeben, mit denen wir im Titelrennen mithalten konnten. Vom Beginn der Off-Season, als LeBron uns verlassen hatte, bis zur Trading-Deadline im Februar verbissen wir uns in das Bestreben, die Mannschaft zu verstärken. Am 19. Februar 2015 (und zwar um 18 Uhr, um genau zu sein) verpflichteten wir Goran Dragić von den Phoenix Suns – im festen Glauben, er könne unser Team wieder ins Titelrennen zurückbringen. Dragić war ein aggressiver Allrounder, mental stark und ein furchtloses Talent. Er sollte neben Dwayne im Backcourt unterwegs sein. Doch nur zehn Minuten nachdem der Trade abgeschlossen war, traf uns ein massiver Donnerschlag. Unser Mannschaftsarzt rief mich an und erklärte mir, dass du den Rest der Saison wegen einer Reihe von Blutgerinnseln ausfallen würdest. Ich war fassungslos und extrem besorgt, um dich und deine Gesundheit. Wir hatten ein unersetzbares Talent verloren, dessen Bilanz unerreichbar war und mussten auf einen großartigen Führungsspieler verzichten, doch all diese Dinge spielten keine Rolle. Unsere einzige Sorge war, dass du wieder vollkommen gesund wirst. Dies war ein niederschmetternder Schlag für dich und die Mannschaft. Zu Beginn nahmen wir noch an, die Blutgerinnsel ließen sich zeitnah behandeln, sodass du in der kommenden Saison wieder auf dem Parkett stehen könntest. Doch während du an der Seitenlinie sitzen musstest, brach unser Team völlig zusammen. Bis Anfang April waren wir noch Playoff-Anwärter, legten dann aber ein schwaches Ende der Regular Season hin und verpassten zum ersten Mal seit 2008 die Playoffs. Dein Ausfall war der Hauptgrund dafür. Es fehlte einfach an Talent und Führungsstärke.

In diesem Moment nicht zu wissen, wie deine Zukunft aussehen würde, war wahrhaft einer der Tiefpunkte in meinen 53 Jahren in der NBA. Es gab zahlreiche medizinische Diagnosen zu deiner Verfassung, die von erschreckend bis hin zu entsetzlich reichten. In unserer Branche müssen laufend Basketball-Entscheidungen getroffen werden, doch es gibt einen Punkt, an dem Basketball nur noch eine nachgeordnete Rolle einnimmt und die Gesundheit des Spielers im Vordergrund steht. In den folgenden Jahren konntest du nicht mehr spielen, sondern hast gemeinsam mit der Liga unermüdlich versucht, Therapien und Heilmittel zu finden, die dir eine Rückkehr aufs Spielfeld ermöglichen könnten. Es gab Zeiten, in denen du ein persönliches Match gegen deinen Körper zu führen hattest. Ich fühlte mit dir, Adrienne und deiner ganzen Familie. Dir mitteilen zu müssen, dass deine Karriere aufgrund gesundheitlicher Probleme vorüber ist, war für mich nicht zu fassen. Doch selbst in Zeiten größter Widrigkeiten gibt es stets auch Lichtblicke. Ich glaube, für dich waren dies deine Familie und Freunde sowie die Erkenntnis, dass es noch so viele andere Dinge gab, die du mit deinem Leben anstellen konntest.

An diesem Märztag, als wir deine Rückennummer 1 zum Hallendach der AAA hinaufzogen, war ich ergriffen davon, wie viele Menschen dir und deiner Familie Liebe und Respekt bezeugten und wie du, nach einem derart unglaublichen Rückschlag, in der Lage warst zu sagen: »Es ist in Ordnung, ich habe damit abgeschlossen.« Deine Familie, deine Freunde, ich und jeder aus der großen Heat-Gemeinschaft hatten Tränen in den Augen, als du uns das gabst, was wir alle hören wollten: »Ich habe es geliebt, ein Heat zu sein«, sagtest du uns. »Ich liebte die Saisons als Meister. Ich liebte euch Fans.« Du warst an diesem Abend ein Leuchtturm, voller Kraft und Dankbarkeit für all die schönen Dinge, die dir in deinem Leben widerfahren waren. Am Ende deiner ergreifenden Rede, als dein Trikot bereits unter dem Hallendach schwebte, nahmst du das Mikrofon aus dem Ständer, gingst zum vorderen Rand der Bühne, ganz nahe zu den Fans und brülltest so laut du konntest, als hättest du mit einem großartigen Play nochmal ein Spiel gedreht. Voller Enthusiasmus, mit deiner kräftigen Stimme und deiner markanten Hulk-Pose, fordertest du jeden auf den Rängen auf, ein letztes Mal mit dir zusammen zu feiern: COME ON, LET'S GO! ... COME ON, LET'S GO! ... COME ON, LET'S GO! Und das taten wir. Das war dein Mic-Drop-Moment. Chris, für immer und ewig wirst du ein »Heat Lifer« sein.

In Liebe, Pat

EINFÜHRUNG

Vermutlich das Letzte, was du hören möchtest, ist eine weitere Stimme, die dir in den Ohren liegt.

Kann ich verstehen.

Dein Leben ist aktuell ziemlich turbulent. Egal ob du ein Jahrhunderttalent bist, das gerade den Schritt ins Profigeschäft wagt, oder ein ganz normaler Jugendlicher, der nach Schulschluss in einer Amateurliga spielt, ob du Basketball oder Lacrosse magst, Kugelstoßen oder Football – oder ob du versuchst, einen guten Schulabschluss zu machen, um anschließend einen tollen Job zu bekommen – *viele* Leuten wollen was von dir.

Trainer.

Dein aktueller Schwarm.

Mitspieler.

Lehrer.

Eltern.

Freunde.

Die Zuschauer.

Hinzu kommen vielleicht Scouts, Journalisten, Hater und viele andere mehr. Und dann ist da noch die strengste Stimme von allen: die in deinem eigenen Kopf. Nichts kann furchteinflößender sein als diese Stimme. Nichts kann dich so täuschen, beschämen, hochjubeln, fehlleiten oder runtermachen wie der ständige Monolog, der zwischen deinen Ohren stattfindet.

Doch wo immer sie auch herkommen, diese Stimmen haben eines gemeinsam: Jede von ihnen glaubt, sie wüsste es besser. Sie alle wollen dir etwas sagen, wollen ein paar Minuten deiner Zeit stehlen, um in deinen Kopf zu gelangen. Vielleicht fordern sie das auch direkt ein: *Setz dich auf den Hosenboden, Junge, und hör mir gut zu!*

Und nun komme ich, eine weitere Stimme, die dir in den Ohren liegt. Warum sollte ich anders sein?

Weil ich es *tatsächlich* besser weiß und nicht nur *glaube*, es wäre so. Denn ich habe all das selbst erlebt.

Und was bedeutet »all das«? All die Stationen des Lebens, die du vielleicht gerade selbst durchmachst – Schule, Uni, Rookie – und jene, die du noch erreichen willst. Ich war dieser Junge, der in seiner Einfahrt Buzzer Beater geübt hat, die entscheidenden Punktwürfe in den letzten Spielsekunden, und später war ich auch der Kerl, der sie vor ausverkaufter Hütte tatsächlich erzielt hat. Und beides ist noch gar nicht so lange her.

Ich weiß noch genau, wie es sich angefühlt hat, dieses Spiel lieben zu lernen. Einen anderen Jungen mit einem Crossover alt aussehen zu lassen oder einen weiten Wurf zu versenken und dabei zu merken, dass ich vielleicht *anders* bin als der Rest. *Dass ich vielleicht eine besondere Gabe besitze.* Ich erinnere mich daran, wie ich dieses Talent in den Augen meiner Trainer und Mitspieler ablesen konnte und plötzlich verstand, dass Basketball meine Zukunft sein würde. Ich erinnere mich an meinen Drang, es aus meiner Heimatstadt hinauszuschaffen und es *zu packen*. Ich erinnere mich, von denselben Leuten mit Weisheiten bombardiert worden zu sein, die auch dich mit Weisheiten bombardieren – zu Hausaufgaben, Plänen für die Zukunft, Sportsgeist, was es heißt, ein Führungsspieler zu sein, nicht mit den falschen Leuten rumzuhängen, immer sein Bestes zu geben, wie man sich anziehen und welche Musik man hören sollte, kurzum: zu all den Dingen, mit denen junge Sportler schon immer belästig wurden.

Ich habe früh angefangen, Baseball und Basketball zu spielen, weil ich schon immer sehr groß war. Ab der vierten Klasse war Basketball praktisch mein Lebensinhalt. Ich wurde Highschool-Spieler des Jahres in Texas und ein All-American – gehörte also zur Auswahl der besten Spieler des Landes – und erhielt schließlich Anfragen mehrerer Universitäten.

Ich habe alles erlebt. Dinge, die du vermutlich auch noch erleben möchtest, selbst wenn sie dir im Moment noch so unwahrscheinlich wie eine ferne Fantasie erscheinen mögen. Ich habe gehört, wie Tausende Menschen gleichzeitig meinen Namen riefen. Ich wurde in fremden Ländern auf der Straße von Fans belagert. Ich trat aus den Katakomben aufs Spielfeld zu Spiel 7 der NBA-Finals. Ich habe solche siebten Spiele schon *gewonnen*, stand im Konfettiregen, der vom Hallendach fiel und habe lange genug gespielt, um zu sehen, wie mein eigenes Trikot dort raufgezogen wurde, wo es bis in alle Ewigkeit hängen wird.

Ich habe den Ärger gemieden, in den viele Sportler geraten, habe viel gelernt über das Spiel und über das Leben. Auch Kummer und Schmerzen sind mir nicht fremd. Ich schaffte es zu den Profis. Mein ganzes Leben lang hatte ich dafür gearbeitet, es bis an die Spitze dieses Sports zu bringen … nur um plötzlich alles wieder zu verlieren, weil mich mein Körper – der mich an die Spitze gebracht hatte – im Stich ließ. 2016 wurde bei mir überraschend ein Blutgerinnsel entdeckt, das dafür sorgte, dass ich nie wieder meine Sneaker schnüren und NBA-Basketball spielen sollte.

Ich befand mich nun in einer Liga mit Bo Jackson, der von einer Hüftverletzung ausgebremst wurde. Mit Dajuan Wagner, der seine Karriere wegen Morbus Crohn beenden musste. Mit Jay Williams, der noch vor seinem Rookie-Jahr in der NBA bei einem Motorradunfall schwerste Verletzungen erlitt. Ich war der Leidensgenosse einer Million anderer Sportler, von denen du noch nie etwas gehört hast, weil ihre Karrieren zu Ende waren, bevor sie richtig begonnen hatten. Ich war einer dieser Sportler, deren Karrieren nicht im Champagnerbad endeten, mit einer Titelfeier oder wenigstens unter Tränen auf dem Spielfeld. Meine endete stattdessen an einem stinknormalen Nachmittag in einer Arztpraxis. Meine aktive Zeit als Spieler ging ruhmlos zu Ende, mit einem bitteren Cocktail aus langsam eintröpfelnden Testergebnissen, mit einer Armada von Ärzten und Anwälten, die per E-Mail über Klauseln in meinem Vertrag diskutierten.

Während ich dies schreibe, wünscht sich ein Teil von mir, immer noch im Geschäft zu sein, auf der Jagd nach Meisterschaftsringen. Doch mein Vater pflegte zu sagen: »Wenn Gott eine Tür schließt, dann öffnet er irgendwo ein Fenster.« Unsere Konversation hier ist solch ein Fenster für mich. Ein Fenster, von dem aus ich mein geliebtes Spiel neu entdecken kann, nur aus einer anderen Perspektive. Dies ist meine Möglichkeit, diesem Spiel, das mir so viel gegeben hat, etwas zurückzugeben.

Glaub mir, ich weiß, dass du im Moment vermutlich keine Lust hast, noch einem weiteren Menschen zuzuhören. Aber wenn in deinem Kopf noch Platz für eine weitere Stimme ist – für meine Stimme –, dann glaube ich, dass ich dir dabei behilflich sein kann, dein Ziel zu erreichen.

Ich hatte viele Trainer in meinem Leben und das Glück, für einige der besten gespielt zu haben: Erik Spoelstra, Coach K, Pat Riley, Mike D'Antoni. Ich hatte Trainer, die mich beiseite nahmen und mir genau das ins Ohr flüsterten, was ich in entscheidenden Momenten in einem Spiel und in meinem Leben hören musste. Ich hatte auch einige lausige Trainer. Solche, die keine Motivationstechniken kannten, außer sich aufzuregen und noch lauter herumzubrüllen. Ich wurde in meinem Leben von vielen Leuten angebrüllt. Neulich habe ich versucht, das mal auszurechnen: Die Zuschauerzahl eines NBA-Spiels beträgt im Schnitt 18 000 und ich habe in meiner NBA-Karriere 982 Spiele bestritten. Zählt man alle Zuschauer zusammen, kommt man auf *17 Millionen* Fans, die mich *live vor Ort* angebrüllt haben – die Millionen, die mich durch ihren Fernseher angeschrien haben, nicht mitgezählt.

Was ich damit sagen will: Ich weiß, wie es sich anfühlt, wenn man angebrüllt wird. Deshalb werde ich das mit dir nicht tun.

Dafür steht hier zu viel auf dem Spiel.

Du stehst gerade an einem Scheideweg in deinem Leben. Vor dir liegen zwei unterschiedliche Pfade, und du musst dich für einen entscheiden. Ich möchte dir dabei helfen, den richtigen zu wählen. Den, mit dem du das meiste aus dir machst, dein Potenzial bestmöglich ausschöpfst und dieses Spiel beherrschst – welches auch immer das für dich ist. Egal ob du noch Stunden nach dem Training in der Sporthalle bleibst, um an deinem Wurf zu arbeiten oder wie besessen für eine Prüfung büffelst, ich kann dir helfen, das Beste rauszuholen.

Was mir rückblickend wirklich Sorgen bereitet, sind die Gedanken an jene Momente, in denen ich ganz leicht auf einen falschen Rat hätte hören können. Mit 15, 16 oder 17 und selbst mit 27 noch hätte ich mir durch eine falsche Entscheidung die gesamte Karriere für immer verbaut. Hätte ich dem Teufelchen auf meiner Schulter nur einmal seinen Willen gelassen, wären mein Leben und meine Karriere wahrscheinlich anders verlaufen. Meine ganze Zukunft – die Jahre als Profi, die olympische Goldmedaille, die beiden Meisterschaftsringe – wäre mit einem Mal ausgelöscht worden. Und schlimmer noch: Wie so vielen talentierten Kids da draußen wäre mir vermutlich gar nicht bewusst gewesen, was ich dadurch alles verpasst hätte. Hätte ich meine Kinder bekommen? Hätte ich meine Kreativität entdeckt? Wäre ich heute überhaupt hier, wäre ich noch am Leben? In dieser Hinsicht habe ich Glück gehabt. Und ich möchte, dass auch du dieses Glück haben wirst.

Einer der Glücksfälle in meinem Leben war eine Unterhaltung, an die ich mich heute noch erinnere, als hätte sie gestern stattgefunden. Ich befand mich in der Schule, genauer gesagt in der Sporthalle – wo ich eigentlich immer war, denn ich liebte es dort – und mein Coach Thomas Hill stellte mir eine dieser Fragen, die die meisten jungen Menschen nie so recht kapieren, aber alle einmal hören sollten.

Er erklärte mir gerade eine Übung. Vielleicht eine Low-Post-Übung, mit der ich die Beinarbeit für den Hakenwurf erlernen sollte, einen der simpelsten und doch effektivsten Würfe mit dem Rücken zum Korb. Es heißt, man spiele immer so, wie man trainiert – und damit ein Low-Post-Move wie der Hakenwurf funktioniert, musst du dich wirklich reinhängen, deine Position muss stimmen, du musst die Beinarbeit korrekt beherrschen und deinen Arm maximal ausstrecken, um hoffentlich einfache zwei Punkte einzustreichen. Oder vielleicht haben wir Einwürfe geübt und Coach Hill stand direkt vor mir und versuchte, mich mit Druck aus der Ruhe zu bringen. Was es auch war, ich musste eine ziemlich gute Figur gemacht haben, denn auf einmal brach er alles ab, blickte mir in die Augen und fragte: »Was willst du hiermit mal anfangen?«

Was ich hiermit mal anfangen will? Alter, ich dachte, ich fange längst was damit an. Siehst du nicht, wie ich spiele?

Ich zögerte und druckste ein wenig herum, weil ich dachte, er meinte diese bestimmte Übung oder vielleicht meine Ziele im Basketball. Ich erklärte ihm, dass ich hoffte, vielleicht eine Staatsmeisterschaft zu gewinnen oder ein College-Stipendium zu bekommen, weil ich dachte, dass es das ist, was jeder Trainer hören möchte. Doch er meinte etwas viel Bedeutenderes, etwas, das weit über den Sport hinausging. »*Nein*«, sagte er, »*das meine ich nicht.* « Er wollte, dass ich begann, in einem größeren Rahmen zu denken. Was wollte ich mit meinem Leben anfangen? Wer wollte ich sein? Wie konnte Basketball mir dabei helfen? Was könnte ich mit meinem Talent erreichen? Wie weit könnte ich es bringen, wenn ich meinen Zielen alles andere unterordnen würde?

Egal mit wie viel Talent du gesegnet bist, du musst dir auf jeden Fall dieselbe Frage stellen: Was willst du damit anfangen? Wo willst du mal hin und wie kannst du das, was dir geschenkt wurde, einsetzen, um dort anzukommen?

Diese Unterhaltung veränderte mein Leben und ich schreibe dieses Buch zu einem großen Teil deshalb, weil ich dir ebendiese Frage stellen möchte. Wie du sie auch beantwortest, beantworte sie aufrichtig – und ich werde dir einige aufrichtige Ratschläge geben, wie ich glaube, dass du dort ankommst, wo du hinwillst. Dies soll mehr sein als eine weitere Stimme, die dir in den Ohren liegt. Ich möchte, dass dies eine der Stimmen ist, die eine Bedeutung für dich haben. Dieses Buch soll für dich wie die Unterhaltungen sein, die mir halfen, mein Talent zu nutzen und es mir ermöglichten, mit dem vorzeitigen Ende meiner Karriere meinen Frieden zu schließen. Ich möchte, dass dieses Buch sich anfühlt wie die Unterhaltungen zwischen Trainern und jungen Spielern in Kabinen und Sporthallen, in Bussen auf Auswärtsfahrten und auf der Bank im vierten Viertel. Der große Coach John Wooden sagte einst: »Was für ein Mensch du bist, ist viel wichtiger, als was für ein Basketballspieler du bist.« Ich hatte das Glück, von unzähligen Coaches, Mentoren und Mitspielern umgeben gewesen zu sein, die nach diesem Leitsatz lebten.

Dieses Buch trägt nicht umsonst den Namen *Briefe an einen jungen Athleten*, denn ich verfasse es als eine Art Brief an dich. Ich habe es nach dem Vorbild zweier meiner Lieblingsbücher gestaltet, *Briefe an einen jungen Dichter* von Rainer Maria Rilke und *To a Young Jazz Musician* von Wynton Marsalis. Beide Bücher mögen nicht wie die typische Lektüre für einen

Basketballspieler klingen, doch ich liebe es einfach zu lernen – von jedem, der mir etwas beibringen kann. Ich hoffe, etwas von der Liebe und ein wenig des zeitlosen Wissens mit dir teilen zu können, das ich in meinen Jahren erworben habe. Eines der Dinge, die Rilke mich gelehrt hat, war, dass zum Weisesein auch gehört, akzeptieren zu können, im Moment nicht alle Antworten zu haben – und das ist in Ordnung. Es ist in Ordnung, viele Fragen zu haben. Man sollte versuchen, »die Fragen selbst liebzuhaben wie verschlossene Stuben und wie Bücher, die in einer sehr fremden Sprache geschrieben sind«, rät er in *Briefe an einen jungen Dichter*. »Forschen Sie jetzt nicht nach den Antworten, die Ihnen nicht gegeben werden können, weil Sie sie nicht leben könnten. Und es handelt sich darum, alles zu leben. Leben Sie jetzt die Fragen. Vielleicht leben Sie dann allmählich, ohne es zu merken, eines fernen Tages in die Antwort hinein.«

Du musst jetzt noch nicht wissen, was du mit deinem dir gegebenen Talent anfangen möchtest, wo du später mal landen oder woraus du die Kraft ziehen wirst, die du auf deinem Weg brauchst. Lebe einfach, bewahre dir deine Liebe für das Spiel und du wirst dich in die Antworten hineinleben können.

Es gibt für dein Leben keine Straßenkarte, die dich an dein Ziel bringt. Doch Rilkes Rat, den ich mir zu Herzen zu nehmen versucht habe, lautet, dass du alles gelebt haben musst. Für mich als Sportler bedeutet dies, dass dein Spiel – welches auch immer es ist – mehr als bloßes Mittel zum Zweck sein muss. Natürlich übst du Spielzüge im Training, weil du Spiele gewinnen willst, und du willst Spiele gewinnen, um all die schönen Dinge zu genießen, die damit einhergehen: Pokale,

Stolz, Geld, was auch immer. Doch wenn du niemals innehältst, um zu leben, was du tust – wenn du dir nicht den Raum lässt, Freude am Spiel zu erleben, dann wirst du etwas verpassen – und zwar das Wichtigste überhaupt.

Und weißt du, was das wirklich Besondere ist? Du musst kein Profi sein, um solche Momente zu erleben. Es gibt unzählige Profis, die ganz mechanisch und freudlos spielen, während irgendwo in einer lokalen Jugendmannschaft ein Junge seine Körbe wirft, der uns allen, was die Freude am Spiel angeht, noch etwas beibringen könnte. Welches Spiel wir auch spielen, mit welchem Talent wir gesegnet sind, wo unser Talent uns hinführen mag, in einer Sache sind wir alle gleich: Wir alle besitzen die Fähigkeit, innezuhalten und Freude zu empfinden bei dem, was wir tun. Dies ist es, was mich durch viele harte Zeiten gebracht hat, wie du in den folgenden Briefen sehen wirst. Ich hoffe, du wirst eines Tages dasselbe sagen können, wenn du auf deine aktive Zeit zurückblickst.

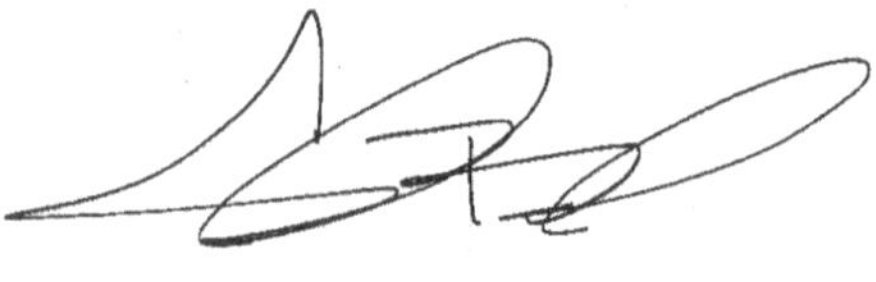

BRIEF 1

WENN DU NUR NOCH MÜDE BIST

Du bist also erschöpft, ja?

Willkommen im Club.

Manchmal kommt es einem so vor, als sei das vorherrschende Gefühl eines Athleten nicht der Triumph des Sieges, die Leidenschaft für den Sport oder der erstaunliche Flow-Zustand, in dem einem alles gelingt, sondern Erschöpfung. Du bist einfach nur platt. Ständig. Völlig im Eimer.

Erschöpft vom Training. Erschöpft von den Spielen. Erschöpft von der Videoanalyse. Erschöpft von Schule oder Arbeit. Du hast genug zu tun und es steht Dir bis hier.

Vielleicht bist Du schon erschöpft und hast nicht mal das verdammte zweite Viertel geschafft – vom Spiel, von Deiner Karriere, von Deinem Leben. Die Erschöpfung schert sich nicht darum, wie viel Zeit noch auf der Uhr ist. Sobald sie erst mal in Gang gekommen ist und Fahrt aufgenommen hat, wird sie schneller bei Dir sein als Marshawn Lynch durch das A-Gap. Weil aber immer noch Zeit auf der Uhr ist, musst Du – irgendwie, von irgendwoher – dieses zusätzliche Fünkchen Entschlossenheit nehmen, diese letzte Energiereserve finden, um dem Angriff standzuhalten und es irgendwie bis zum Ende zu schaffen.

Wie oft hat Dich ein Trainer schon aufgefordert, »110 Prozent« auf dem Court, dem Spielfeld oder im Kraftraum zu geben? Nun, 110 Prozent sind eine mathematische Unmöglichkeit. Und genauso unmöglich scheint es manchmal, diese Extrapower zu finden. Und dennoch schaffst Du es, irgendwie.

Weißt Du, wer mich in dieser Hinsicht wirklich umgehauen hat? Candace Parker, die als Power Forward mit den Los Angeles Sparks die WNBA-Meisterschaft geholt hat. Von 2008 bis 2009, direkt zu Beginn ihrer Karriere, hatte sie einen solchen Lauf, dass ich mir vorkam, als hätte ich selbst während der ganzen Zeit nur ein Nickerchen gemacht. Zuerst führte sie die Tennessee Volunteers zum zweiten Jahr in Folge zur NCAA-Meisterschaft der Frauen. Dann wurde sie zum zweiten Jahr in Folge zur Most Outstanding Player gewählt. *Am Tag darauf* wurde sie im WNBA-Draft als allererster Pick von den Sparks gewählt, flog einen weiteren Tag später zur Pressekonferenz nach Los Angeles und bestritt sechs Wochen danach ihre erste Profi-Partie. Zwei Monate später wurde die Saison *mittendrin* unterbrochen und sie reiste mit der US-Olympiamannschaft nach Peking, wo sie Gold holte. Anschließend brachte sie die Spielzeit mit den Sparks zu Ende und wurde zum Rookie of the Year und Most Valuable Player der Saison gekürt. Und als wäre das alles nicht schon genug, wollte sie direkt im Anschluss ins Ausland gehen, um dort zu spielen, konnte aber nicht, weil sie geheiratet hatte und ein Baby auf dem Weg war. Dennoch verpasste sie nur die ersten acht Spiele der nächsten WNBA-Saison.

»Ich sause immer von einer Sache zur nächsten«, erzählte sie mir. »Als Basketballspielerin hast Du keine Zeit, Dich zurückzulehnen und Deine Erfolge zu genießen, da heißt es malochen, malochen, malochen.«

Man kann die Maloche förmlich *fühlen*, wenn sie das sagt. Auch ich kenne das Schmerzen des Körpers, das Ächzen der Gelenke und die klirrende Kälte der Eisbäder. Man wundert sich, dass sie noch Zeit für die Erziehung ihrer Kinder findet, zwischen den Fahrten zu Auswärtsspielen und den Reisen ins Ausland für die nächste Saison. Dieses Leben haben wir uns ausgesucht, egal welche Sportart wir betreiben. Candace spulte sieben aufeinanderfolgende Jahre dieses Wahnsinnsprogramm ab, und am Ende war geistige Ermüdung ihr härtester Gegner. »Sich für ein Spiel in der Regular Season zu motivieren, wohlwissend, dass man noch so viel Basketball vor sich hat – das ist mental die schwerste Aufgabe«, gestand sie mir.

Mir graut es, wenn ich an meine Highschool-Zeit zurückdenke. Ich kann mich an die buchstäblich *fürchterlichen* Trainingseinheiten erinnern und daran, wie erschöpft ich ständig war – das war eine harte Zeit. In meinem ersten Jahr hatte ich einen Coach namens Robert Allen. Noch heute kann ich ihn hören, wie er in seine Pfeife bläst und ruft: »Hey, wir müssen an unserer Kondition arbeiten.« Mann, sobald ich diese Worte hörte, rutschte mir das Herz in die Hose. Weil ich wusste, was sie bedeuteten: Sprints nämlich, bis die Nadel meiner Spritanzeige den Nullpunkt erreicht hatte und oft auch darüber hinaus, sodass ich nicht mehr wusste, wo ich das letzte bisschen Treibstoff hergenommen hatte. Das waren unglaubliche Schmerzen, durch die ich mich immer wieder kämpfen musste. Und das tat ich, denn wäre ich nicht schnell genug gerannt, wären die Konsequenzen noch schlimmer gewesen.

Woher nahmen wir damals die Kraft, obwohl wir uns fühlten, als würden wir sterben? Vielleicht weil wir wussten, dass die anderen Teams da draußen genauso hart trainierten und uns auf dem Feld abhängen würden, wenn wir aufgäben. Man könnte also sagen, meine Mitspieler und ich versuchten, der Angst vorm Verlieren davonzulaufen. Eigentlich eine ganz gesunde Form der Angst, wenn man sie sich nicht zu sehr zu Herzen nimmt, was in dem Alter schwierig ist.

Immer und immer wieder absolvierten wir diese mörderischen Liniensprints, hechelnd und nach Luft ringend. Wir liefen Strafrunden, wenn wir etwas falsch gemacht hatten. Alles, was wir wollten, war bloß eine Verschnaufpause. Zwei Minuten, eine Minute – zum Teufel, nur 15 Sekunden – um Luft zu holen, aber wir ahnten, dass es die nicht geben wird. Niemals.

Denn uns ging es genauso wie Candace gesagt hat: Wir sausten von einer Sache zur nächsten. Eine Plackerei nach der anderen.

Coach Allen versuchte, uns zu brechen. Zumindest fühlte sich das damals so an. Er versuchte uns aber auch beizubringen, wie wir diese Extra-Kraftreserve anzapfen konnten, die man in solchen Momenten braucht. Oder, um es etwas fachlicher zu formulieren: Er trainierte unsere Körper darauf, aus jedem Atemzug mehr Sauerstoff zu extrahieren. Nicht ohne Grund integrieren Athleten schon seit der Antike Sprints in ihr Training: In den meisten Sportarten – auch im Basketball – wechseln sich Perioden intensiver, maximaler Belastung mit Pausen dazwischen ab. Der Ball wird eingeworfen, Du rennst quer übers Feld zum gegnerischen Korb, um den Angriff zu starten, verfehlst Deinen Wurf und rennst wieder zurück in die Defense, dann wird ein Foul gepfiffen … wenn Du Glück hast. Basketball zu spielen bedeutet, 48 Minuten lang irgendeine Variante dieses Ablaufmusters immer wieder zu absolvieren. Manchmal wiederholt sich dieser Ablauf alle 24 Sekunden oder Du spielst gegen eine Truppe wie Mike D'Antonis legendäres Seven-Seconds-or-Less-Team der Phoenix Suns: Hier wiederholt das Muster sich häufiger, als Du zählen kannst. Bei Liniensprints handelt es sich im Grunde um dasselbe Muster, nur aufs Wesentliche reduziert. Es gibt deshalb nur eine Möglichkeit, darin besser zu werden: üben, üben, üben.

Unser Coach wollte uns etwas beibringen, was jeder Athlet, egal welcher Sportart, können muss, nämlich gut zu spielen, auch wenn wir erschöpft sind. Trotzdem weitermachen und gewinnen zu wollen.

Ich will dieses Buch mit einem Satz beginnen, den ich für sehr wahr halte: Wie ein Sportler spielt, wenn er erschöpft ist, sagt viel darüber aus, was für eine Art von Sportler er ist. Erfolgreiche Profis denken gar nicht darüber nach, ob sie erschöpft sind. Die sind diesen Zustand so gewohnt, dass sie nur daran denken, weiter Leistung zu bringen. Vielleicht geht es beim Sportlersein sogar genau darum: Die eigenen Grenzen zu spüren und zu überschreiten, obwohl man »einfach nur noch müde« ist, wie es Bruce Springsteen einst in *Dancing in the Dark* besang.

Nach einigen Jahren bei den Toronto Raptors begann ich von meinen Gegenspielern vermehrt unterschiedliche Varianten derselben Frage zu hören, sobald einer meiner Mitspieler an der Freiwurflinie stand und wir an den Rändern der Zone auf den zweiten Wurf warteten.

»Also, was jetzt?«

»Yo, willst du's drauf anlegen?«

Anfangs verstand ich gar nicht, was sie meinten. Solche Sprüche hätte ich eher von zwei Eishockeyspielern erwartet, kurz bevor sie die Handschuhe ausziehen und aufeinander losgehen. Ich beobachtete sie, wie sie dort standen – auf den Positionen nahe am Korb, vorgebeugt und an ihren Shorts zupfend – und für ihren Coach und die Kameras so taten, als seien sie nicht erschöpft.

Dann wurde es mir klar.

Was sie meinten, war: *Würde ich versuchen, den Rebound zu holen, wenn mein Mitspieler verwirft?* Sie spekulierten auf ein Gentleman's Agreement: Weil die verteidigende Mannschaft einen verfehlten zweiten Freiwurf wegen ihrer überlegenen Position unter dem Korb üblicherweise ohnehin bekommt, hätte ich ihnen ersparen können, sich dafür anstrengen zu müssen. Im Fall meiner Zustimmung hätten wir alle uns den erschöpfenden Kampf um den Ball ersparen können – und das Ergebnis wäre vermutlich sowieso dasselbe gewesen. Wären wir uns einig geworden, hätten sich die Spieler unserer beiden Teams unnötige Sprünge erspart, ohne den Zorn ihrer Coaches auf sich zu ziehen.

Das war eine Art NBA-Bro-Code. Oder stell Dir zwei Schwergewichtsboxer vor, die sich in der achten Runde, fest im Clinch umschlungen, dankbar für jede Sekunde zum Durchatmen, stillschweigend auf eine kleine Pause einigen. Ob ich da mitgemacht habe? Ja, das habe ich. Manche Spieler mögen behaupten, sie hätten so etwas nie getan, aber in Wahrheit taten wir es alle. Ich hoffe, Du bist ein wenig erschrocken, wenn Du dies liest.

Wenn man sich darauf einigt, nicht sein Bestes zu geben – egal aus welchem Grund und in welcher Situation –, dann betrügt man sich selbst. Und man betrügt das Spiel. Und dennoch sehnte ich mich im späteren Verlauf meiner Karriere nach diesen kurzen Pausen wie ein Verdurstender in der Wüste nach Wasser. Ich spürte die geistige Ermüdung, von der Candace erzählt hat, und es gab Tage, an denen ich ihr nachgab. Jedem Big Man ist das mal so gegangen, absolut jedem *Spieler*, auf die eine oder andere Art und Weise.

Dennoch hasste ich die Vorstellung, die Chance auf einen Rebound zu verschenken, sogar als ich es selbst tat. Dann *ganz besonders*. Ich hasste es damals und hasse es heute sogar noch mehr. Willst Du mal ein ganz Großer werden, dann musst auch Du es hassen.

Glaubst Du, Kobe Bryant hätte sich irgendwann mal gedacht: »Hey, ich bin plötzlich richtig gut in Form und kann jetzt 30 Punkte pro Spiel machen, ohne müde zu werden«? Natürlich nicht. In eine solche Form kommst Du nur, indem Du niemals aufgibst. Indem Du dann, wenn Du erschöpft bist, erst recht weitermachst. Das ist die Ironie dieses Spiels: Nur wenn Du die Plackerei immer wieder überlebst, kannst Du mit ihr umgehen.

Meine gesamte Karriere über habe ich mit angesehen, dass Spieler wie Kobe, Rip Hamilton und Tim Duncan diesen magischen Turbo zugeschaltet haben, der sie tief im vierten Viertel noch antrieb – und das vom besten Platz in der Arena aus, nämlich direkt mit ihnen auf dem Spielfeld. Kobe, wie er mit mir spielte, während ich versuchte, ihn beim Pick and Roll zu stellen. Duncan, wie er seinen dicken Hintern in meinen

Bauch drückte und mich zurückschob, um seinen unaufhaltsamen Turnaround Jump Shot einzuleiten. Ich erinnere mich noch, wie bitter die Erkenntnis war, dass ich im vierten Viertel nicht mehr mit ihm mithalten konnte, dass ich nicht das Zeug dazu hatte – noch nicht. Ich bekam buchstäblich eine Lehrstunde – selbst in solchen Nächten, in denen diese Spieler mich geschlagen hatten, brachten sie mir dennoch etwas bei. Ich lernte, dass die ganz Großen auf einem anderen Level spielen.

Auf dieses Level wollte ich auch kommen. Um auch die Fähigkeit zu haben, so zu spielen wie sie und das Spiel in den entscheidenden letzten Momenten dominieren zu können. In der Gegend, in der ich aufwuchs, kursierte ein Sprichwort: »Entweder du reißt dir den Hintern auf oder er wird dir aufgerissen.«

Natürlich ist es einfach, andauernd die Bedeutung von fleißigem Training zu betonen und zustimmend zu nicken, wenn jemand anderes diese Worte sagt. Deutlich schwieriger ist es, wenn Du im heißen texanischen Sommer zwei Einheiten am Tag schrubbst und trotzdem keine Spielzeit bekommst. Oder wenn der Gegner gerade einen Fastbreak fährt und Du als einziger auf verlorenem Posten in der Defense stehst, ohne den Hauch einer Chance, den Angriff zu stoppen. Oder nach 70 Spielen der Regular Season, wohlwissend, dass Du noch einen ganzen Monat voller Spiele vor dir hast, die vollkommen bedeutungslos sind, weil Dein Team die Playoffs sowieso nicht mehr erreichen kann oder der Playoff-Platz bereits feststeht. Oder eben, wenn Du nur noch Energie sparen willst und Dein Gegenspieler Dich fragt, ob Du vorhast, zum nächsten Rebound zu gehen. Ich erinnere mich noch an mein Rookie-Jahr in Toronto. Die Playoffs hatten wir bereits abgeschrieben und mir schmerzten von meiner ersten Profi-Saison alle Glieder, aber dennoch ging ich voller Stolz mit meinen beiden Kniebandagen aufs Feld und spielte 35 bis 40 Minuten pro Partie.

In solchen Momenten fällt es schwer, die Zähne zusammenzubeißen. Doch ich war stets ein Anhänger des Mottos: »Wie du eine Sache tust, so tust du alles im Leben.« Wenn Du in einem Bereich Deines Spiels oder Lebens nach Abkürzungen oder Ausreden suchst, dann dürfte es Dir schwerfallen, dies nicht auch überall sonst zu tun. Wenn Du einen Rebound auslässt, weil es nicht drauf ankommt, dann wird es umso schwerer für Dich, einen zu bekommen, wenn es drauf ankommt. Wenn Du einen Spielzug weglässt, weil Du glaubst, dass keiner hinsieht, woher willst Du dann die Kraft nehmen, Dich durchzubeißen, wenn in den Playoffs jeder 100 Prozent gibt und Dein Gegenspieler den Rebound genauso verzweifelt haben will wie Du?

Ich bin fasziniert von David Goggins, einem ehemaligen Navy SEAL, der heute Ultramarathons läuft (also Wettbewerbe, in denen man in 24 Stunden über 200 Kilometer zurücklegt). Wie schafft es jemand wie er, einen ganzen Tag lang durchzulaufen? David sagt, es gehe dabei vor allem darum, den eigenen Grenzen zu misstrauen. Wenn Du *glaubst*, Deine Grenze erreicht zu haben, hast Du gerade einmal rund 40 Prozent Deiner Leistungsfähigkeit ausgeschöpft. Dein Verstand sagt Dir, dass Dein Körper aufhören muss – doch er lügt. Dein Körper kann noch über diesen Punkt hinaus weitermachen. Dies zu erkennen, macht Dich stärker. Stell Dir vor,

Dein Kfz-Mechaniker würde Dir erklären, dass Deine Benzin-Warnleuchte kaputt ist und Du noch 300 Kilometer fahren kannst, nachdem sie angegangen ist. Wenn dem so wäre, würdest Du aufhören, auf die Warnleuchte zu achten, bis Du sie irgendwann reparieren lässt. Aus meiner Erfahrung kann ich Dir sagen, dass Dein inneres Gefühl für Deine Grenzen genau wie diese kaputte Warnleuchte ist: Du kannst es guten Gewissens ignorieren. Der einzige Unterschied ist, dass es keinen Mechaniker gibt, der Dir diese Leuchte reparieren kann. Sie wird immer wieder aufleuchten, obwohl Du noch Sprit für 300 weitere Kilometer im Tank hast – Du musst Dich bloß zum Weiterfahren überwinden.

Egal ob es um ein wichtiges Spiel in der Kinderliga geht, um einen Qualifikationslauf für einen Platz in der Staffel Deines Vereins oder ob ein freier Ball auf dem Spielfeld liegt, während nur noch wenige Sekunden auf der Wurfuhr übrig sind – in solchen Momenten muss Dir bewusst sein, dass Dein Verstand lügt, wenn Du erschöpft bist und er Dir sagt, Du kannst nicht mehr. Du kannst viel mehr, als Du glaubst – wir alle können das. Vielleicht ist der größte Unterschied zwischen einem großartigen und einem mittelmäßigen Sportler die erlernte Fähigkeit, diese kaputte Warnleuchte im Kopf zu ignorieren. Darum geht es, wenn Du Dich in der Sporthalle und im Kraftraum quälst. Nicht nur um den körperlichen, sondern auch um den mentalen Aspekt. Die Plackerei lehrt Dich, Deine innere Warnleuchte zu erkennen und dass Du sie ignorieren solltest. Ich weiß noch, wie ich im Training zum ersten Mal eine Meile lief. Die ganze Zeit über saß ein Teufelchen auf meiner Schulter und erzählte mir, dass ich das niemals schaffen, dass ich zusammenbrechen würde, bevor ich die ganze Meile geschafft hätte. Und dann schaffte ich es doch. Da dachte ich mir: »Verdammt, ich habe es dieser Stimme gezeigt. Ich habe es geschafft. Was kann ich sonst noch schaffen?« Wenn Du Dich im Training pushst, erlebst Du jeden Tag solche Gedanken. So bringst Du nicht nur Lunge und Herz bei, mit Deinen Beinen Schritt zu halten – Du bringst Dir selbst bei, die Stimme des Zweifels in Deinem Kopf zu besiegen.

Um zu gewinnen oder etwas ähnlich Erstrebenswertes zu erreichen, musst Du Ressourcen und Energien anzapfen, die tief in Deinem Inneren schlummern und üblicherweise nicht angetastet werden. Das ist einfach Fakt. Ich habe das meine gesamte Karriere über erlebt.

Einer der Momente, der sinnbildlich für meine Zeit bei den Heat steht, war der, als ich nach dem Ausgleich durch einen Dreier in Spiel 6 der Finals 2013 den Ball zu Ray Allen rauskickte. Vielleicht hast Du das, wie viele andere Zuschauer, live im Fernsehen verfolgt? Was man hauptsächlich sah, war, wie ich zu einem Rebound hetzte und Ray den anschließenden Treffer machte. Was man dabei leicht übersehen konnte, war der Kontext, der zu meiner Hetzerei führte.

Das war mein 96. Spiel in dieser Saison gewesen. Wir spielten die sechste Partie unserer Serie gegen die Spurs und hatten in der letzten Serie, gegen die Pacers, ebenfalls alle sieben Spiele gebraucht. Ich zog in der 48. Minute eines 48 Minuten langen Spiels hoch zum Rebound und musste schließlich in die Verlängerung. Kurz darauf stand ich beim Tip-off gegen den besten Power Forward aller Zeiten – Tim Duncan.

Ich weiß nicht, ob ich richtig rübergebracht habe, wie erschöpft man nach 96 Spielen auf NBA-Niveau sein kann, wenn man gegen eine Mannschaft spielt, die ebenfalls alles gibt. Stell Dir den Moment vor, in dem Du so erschöpft warst wie noch nie zuvor in Deinem Leben – und multipliziere dieses Gefühl mit 20. So kaputt fühlte ich mich.

In dieser Spielsituation setzt keiner mehr einen Spielzug aus. Wenn die Finalserie auf dem Spiel steht und der Meisterschaftsring bereits zum Greifen nahe ist, dann gibt es keinen Bro-Code mehr. In der höchsten Spielklasse gibt jeder 100 Prozent, während gleichzeitig jeder will, dass es endlich vorbei ist. Dann kommt es zum Rebound und Du musst wie gehetzt in die Defense zurückrennen. Und manchmal krallt sich einer wie Russell Westbrook diesen Rebound und kommt nun wie eine Mischung aus Gepard und Wasserbüffel auf Dich zugestürmt. In einem solchen Moment reagiert der Körper plötzlich auf all den Schmerz, den er fühlt und Dein Verstand muss ihm befehlen, die Klappe zu halten und weiterzumachen, was ganz unbewusst geschieht – denn würdest Du bewusst darüber nachdenken, würde Dir auffallen, dass es Wahnsinn ist, was Du da tust.

Bis heute habe ich noch im Kopf, was Ray zum Ende dieses sechsten Spiels sagte: »Stell dir vor, wir hätten uns im Training nur etwas weniger angestrengt. Stell dir vor, wir hätten zwischendrin ein wenig mehr Leerlauf gehabt. Stell dir vor, unsere Akkus wären nun, wo es wirklich zählte, ein bisschen früher leer gewesen. Es wäre eine Schande, wenn uns das die Meisterschaft gekostet hätte.« Stattdessen hatten wir so hart gearbeitet, dass wir noch das Zeug zum Gewinnen hatten, als es drauf ankam. Als wir nun diesen Punkt erreichten, an dem es sprichwörtlich um Leben und Tod ging, war das für uns bereits »gewohntes Terrain«, wie Ray es nannte. Wir wussten schon, wie es sich anfühlte, mit leerem Akku zu spielen, also konnten wir das auch nun, wo es um etwas ging. Und insbesondere Ray wusste, wie es sich anfühlt, den spielentscheidenden Treffer zu machen, von diesem Punkt aus, in dieser Spielsituation und vor 18 000 Zuschauern – weil er es immer und immer wieder trainiert und visualisiert hatte. Er hatte es trainiert, wenn er erschöpft war. Er hatte es nach dem eigentlichen Training trainiert. Deshalb wusste sein gesamter Körper, was wirklich zu tun war. Seine Zehen wussten, wo die Dreipunktelinie war. Seine Fersen wussten, wo die Seitenlinie war. Seine Schenkel und Waden wussten, wie hoch sie springen mussten. Seine Hände wussten, wo auf dem Ball sie hingehörten. Sein Ellenbogen kannte die genaue Wurfmechanik. Sein Körper hatte sämtliche Vorgänge schon Tausende Male durchgespielt.

Wenn Du ein Spiel wie dieses Spiel 6 im Fernsehen geschaut hast, wirst Du auch bemerkt haben, wie alle Spieler am Ende schweißnass sind, die Gewinner feiern und die Verlierer mit hängenden Köpfen duschen gehen. Vielleicht glaubst Du, dass es im Grunde allen Spielern ganz gut geht, weil es ja schließlich Profis sind. Ein bisschen außer Puste vielleicht, aber trotz allem in guter Verfassung.

Aber da irrst Du Dich. Jeder, den Du dort auf dem Spielfeld siehst, leidet. Jeder hat Schmerzen. Unser Lohn dafür, dieses Duell gegen Tim Duncan gewonnen zu haben, war die Chance, ein siebtes Spiel zu bestreiten, das noch härter werden würde als das eben absolvierte. Unser Präsident, Pat Riley, sagte immer: »Grabt bis in die Tiefen eurer Seele und seht nach, was drin ist.« In dieser Finalserie hatten wir herausgefunden, was drin war.

Kein Training der Welt kann Dich oder Deine Hände größer machen. Du kannst zwar an Deiner Reaktionszeit und Deinen Reflexen arbeiten, aber ab einem gewissen Grad sind beide schlicht angeboren. Doch Biss und Hingabe zu zeigen und die trügerische Warnleuchte im Kopf zu ignorieren, das sind Dinge, die Du beeinflussen kannst. Daran kannst Du arbeiten.

Einsatz oder Kondition haben nichts mit Veranlagung zu tun. Du musst kein Talent besitzen, um als Sportler oder normaler Mensch fit zu sein. Es erfordert weder Talent noch sportliche Fähigkeiten, um zu trainieren. Ich habe oft festgestellt, dass Spieler die Nase vorn hatten, weil sie eine bessere Kondition besaßen als ihre Gegner oder ihre Konkurrenten auf einen Platz im Kader. Biss und Kondition aber, nicht ihr Talent, sorgen dafür, dass sie einen freien Ball erkämpfen, einen Offensiv-Rebound holen oder eine Top-Position auf dem Court bekommen. J. J. Redick ist ein überragender Werfer, aber er wäre nicht seit über 15 Jahren in der NBA, würde er nicht unermüdlich ins Halbfeld rennen. Er könnte Dir bestätigen, dass er die sportlichen Anlagen von 95 Prozent des aktuellen NBA-Kaders nicht besitzt. Doch er kämpft sich so lange über, unter, durch und um die Blocks seiner Gegenspieler herum, bis er irgendwo freisteht und sein großes Talent nutzen kann: werfen. Darauf läuft es manchmal eben hinaus. Mal ist das Spiel ein Marathon, mal eine Keilerei mit blanken Fäusten. Mal gewinnt der letzte, der übrig bleibt, mal der letzte, der sich noch bewegt.

Drei der zähesten Typen während meiner Anfangstage in der NBA waren Dennis Rodman, Scottie Pippen und Ben Wallace. Diese drei haben sich in der Defense und am Brett einen Namen gemacht. Und wisst ihr, auf welche Colleges sie gegangen sind? Southeastern Oklahoma State, Central Arkansas und Virginia Union. Sie besaßen nämlich nicht das »Talent«, um ein Stipendium für eine der großen Unis mit Division-I-Programm zu bekommen. Alles, was sie hatten, waren Biss, Härte und Kondition. Und weißt Du, was sie noch gemeinsam hatten? Sie alle spielten über 15 Jahre in der NBA und gewannen insgesamt zwölf Meisterschaften. Sie alle sind echte Champions.

Und ich? Ich ging auf die Georgia Tech. Eine gute Uni, aber eben nicht so renommiert wie Duke oder Kentucky. Das war kein sonderlich verlockender Karrierepfad, doch einer, auf den ich vertraute, weil ich wusste, dass ich ein *Malocher* war.

Wenn Du 60 Minuten lang rennen kannst und am Ende noch in der Lage bist, Defense zu spielen, wird irgendwann jeder über Dich sprechen. Wenn Du andererseits den ganzen Sommer über Dein Ballgefühl und Deinen Wurf perfektioniert hast, aber nicht in Form bist, spricht man über Dich höchstens im Kommentarfeld des YouTube-Videos, in dem Du Deine tollen Wurfkünste bei Dir in der Einfahrt zeigst. Denn diese Fähigkeiten bringen Dir rein gar nichts, wenn Du in einem echten Spiel erschöpft bist. Dann kannst Du sie praktisch in die Tonne treten.

Ich hoffe, dies kommt nicht rüber wie eine Predigt von jemandem, dem alles im Leben zugeflogen ist. So als ob ein Frühaufsteher kräht: »Steh doch einfach früher auf!« Wie erwähnt gilt: Es ist anstrengend, Ausdauer aufzubauen. Ich habe mich mit Sicherheit nie auf meine Sprint-Einheiten gefreut. Um ehrlich zu sein, habe ich Laufen immer gehasst. Aus tiefstem Herzen gehasst. Deshalb hatte ich Angst davor. Angst vor der Erschöpfung, vor dem Ringen nach Luft und dem Brennen in meinen Muskeln. Angst, schlechter zu sein als meine Mitspieler. Angst, eine Ansage vom Trainer zu bekommen, weil ich zu langsam war. Mir graute es manchmal vorm Training, weil ich wusste, dass diese Gefühle unvermeidbar waren.

Dennoch machte ich weiter. Ich akzeptierte diese Gefühle und wurde dadurch besser. Verstehst Du, was ich damit meine? Ich wurde dadurch wirklich viel besser! Ich habe mir immer gesagt: »Bring es einfach hinter dich.« Mehr braucht es manchmal nicht, um den nächsten Sprint und auch noch den übernächsten zu schaffen. Übers Feld zu rennen, obwohl Deine Beine wie Feuer brennen – das gehört nun mal zum Job eines Basketballspielers. Deine Beine werden brennen, Deine Brust wird brennen, daran wirst Du Dich gewöhnen müssen. Genauso wie an das Gefühl, diese Grenzen zu überschreiten.

In den Off-Seasons lief ich mit meinem Fitnesstrainer Ken Roberson unzählige Kilometer. Er trainierte Larry Johnson, Kurt Thomas, LaMarcus Aldridge und mich – alles Burschen aus Dallas. Und wir rannten Kilometer um Kilometer, jeden Tag. Die Meile in unter sechs Minuten. Dabei lernten wir, trotz Erschöpfung weiterzumachen. Den inneren Schweinehund zu bekämpfen, die kleine Stimme im Kopf, das Teufelchen auf der Schulter, das Dich überreden will – Dich anfleht –, aufzuhören: »Hör bitte auf, nur für eine Sekunde. Bitte!«

Doch irgendwann gewöhnt man sich an dieses Gefühl. An das Brennen der Waden. An die Stimme, die ab der zweiten oder dritten Runde lauter wird, und daran, sie zum Schweigen zu bringen. Dieser Schmerz geht vorbei, doch Meisterschaften bleiben für immer.

Du musst einen Weg finden, all das zu lieben – die Sprints, die endlosen Kilometer, die Gewichte im Kraftraum, die quälende Vorbereitung. Tu so, als würdest Du es lieben, rede Dir ein, Du würdest es lieben. Der Unterschied zwischen zweitem Platz und Meisterschaft ist der Unterschied zwischen jemandem, der aufgibt, wenn es hart wird, und jemandem, der aufdreht, wenn es hart wird. Oder um es mit Muhammad Ali zu sagen: »Ich habe jede Minute des Trainings gehasst, aber ich habe mir gesagt: ›Gib nicht auf. Quäle dich jetzt und lebe den Rest deines Lebens als Champion.‹«

Schmerz geht vorbei, ein Sieg bleibt für immer. Wenn Du es ganz nach oben schaffen willst, musst Du Dich an den Schmerz und die Erschöpfung gewöhnen. Ich kann Dir nicht versprechen, dass er sich jemals angenehm anfühlen wird, aber ich garantiere Dir, dass Du Dich genug daran gewöhnen kannst, um mental und physisch besser zu werden und Dir keine Sorgen machen zu müssen, unter dem Druck einzubrechen.

Schmerz und Erschöpfung werden sich immer wie Schmerz und Erschöpfung anfühlen, das wirst Du nicht ändern können. Aber Du kannst lernen, sie willkommen zu heißen, weil Du sie schon kennst und weißt, wie sie sich anfühlen werden.

Also keine Panik, wenn Du in den letzten Minuten des vierten Viertels schwitzt und keuchst und Dein Herz rast. Denn

Du bist damit vertraut und hast alles im Griff. Du bist in der Lage, Dich auf das Spiel zu konzentrieren und nicht auf die brennenden Muskeln.

Weit dort draußen, an den Grenzen Deiner Ausdauer, findest Du heraus, aus welchem Holz Du geschnitzt bist. Und im Spiel, wenn's drauf ankommt, zahlt sich diese harte Arbeit aus. Doch nicht nur im Spiel, sondern überall. Liniensprints im Training sind vorüber, wenn der Coach das Signal gibt. Aber ein Spiel ist erst vorbei, wenn die Uhr auf null rückt und ein Sieger feststeht. Wie oft Du auf der Seite der Gewinner stehst, hängt ganz von Dir ab und wie sehr Du bereit bist, Dich zu pushen.

Im Alltag ist es dasselbe. Das Schicksal wartet nicht darauf, bis Du ausgeruht und vorbereitet bist, wenn es Dich vor große Herausforderungen stellt. Das Schicksal schlägt zu, wann immer es will – vielleicht verlierst Du Deinen Job, scheiterst an etwas, das Dir extrem wichtig ist oder einer deiner Liebsten wird schwer krank (warte nur, bis Du Kinder hast!). Menschen, die in schweren Zeiten zusammenbrechen, und jene anderen, die gestärkt und weiser daraus hervorgehen, unterscheidet die Fähigkeit, selbst trotz größter Erschöpfung diese letzte Energiereserve anzuzapfen, auch wenn das Schicksal nicht fair zu ihnen war und sie sich am liebsten in einem Loch verkriechen würden. Wenn die Zeiten schwer sind, will Dein Verstand Dir vielleicht sagen, dass Du Deine Grenzen erreicht hast. Aber denk daran: Er lügt.

Also: Ich verstehe, dass Du erschöpft bist. Und ich fühle wirklich mit Dir. Ich sehe praktisch vor mir, wie Du zustimmend nickst, während Du im Mannschaftsbus oder in Deinem Kinderzimmer nach dem Erledigen der Hausaufgaben oder nach einem langen Tag im Kraftraum diese Zeilen hier liest.

Ich fühle mit Dir.

Aber weißt Du, was ich dazu sage? *Gut so.*

Du baust Deine Muskeln auf. Du wirst mental stärker und gewöhnst Dich an ein unangenehmes Gefühl, das die meisten Menschen nicht aushalten. Du baust eine Stärke auf, die Du brauchen wirst, wenn der Sieg oder etwas anderes von Bedeutung auf dem Spiel steht. Du baust Dir eine *überlegene Fitness* auf. Die Fähigkeit, nicht nur weiterzumachen, sondern auch weitermachen zu *wollen.*

Dein Gegner wird das erkennen, wenn Du ihm über den Ball hinweg in die Augen blickst. Daran, wie aufrecht Du noch dastehst, und er wird fassungslos darüber sein, dass Dein Akku noch immer nicht leer ist. Und vergiss nicht, dass die anderen Spieler genauso platt sind wie Du. Wenn sie Dir also in die Augen blicken und dort sehen, dass Du noch eine weitere Runde schaffst – dies ist der Moment, in dem Du ihren Siegeswillen brichst. Mit dem, was davon übrigbleibt, kannst Du dann gemütlich das Parkett wischen.

Ich weiß, das alles klingt für Dich wie Zukunftsmusik, weil Du im Moment einfach nur müde bist und noch wer weiß wie viele Spiele vor Dir hast. Oder weil Du gerade verletzt bist und eine lange Reha absolvieren musst. Weil Dein Notendurchschnitt in der Schule zu schlecht ist oder Du im Zulassungstest für diese oder jene Uni besser abschneiden musst.

Das ist so viel auf einmal und Du bist dermaßen ausgebrannt, dass Du förmlich durch die Hölle gehst.

Ich verstehe das. Aber es gibt ein schönes Sprichwort, das besagt: »Wenn du durch die Hölle gehst, *geh weiter.*«

Genauso ist es auch mit dieser Phase Deiner Karriere. Du musst einfach weitermachen und am Ende wirst Du als stärkerer, härterer und besserer Spieler daraus hervorgehen.

BRIEF 2

FINDE DEIN WARUM (UND ES DARF WEDER RUHM NOCH GELD SEIN)

Ich habe Dir bereits von dem Coach erzählt, der mich in der Highschool beiseitegenommen hat. »*Was willst du hiermit mal anfangen?*«, hatte er mich gefragt.

Das war eine gute Frage, die mir dabei half, den richtigen Pfad in meinem Leben zu finden. Er wollte meine Antwort auf diese Frage, die viele Trainer als selbstverständlich erachten: Wofür tat ich das eigentlich alles? War ich in der Lage, über das nächste Spiel, die nächste Saison hinauszublicken und ernsthaft darüber nachzudenken, welche Rolle Basketball in meinem weiteren Leben spielen sollte? Verstand ich wirklich schon, aus welchem Grund ich so viel Zeit und Arbeit in dieses Spiel steckte?

Du weißt, was ich meine: Wiederholungen im Kraftraum schrubben, während Deine Freunde Party machen. Noch vor Sonnenaufgang aufstehen, um laufen zu gehen. Trotz der Kritiker und Zweifler weitermachen. Nach einem Spiel oder einer Trainingseinheit nochmal aufs Parkett gehen und hundert Freiwürfe üben, obwohl Deine Muskeln Dich anflehen, endlich Feierabend zu machen.

Wofür das alles?

Mein Coach hätte es vielleicht so formuliert: »*Wofür tust du das, Chris?* Warum bist du gerade beim Training? Warum arbeitest du so hart? Warum lebst du das Leben eines Sportlers? Und sag nicht: ›Weil ich die Staatsmeisterschaft gewinnen will‹, denn du musst viel größer denken.«

Dieselbe Frage möchte ich Dir stellen: Was ist Dein »Warum«?

Du kannst von Glück reden, dass Du es so früh in Deiner Sportlerkarriere schon so weit gebracht hast, egal ob daraus einmal eine echte Karriere wird oder nur ein lebenslanges Hobby. Noch hast Du Zeit, Dein Warum herauszufinden und Dein Leben danach auszurichten. Denn glaub mir, nichts ist trauriger, als mitansehen zu müssen, wie jemand einfach nur funktioniert, ohne zu wissen, wieso eigentlich. Solche Menschen leben nicht ihr eigenes Leben oder ihre eigenen Träume. Wenn überhaupt, dann leben sie die von jemand anderem. Noch hast Du Zeit, es besser zu machen.

Also: Was ist Dein Warum?

Ich habe den Großteil meines Lebens im Basketball-Kosmos verbracht. Du würdest staunen, wie viele wirklich talentierte Sportler diese Frage nicht beantworten können. Auf dem Parkett mögen sie vielleicht den Ton angeben, aber innen drin sind sie passiv und lassen sich ihr Warum von anderen Leuten diktieren. »Mein Dad hat mich angemeldet.« – »Der Coach sagt, ich bin ein guter Power Forward.« – »Ich war immer gut darin, deshalb bin ich dabeigeblieben.« Am Ende verbringst Du vielleicht Dein ganzes Leben damit, die Ziele und Träume von jemand anderem auszuleben, ohne jemals eigene Träume gehabt zu haben.

Also: Klar sollst Du auf Deinen Coach hören, wenn er Dir Liniensprints verordnet. Aber nicht, wenn er oder sie Dir erklären will, was dieses Spiel Dir bedeutet. Das musst Du für Dich selbst herausfinden.

Dein Warum darf nicht sein, dass Du einfach groß gewachsen bist oder dass jemand Dich beim Sport angemeldet hat, weil Du dort Deine Energie in sinnvolle Bahnen lenkst und nach der Schule etwas zu tun hast. Das kann ein guter Anfang sein, aber ich möchte, dass Du gründlich darüber nachdenkst.

Als Grund gilt auch nicht, dass Deine Idole durch den Sport reich und berühmt geworden sind. Du musst noch tiefer schürfen.

»Ich tue das, weil ich Basketballspiele gewinnen will.«

Warum?

»Weil ich eine Meisterschaft gewinnen will.«

Warum ist Dir das wichtig?

»Weil andere Menschen dann zu mir aufschauen.«

Warum ist Dir das wichtig?

Siehst Du, was ich meine? Wenn Du oft genug nach dem Warum fragst, wird es ganz schnell sehr tiefgründig. Du wirst nicht nur herausfinden, warum Du samstagmorgens schon um 7 Uhr in der Sporthalle stehst, sondern auch eine Vorstellung davon bekommen, wer Du einmal sein möchtest, in dieser Sache, die Dir so viel bedeutet – wenn Du nur tief genug gräbst.

In *Start with Why* argumentiert Simon Sinek, dass diese »Klarheit des Warums« hinter vielen großen Erfolgsgeschichten steht, ob in der Geschäftswelt, in der Politik oder in der Kultur. Wenn Du die führenden Köpfe erfolgreicher Unternehmen fragst, was sie letztlich verkaufen, werden sie Dir kein

Produkt nennen, sondern ein Warum, ein immaterielles Etwas, das Kunden anzieht. Apple verkauft keine Computer, sondern die Idee »Think different«. Southwest Airlines verkauft keine Flugtickets, sondern die Idee, dass Reisen und Abenteuer auch etwas für normale Leute sein können. Disney produziert nicht nur Filme, sondern erzählt Geschichten, die so lebendig sind, dass man sie in jeder erdenklichen Form erleben möchte. Und ich? Ich habe nicht nur Basketball gespielt – ich habe versucht, die bestmögliche Version meiner selbst zu sein und mein gesamtes Potenzial zu entfalten. Bis heute trage ich dieses Warum in mir.

Du bist zwar kein Unternehmen, doch auch Du solltest Dir Gedanken über Dein Leitbild machen. Alle äußerlichen Anzeichen des Erfolgs mal ausgeklammert – was motiviert Dich dazu, alles zu geben?

Es kann nicht der Sprung ins Profigeschäft sein. Es kann nicht der Traum sein, reich zu werden oder Deinen eigenen Schuh zu bekommen. Ich hatte all diese Dinge und sie haben natürlich Spaß gemacht, aber sie reichen nicht aus. Wie ich bereits erklärt habe, ist dieser Weg, den Du beschreitest, äußerst beschwerlich. Vielleicht ist Dir der Topf voll Gold am Ende des Regenbogens Motivation genug, um Dich durch den härtesten Teil der Reise zu bringen – aber er reicht einfach nicht aus.

Sämtliche Belohnungen des Erfolgs sind keine Warums, sondern vielmehr Wies. Sie sind Werkzeuge, die Dich dahin bringen, wo Du hinwillst, aber sie sind nicht Dein Ziel.

Was also *ist* ein Warum? Zu wissen – nicht nur zu denken, sondern zu *wissen* –, dass Du das meiste aus Deinen gottgegebenen Talenten machst. Die Freude daran, Deine Fähigkeiten im Spitzensport zu nutzen. Es zu genießen, Teil einer Mannschaft zu sein, die wie eine gut geölte Maschine läuft.

Ein großer Teil meines Warums war das Quietschen der Schuhe auf dem Parkett. Ich liebe dieses Geräusch über alles. Ich liebe den Geruch der Halle. Ich liebe das Gefühl, meine Muskulatur zu belasten und ihre Kraft zu spüren. Ich liebe das Vertrauen in meinen Mitspieler und weiß, dass er dort sein wird, wo er sein muss, wenn ich ihm einen Pass in den Lauf spiele. Ich liebe die Hand, die mir vom Parkett aufhilft, wenn ich gestürzt bin. Ich liebe das zischende Geräusch, das der Ball macht, wenn er durchs Netz gleitet. Ich liebe die erwartungsvolle Aufregung, die kurz vorm Tip-off meinen gesamten Körper durchzieht. Ich liebe das Gefühl, wie das Blut durch meinen Körper pulsiert, wenn in einem engen Spiel die Sekunden runterticken.

Ich kann mich noch genau an einen Tag in der vierten Klasse der Hutchins-Grundschule erinnern. Wir warteten alle darauf, zum ersten Mal Liga-Basketball zu spielen, und ich spürte eine intensive Vorfreude. Ich hatte natürlich schon vorher Basketball gespielt, aber meist nur mit Freunden auf dem Spielplatz, ohne Punktetafel. Ein Teil von mir dachte sich nur: »*Wow. Basketball.*« Ich habe während des Spiels alles gegeben, und als wir am nächsten Tag wieder spielten, hörte ich die Leute schon sagen: »Hey, Chris Bosh ist gut. Chris Bosh kann spielen.« Selbst einem der Lehrer war das aufgefallen. Ich wurde wahrgenommen, konnte zeigen, was ich draufhatte. Es war die perfekte Kombination aus etwas, das ich gut konnte und der Anerkennung und Bestätigung für all die Arbeit, die ich reinsteckte.

Ein paar Wochen später begann ich, in der Liga zu spielen. Mein Talent hatte sich herumgesprochen und ein Coach hat mich ausgewählt.

Seitdem habe ich nicht mehr aufgehört zu spielen. Aus Liebe zum Spiel. Um zu zeigen, was ich draufhabe. Doch wie gesagt: Es geht noch tiefer. Erst später verstand ich, dass es nicht nur um Aufmerksamkeit ging, sondern dass ich – wie alle Kinder – bestimmte Fähigkeiten und Talente hatte. Wenn ich mich anstrengte, um sie zu nutzen, konnte ich erstaunliche Dinge damit erreichen. Endlich zu werden, wer man im Sport, im Leben oder im Geschäft sein kann, ist das lauteste Statement, dass ein Mensch setzen kann.

Das ist mein Warum. Ich kann sagen: Dies bin ich und dies kann ich mit dem, was Gott und meine Eltern mir gegeben haben, leisten. Ich kann die anderen Sportler auf dem Feld und in meinem Team herausfordern, mir zu zeigen, was sie leisten können. Gemeinsam können wir die Besten werden, die wir sein können.

2019 spielten die New Orleans Saints eine ihrer besten Saisons aller Zeiten. Ihr Coach, Sean Payton, wollte seiner Mannschaft eine kleine zusätzliche Motivation mit auf den Weg zur NFL-Meisterschaft geben. Zum Beginn der Playoffs engagierte er zwei bewaffnete Wachen, holte seine Vince Lombardi Trophy von 2010 aus dem Regal, stopfte 120 000 Dollar in frischen Banknoten hinein (entspricht dem Bonus für das Team, das den Super Bowl gewinnt) und lief damit nach dem Training durch die Kabine. »Wollt ihr das hier haben?«, fragte er und machte eine lange Pause. Anschließend sagte er: »Dann gewinnt drei Spiele«, und ging.

Das war eine ziemlich coole Aktion, die auch gut in den Film *An jedem verdammten Sonntag* gepasst hätte. Es hat etwas Rohes, alles auf Geld und Pokale zu reduzieren und den Spielern beides vor die Nase zu halten, damit sie danach gieren. Aber weißt Du was? Die Nummer hat nicht funktioniert. Die Saints verloren das NFC-Meisterschaftsduell gegen die Rams.

Die Saints wurden übrigens des Sieges beraubt, weil die Schiedsrichter eine eindeutige Pass Interference nicht gesehen hatten. Außerdem entscheidet die Kabinenansprache des Trainers nur in Sportfilmen darüber, ob eine Mannschaft gewinnt oder verliert. Doch dies ist mein Buch, also bleibe ich bei meiner Geschichte. Ich will nicht behaupten, dass die Saints der falschen Motivationsstrategie von Coach Payton wegen verloren haben, aber ich glaube, dass es wichtig ist, mehr anzubieten als etwas Extrakohle und einen glänzenden Pokal. Jeder Spieler in dieser Umkleidekabine besaß bereits mehr Geld, als er ausgeben konnte und hatte über die Jahre unzählige Pokale gewonnen, sonst wären sie alle nicht in der NFL gelandet.

Ein paar Jahre zuvor hatte Coach Payton eine andere Darbietung vorbereitet, die – wie ich finde – ein bedeutsameres und stärkeres Warum ansprach. Für mich war es einer der bewegendsten, motivierendsten Momente der Sportgeschichte. 2006 eröffneten die Saints nach dem verheerenden Hurrikan Katrina wieder den Superdome in New Orleans. Folgendermaßen beschrieb Football-Journalist Robert Mays, was Payton damals tat, um sein Team auf die Saison vorzubereiten:

Drei Tage bevor sie den Superdome für das Montagabendspiel gegen die Falcons wiedereröffnen wollten, führte Payton seine Mannschaft bekanntermaßen zum ersten Mal ins Stadion. Die Spieler versammelten sich an der 50-Yard-Linie und ohne jede Vorrede erschien ein Video auf dem Jumbotron. Es zeigte Clips aus der Preseason, gespickt mit Szenen der Verwüstung durch den Hurrikan.

Die Spieler wussten, dass sie am Montag nicht nur spielen würden, um eine Partie Football zu gewinnen – sie trugen das ganze Gewicht einer stolzen, zerstörten, aber unverwüstlichen Stadt auf ihren Schultern. »Das war ein sehr bedeutsamer, stiller Moment«, sagte Linebacker Scott Fujita. Und Fullback Mike Karney erinnerte sich, wie er vor dem Kickoff zu den Falcons hinübersah und sich dabei dachte: »›Die wollen nicht gegen uns antreten.‹ Wir hatten das Spiel schon gewonnen, ganz einfach.«

Der Wendepunkt des Spiels war ein geblockter Punt von Steve Gleason, den man später mit einer Statue vor dem Superdome unsterblich gemacht hat. Beim Geräusch, das es machte, als Gleason seinen Körper vor diesen Punt warf – Mann, da konnte man das Warum buchstäblich hören. Es ging nicht um Geld oder einen Pokal, sondern um die Stadt New Orleans. Es ging darum, den Menschen dort durch dieses Spiel wieder Hoffnung zu geben und sie näher zusammenzubringen. Dieses Warum trugen Gleason und die Saints weiter im Herzen, als sie später beim Wiederaufbau der Stadt halfen und ebenso, wie Gleason heute heldenhaft gegen seine ALS-Erkrankung ankämpft.

Ich kann mich an diesen geblockten Punt erinnern, obwohl ich nicht mal mehr weiß, ob die Saints überhaupt das Spiel gewonnen haben. (Sie haben es gewonnen, ich musste kurz nachschauen.) Was zählt, ist, dass die Spieler für mehr auf dem Feld standen als Geld, einen Sieg und ein paar Punkte mehr in ihrer Statistik. Sie spielten nicht für sich selbst. In ihrem ersten Jahr zurück im Superdome hing die Mannschaft folgendes Banner auf: »Unser Zuhause. Unser Team. Sei ein Saint.« Es war diese Energie, die sie nur wenige Jahre darauf auch zum Super Bowl führte. Ich kann mir nicht vorstellen, dass auch nur ein Spieler von New Orleans an seinen Gehaltsscheck dachte, als die Mannschaft nach Miami zum Super Bowl fuhr.

Damit will ich nicht sagen, dass man aus materiellen Motiven nicht gewinnen kann. Natürlich geht auch das.

Als ich zwölf Jahre alt war, suchte mein Vater das Gespräch mit mir. Er sagte: »Pass auf, ich kann nicht für dein Studium aufkommen. Ich sage dir das jetzt ganz deutlich: Du solltest weiter Basketball spielen. Das ist eine gute Sache, denn damit erhältst du vielleicht ein Stipendium.« Ich schätzte seine Ehrlichkeit. Sie sorgte bei mir für Klarheit und gab mir ein Warum. Ich spielte fortan zum Teil auch deshalb, um ein Stipendium zu bekommen. Mein Vater half mir, Basketball als Möglichkeit zu betrachten, etwas aus mir zu machen. Er sagte: »Ich weiß, du liebst dieses Spiel. Du liebst es, seit du ein kleiner Junge warst. Und diese Liebe wird dir eines Tages helfen, ein Stipendium zu bekommen und auf eine gute Uni zu gehen.«

Eine solche Extra-Motivation kann hilfreich sein, aber die Betonung liegt hier auf dem Wörtchen extra. Materielle Notwendigkeit gehört dazu, ist aber im Leben ausreichend vorhanden. Es gibt nämlich viele talentierte Kids, die alles hatten, was nötig ist, um es zu schaffen, jeden denkbaren finanziellen

Anreiz, die aber aus irgendeinem Grund nicht dazu bereit waren, hart genug dafür zu arbeiten. Die es schlicht nicht genug wollten. Jede Generation, die in der Drew League in LA, im Rucker Park in New York oder auf irgendeinem Basketballplatz in Amerika gespielt hat, kennt Geschichten über diesen einen Typen, der das Zeug für die NBA gehabt hätte, wenn er nur … Genau, wenn er nur.

Ruhm? Popularität? Sind gut und schön, aber leider auch vergänglich. Ein kleines Experiment – sieh Dir die folgende Liste mit Namen an und sag mir, wie viele Du davon kennst: David Thompson, Kareem Adbul-Jabbar, Dennis Johnson, George McGinnis, Paul Westphal, Marques Johnson, Maurice Lucas, Walter David, Jack Sikma, Artis Gilmore, Otis Birdsong. Dies waren die All-Stars der NBA Western Conference von 1979, also die berühmtesten und beliebtesten Spieler der Liga. Kareem kennst Du vermutlich – aber den Rest? Ihr Ruhm überdauerte keine 30 Jahre.

Such Dir auf Spotify irgendeine Playlist mit Hip-Hop der 90er-Jahre heraus. Wie viele der Songs davon kennst Du? Tupac vielleicht und Biggie. Aber den Rest? Nope. Die größten Namen im Musikgeschäft. Leute, die Grammys gewonnen haben. Die die Welt bei den Eiern hatten. Alle weg … und vergessen.

Wo wir beim Thema Hip-Hop aus den Neunzigern sind, das hier sagte Nas darüber, als er *Illmatic* schrieb, eines der Alben aus dieser Ära, das bis heute Fortbestand hat: »Ich wollte euch mit in meine Wohnung nehmen. Es ging nicht darum, ein Rap-Star zu werden, alles andere als das. Ich wollte, dass ihr wisst, wer ich bin und wie die Straße schmeckt, riecht und sich anfühlt. Wie die Cops reden, denken und sich benehmen. Was Cracksüchtige machen – ich wollte, dass ihr das riechen und fühlen könnt. Es war mir wichtig, diese Geschichte auf eine solche Art zu erzählen, denn ich glaubte, wenn ich es nicht tat, würde sie niemand erzählen.«

Wenn ich es nicht tat, würde sie niemand erzählen. Wer weiß, vielleicht war genau das die Einstellung, die es Nas ermöglichte, einen Klassiker der Rap-Geschichte abzuliefern. Worum es mir geht, ist: Er hatte ein Warum. Die Art von Einstellung, mit der es egal ist, ob Deine Geschichte zu einem Klassiker wird, weil es Deine Geschichte ist und Du sie einfach erzählen musst. *Wenn ich nicht spielen würde, würde niemand spielen wie ich.* Wenn ich nicht spielen würde, wären meine Mitspieler schlechter dran.

Das ist ein Warum – eine Antwort, die funktioniert, egal ob Du gewinnst oder verlierst. Nebenbei: Wenn Du je einen Sportfilm geschaut hast, weißt Du, dass gewinnen nicht zwingend Deine Probleme löst. Jeder feuert die Mighty Ducks oder die Bad News Bears an – die Underdogs. Wenn Du gewinnen willst, um gemocht zu werden, erlebst Du am Ende vielleicht eine Überraschung, weil Du das Gegenteil erreichst. Als Favorit bist Du nicht automatisch der Fanliebling. Im Gegenteil, wir lieben es, Leuten die Daumen zu drücken, die scheitern!

Und selbst wenn Geld, Ruhm und Popularität gute kurzfristige Motivatoren *wären*, was, glaubst Du, wird passieren, wenn Du sie irgendwann besitzt? Selbst Rookie-Verträge beinhalten oftmals Geldbeträge, die das Leben der Spieler nachhaltig verändern. Dennoch machen selbst die besten Spieler immer weiter. Serena Williams müsste in ihrem Leben keine

Minute mehr Tennis spielen und dennoch arbeitet sie jeden Tag. Nicht nur an ihrem Spiel, nicht nur an ihrem Körper, sondern auch in den verschiedenen Unternehmen, die sie besitzt. Serena besitzt mehr Geld, als sie je ausgeben kann, plus 23 Grand-Slam-Titel, die zweitmeisten aller Zeiten. Dennoch kehrte sie nach ihrer Schwangerschaft zurück auf den Platz, um weiterhin eine der besten Tennisspielerinnen der Welt zu sein. Und wieso? Weil ihr *Warum* viel mehr umfasst, als nur dieses Leben zu führen.

Ein weit verbreitetes Warum – und eines, das ich nachempfinden kann – ist der Drang danach, anderen Menschen zu beweisen, dass sie falsch lagen. Beziehungsweise der Welt zu zeigen, dass man jemand ist. Dass man nicht verdient hat, was einem früher im Leben widerfahren ist, dass man mehr ist als nur der Ort, wo man herkommt, und dass die Hater ihre Klappe halten müssen. Wir alle nutzen Sport zu einem gewissen Teil, um zu verhindern, dass wir uns klein fühlen. Wenn Du Probleme mit Deinem Selbstwertgefühl hast oder aus einem kaputten Elternhaus stammst, kann das Getöse der Zuschauer eine Art Ersatzliebe sein. Das Basketballfeld wird dann ein Zuhause für Dich, in dem Du Dich gewertschätzt fühlst.

In meinem ersten Jahr bei den Heat wollte ich die gesamte Saison über unseren Erfolg all denjenigen unter die Nase reiben, die uns zuvor kritisiert hatten. Wenn ich nur diese Meisterschaft gewinnen könnte, dachte ich mir damals, dann würde ich die Hater damit zum Schweigen bringen. Wenn ich gewinne, würde ich mich besser fühlen, oder? Dann wäre ich wie die Hater. Ich wollte denen einfach nur beweisen, dass sie falsch lagen.

Diese gesamte Saison hatte ich nie daran gedacht, zu verlieren, sondern immer nur, den Hatern das Maul zu stopfen. Du ackerst Dich nicht durch eine ganze Saison, kämpfst Dich durch die Playoffs ins Finale und denkst ernsthaft daran, dass Du verlieren könntest. So was kommt Dir einfach nicht in den Sinn.

Und plötzlich war ich dort, am Ende der Finals, und die Mavericks feierten in unserer Arena. Mein guter Freund Tyson Chandler sagte mir, ich solle den Kopf nicht hängenlassen. Da traf es mich wie ein Schlag: *Dies wird kein Happy End. Du wirst niemandem das Maul stopfen. Du hast verloren.*

Eine solche Niederlage vergisst man niemals so richtig, selbst wenn beim nächsten Mal der große Wurf gelingt, wie es bei uns der Fall war. Und in den Wochen nach der Niederlage hatte ich jede Menge Zeit, mich damit auseinanderzusetzen. Ich glaube nicht, dass wir aufgrund der falschen Einstellung verloren haben. Wir hatten verloren, weil die anderen besser waren. Doch in diesen Wochen nach den Finals stellte ich mir vor, wie es sich wohl angefühlt hätte, mit dieser Einstellung zu gewinnen, den Hatern wirklich das Maul zu stopfen. Nennt mich einen schlechten Verlierer, aber mir wurde damals klar, dass es mich nicht wirklich glücklich gemacht hätte, so zu gewinnen. Für ein paar Tage oder Monate vielleicht, aber nicht auf Dauer. Denn dann hätte sich meine Geschichte nur um die Hater gedreht und nicht darum, was ich gemeinsam mit meiner Mannschaft erreicht habe. Ich hätte den Hatern weiterhin Macht über mich verliehen, wenn ich auf diese Art gewonnen hätte.

Ohne einen Zweck, auf den man stolz sein kann, werden Siege schnell langweilig und unbefriedigend. Wenn Du Wut zu

Deinem Warum machst, wird die Freude aus allem verschwinden, was Du erreichst – selbst wenn Du so oft gewinnst wie Michael Jordan.

Ein gutes Warum hingegen kann Dir helfen, die Aufs und Abs des Lebens zu meistern, selbst wenn alles um Dich herum auseinanderfällt. Dein Was kann Dir in Sekundenbruchteilen genommen werden – doch Dein Warum kann alles überdauern.

Ryan Shazier spielte für die Pittsburgh Steelers, bis – Boom! – ein Hit ihm die Wirbelsäule demolierte und ihn hüftabwärts lähmte. 1949 gab es einen Baseballspieler bei den Phillies namens Eddie Waitkus. Er saß im Mannschaftshotel, als er einen Anruf von der Rezeption erhielt. Eine ehemalige Klassenkameradin sei ebenfalls im Hotel und er solle dringend ihr Zimmer aufsuchen. Er ging rüber … und eine geistig verwirrte Frau schoss ihm mit einem Gewehr in die Brust. Beinahe wäre er daran gestorben. Oder denk an Bobby Hurley, der mit Duke zweimal die College-Meisterschaft geholt hatte, als herausragendster Spieler der Final Four ausgezeichnet wurde und eine erfolgreiche Profikarriere vor sich hatte. Er befand sich gerade auf dem Heimweg von einem Spiel seiner ersten NBA-Saison, als von der Seite ein Kombi seinen SUV rammte. Hurley wurde aus dem Wrack geschleudert und überlebte nur haarscharf.

Wenn ich an Bobby Hurley denke (inzwischen Head Coach bei Arizona State) oder an Eddie Waitkus (Comeback-Spieler des Jahres 1950) oder an Ryan Shazier, der sich Zentimeter um Zentimeter zurückgekämpft hat und nun wieder laufen kann, dann sehe ich Männer, die ganz eindeutig über Warums verfügten, die tiefer gehen als der übliche, oberflächliche Kram.

Mit solchen Warums konnten sie sich auch nicht anders verhalten. Wenn es jemand wie Hurley nach so lebensbedrohlichen Verletzungen schafft, zum Basketball zurückzukehren, ist das inspirierend. Noch inspirierender finde ich jedoch, dass er – selbst wenn ihm das nicht gelungen wäre – dennoch einen Weg gefunden hätte, ein bedeutsames und sinnhaftes Leben zu führen.

Als ich sah, wie Zion Williamson während seiner Collegezeit bei diesem verrückten Unfall zu Boden ging, weil sein Schuh auseinanderflog, durchzuckte mich folgender Gedanke: Was, wenn nun alles für ihn zusammenbräche? Zum Glück war die Verletzung nicht ansatzweise so schlimm, wie sie aussah. Aber was, wenn sie es gewesen wäre? Was, wenn er nicht mehr Zion wäre, der dominanteste Basketballspieler am College, der Nummer-eins-Pick im NBA-Draft? Wäre er damit zurechtgekommen? Hätte er verstanden, dass noch ein Leben neben und nach dem Basketball existiert? Oder dass ihm der Sport andere Möglichkeiten bietet, als nur der Star zu sein?

In diesem Moment hoffte ich, dass es in seinem Leben jemanden gab wie meinen Coach Hill, der mich fragte, was ich mit Basketball mal anfangen wolle. Jeder junge Sportler sollte eine solche Unterhaltung führen, wenn nicht mit dem Coach, dann mit sich selbst. Deshalb bitte ich Dich darüber nachzudenken, wofür Du spielst. Was möchtest Du mit dem Spiel erreichen? Welche Türen willst Du damit öffnen? Wer möchtest Du einmal werden – auf dem Spielfeld und im echten Leben?

Die Suche nach Deinem Warum erfordert dieselbe Disziplin wie frühmorgens fürs Training aufzustehen, obwohl niemand Dich dazu zwingt. Versuch es mit der Übung, von der ich zu Beginn des Kapitels erzählt habe: Beginne mit Deinen oberflächlichen Zielen und frage Dich bei jedem davon: »Warum?« So zwingst Du Dich, Dich tiefer und tiefer mit Deinen echten Beweggründen auseinanderzusetzen. Du könntest überrascht sein, was Du findest. Vielleicht eine spirituelle oder philosophische Tradition, die Dir ein Gefühl davon vermittelt, wie ein sinnhaftes Leben aussieht – Dein Spiel kann ein Teil davon sein. Oder es ist intuitiver. Vielleicht durchlebst Du in einem Match einen Flow-Moment, in dem Du eine halbe Sekunde lang innehältst und denkst: »*Dies hier ist es – deshalb liebe ich dieses Spiel.*« Du kannst Dich zu Deinem persönlichen Warum regelrecht hinfühlen.

Natürlich wächst Du und veränderst Dich, während Du spielst und es ist vollkommen in Ordnung, dass sich dabei auch Dein Warum verändert und mit Dir wächst. Hoffentlich wird es tiefsinniger und reifer, während auch Du tiefsinniger und reifer wirst. Bevor ich eine echte Liebe für das Spiel entwickelt habe – die Art von Liebe, die Verletzungen, Widrigkeiten und Fehlschlägen standhält –, wollte ich auf dem Basketballplatz nur Zeit mit meinen Freunden verbringen und ein paar Körbe werfen. Warums ändern sich und entwickeln sich weiter, genauso wie Menschen es tun. Der Schlüssel ist, Dein Warum niemals in etwas Externes zu investieren, das Dir von einer Macht genommen werden kann, über die Du keine Kontrolle hast.

Es muss tiefgründiger sein als simpler Siegeswille oder ein kostenloses Studium an einer guten Uni. Es muss eine Verbindung zu Deiner Seele haben. Es muss eine Verbindung zwischen Dir und etwas Größerem herstellen. Es darf sich nicht

um Äußerlichkeiten wie Pokale drehen, sondern muss Deiner Veranlagung entspringen und tief in Deiner DNA verwurzelt sein.
Wenn Du das besitzt, dann wird es Dir so gehen, wie Mike Karney einst sagte: »Kein Gegner, kein Hindernis wird sich dir in den Weg stellen wollen. Denn du wirst unaufhaltsam sein.«

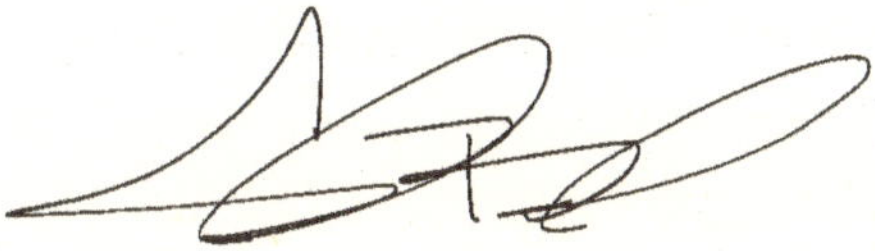

BRIEF 3

DIE GABE DES HUNGERS

Eines Tages während meiner NBA-Zeit brachte ein Mitspieler seinen Sohn mit zum Training, damit er vor der Einheit mit der Mannschaft ein paar Körbe werfen konnte. Ich erkannte sofort, dass der Junge, der damals im Highschool-Alter war, eine Menge Talent besaß. Zudem hatte er eine große Klappe und behauptete, dass er gegen mich dunken könnte und solche Dinge, aber ich respektierte seinen Wettkampfgeist. Man sah, dass er gewinnen wollte und hart dafür arbeitete. Seine Art zu spielen spiegelte das wider. Doch was war sein Antrieb?

Wir haben eben über das *Warum* gesprochen. Vielleicht war seines, dass er seinen Vater beeindrucken wollte. Oder das Spiel perfekt beherrschen wollte. Oder es in die NBA schaffen wollte.

Wir sprachen darüber, was einen antreibt, wenn man nur noch müde ist und zitierten dabei *Dancing in the Dark* von Bruce Springsteen. Springsteen kam aus kleinen Verhältnissen, aber wollte, genauso wie Du, unbedingt etwas Großes aus sich machen. Es drängte ihn, aus seiner kleinen Heimatstadt wegzukommen und der Welt seinen Stempel aufzudrücken. Heute nennt man ihn nicht ohne Grund den Boss, denn er hat es geschafft. Ich möchte ihn noch einmal zitieren, denn in seinen Liedern spricht er darüber, was dafür nötig war.

Stay on the streets of this town
and they'll be carving you up alright
They say you gotta stay hungry
hey baby I'm just about starving tonight

(Bleib auf den Straßen dieser Stadt
Und sie werden dich irgendwann auffressen.
Es heißt, man müsse hungrig bleiben.
Hey Baby, ich bin heut' Nacht am Verhungern.)

In der Schule waren es tatsächlich die bequemen, verwöhnten Kids, die wir mühelos auffraßen. Wir jagten sie den Court rauf und runter, trotz ihres Talents und der erstklassigen Trainingsbedingungen. Denn wir besaßen etwas, das man nicht kaufen kann: *Wir hatten echten Hunger.*

Um wirklich erfolgreich zu werden, musst Du hungrig sein und hungrig *bleiben.*

Wenn es drauf ankommt, dass Du diesen letzten Defensiv-Rebound holst, nachdem Du fast eine Stunde lang den Court rauf- und runtergerannt bist, *muss* der Sieg eine besondere Bedeutung für Dich haben. In der Crunch Time, wenn der Körper Dich anfleht, ihn endlich nicht mehr zu quälen, muss der Schmerz einer Niederlage größer sein als der Schmerz, den es verursacht, diesen letzten Punkt zu machen oder diesen einen freien Ball zu erkämpfen. Das ist Hunger. Wenn Du an die Stars dieses Sports denkst, die den Schmerz der Niederlage und die

Freude des Triumphs tief in ihrem Inneren fühlen können, als wären sie physische Empfindungen – dann muss Dir klar sein, dass deren Hunger für ihren Erfolg genauso wichtig ist wie ihre Größe, ihr Lungenvolumen, ihre Sprintzeiten oder ihr Warum.

Du kennst die Floskeln, mit denen Sportkommentatoren häufig ihr Fazit nach einem Spiel ziehen: »Nun, Jim, dieses Team wollte es einfach mehr.« Ich weiß, das ist eine uralte Phrase, genau wie der Spruch: »Das Team, das die meisten Punkte macht, gewinnt das Spiel.« Wer will schon nicht gewinnen? Aber wie bei den meisten Sprüchen steckt auch in diesem ein Körnchen Wahrheit.

Basketball ist nicht wie *Die Tribute von Panem* oder die Gladiatorenkämpfe im Kolosseum von Rom. Einem Verlierer widerfährt nichts wirklich *Schlimmes*, außer einer Niederlage und potenziellen Verletzungen. Vor allem bei den Profis steigt praktisch jeder Spieler, egal ob er gewonnen oder verloren hat, nach Spielende in einen teuren Wagen, isst in einem schicken Restaurant zu Abend und schläft in einem bequemen Bett. Wenn Dein Leben so aussieht, lässt sich leicht sagen: »Ist doch nur ein Spiel, mal gewinnt man, mal verliert man.« Die Spieler, die das ignorieren – die wissen, dass es nur ein Spiel ist, aber 48 Minuten lang kämpfen, als ginge es um Leben und Tod – die sind es, die es wirklich mehr wollen. Im Laufe einer Saison gewinnen solche Spieler und solche Mannschaften tatsächlich einige Spiele, die sie eigentlich hätten verlieren müssen. Hunger macht Dich keine 2,15 Meter groß und bringt Dir nicht bei, Steph Curry zu verteidigen. Aber in solchen Nächten, in denen Deine Würfe einfach nicht sitzen, wenn der Schiri kein einziges Mal für Dich pfeift, wenn es scheint, als hätte sich die ganze Welt gegen Dich verschworen, dann kann Hunger den entscheidenden Unterschied ausmachen.

»Dieses Team wollte es einfach mehr« mag nur eine Floskel sein, aber Fakt ist, dass nicht jeder auf dem Spielfeld mit derselben Dringlichkeit gewinnen will. Selbst Profis lassen mal nach. Vor einigen Jahren schlug ein Baseballspieler im siebten Inning einen tiefen Ball ins rechte Outfield. Weil er dachte, er hätte das Ding aus dem Stadion geknallt, blieb er stehen, um seinen Schlag zu bewundern, statt aus der Batter's Box zu rennen. Doch der Ball wurde ganz knapp doch kein Home Run und weil der Spieler getrödelt hatte, kam nur ein Single Run und kein Double Run heraus. Am Ende verlor seine Mannschaft das Spiel mit einem einzigen Run.

Solche Szenen haben sich schon Tausende Male in Tausenden Spielen jeder erdenklichen Sportart ereignet. Selbst auf absolutem Spitzenniveau ist Hunger seltener, als Du glauben magst.

Dennoch: Talent und Hunger sind zwei verschiedene Gaben. Viele physisch talentierte Athleten mögen zwar nicht den nötigen Hunger besitzen, Du hingegen musst nicht talentiert sein, um hungrig zu spielen. Unzählige Videoaufnahmen belegen das. Schau Dir das NCAA-Turnier an, wo viele kleinere Mannschaften nicht über Spitzensportler verfügen, oder denke an die »Garbage Time« eines NBA-Spiels, in der nichts mehr passieren kann, weil das Match schon entschieden ist. Dann siehst Du deutlich, welche Spieler auf dem Feld echten Hunger besitzen und welche nicht. Diejenigen sind hungrig, die überall gleichzeitig zu sein scheinen, die noch Rebounds holen, die jeden freien Ball erkämpfen und die jedes Mal bis zum Abpfiff alles geben – egal ob das Spiel schon gewonnen oder eindeutig verloren ist, ob sie mit 20 Punkten führen oder 20 Punkte zurückliegen.

Du kannst mit jedem beliebigen NBA-Spieler sprechen, sie alle kennen jemanden, der das Talent hatte, um es in der Liga zu etwas zu bringen, dem aber schlicht der Antrieb fehlte. Meist erzählen sie dann von einem Mega-Dunk oder einem epischen Spiel, das sie dank des Spielers im vierten Viertel noch einmal drehen konnten. Und dann sagen sie etwas wie: »Der hätte ein Großer werden können, aber er …«, bevor sie verstummen. Was sie damit ausdrücken wollen, ist: In einer Liga voller Talente ist Talent nicht genug.

Ich habe viele Leute erlebt, die einfach stehengeblieben sind. Die zufrieden waren, nachdem sie es in die Unimannschaft geschafft, ihren ersten Vertrag unterschrieben, zum ersten Mal in der Startaufstellung gestanden oder ihren ersten Schuh-Deal bekommen hatten – und dann ihren Hunger verloren haben. (Nochmal: Deshalb sind Geld und Anerkennung schlechte *Warums.*) Es ist okay zu feiern. Nichts ist so schön, wie einen Sieg oder einen großen Moment zu zelebrieren. Aber manche Leute bleiben an diesem Punkt einfach stehen. Das Leben aber geht weiter, die anderen Spieler trainieren fleißig, junge Spieler drängen aus dem College in die NBA, Du wirst älter und Dein Körper täglich ein winziges bisschen weniger leistungsfähig als am Tag zuvor. Ohne Hunger wirst Du den Anschluss verlieren.

Ich glaube fest daran, dass die Gabe des Hungers ein entscheidender Grund dafür war, dass meine Karriere so erfolgreich verlaufen ist. Ich hatte es in den Anfangstagen nicht so schwer wie viele andere Kids, hatte das Glück, im Kraftraum meiner Schule trainieren zu können, mit einigen simplen, gebrauchten Maschinen, auch wenn sie nichts Besonderes waren. Aber wenn meine Mitspieler und ich gegen Kinder von besseren Schulen antraten, denen Ressourcen zur Verfügung standen, die wir niemals hatten, dann liebten wir das. Wir zehrten regelrecht von solchen Duellen. Ich weiß noch, wie ich damals immer dachte: »Nach diesem Spiel gehe ich zurück in mein Leben und ihr zurück in eures und der Unterschied zwischen beiden ist enorm. Aber jetzt, in diesem Moment und auf diesem Court, sind wir alle gleich. Und ich will diesen Sieg hier und jetzt mehr als ihr jemals verstehen könntet.«

Vielleicht kommst Du aus ähnlichen Verhältnissen wie ich oder sogar noch aus schlechteren. Es ist töricht, zu glauben, Basketball oder ein anderer Sport sei ein Ticket in ein besseres Leben – denn für den überwiegenden Teil junger Spieler ist es das nicht –, trotzdem möchte ich, dass Du diesen Hunger als Gabe verstehst. Letztlich bedeutet Hunger nichts anderes, als zu zeigen, dass Du an jedem beliebigen Tag mit jedem beliebigen Spieler auf Augenhöhe mithalten kannst. Hunger ist der Grund, aus dem Draymond Green so großartig ist. Er machte aus ihm den wichtigsten Spieler eines Meisterschaftsteams. Er will es einfach mehr als die meisten anderen Spieler, weil er »es« im Gegensatz zu ihnen niemals hatte, als er aufs College ging und später vom College in die NBA kam.

Natürlich wird es einigen jungen Sportlern, die dieses Buch lesen, deutlich besser gehen als mir in meiner Kindheit und Jugend. Das heißt aber nicht, dass sie es nicht bis an die Spitze schaffen können. Nehmt einen wie Draymonds Mitspieler Klay Thompson, Austin Rivers oder Tim Hardaway Jr., deren Väter allesamt NBA-Stars waren. Alle vier Söhne von Rick Barry schafften den Sprung in die Liga. Ganz zu schweigen von Steph und Seth Curry.

Es geht also nicht nur um Geld und Ressourcen. Ein Teil ihres Antriebs war vielleicht, beweisen zu wollen, dass sie nicht nur *wegen ihrer Väter* so gut waren. Dass ein fettes Auto nicht viel über sie aussagt, ein *fetter Dunk* hingegen schon.

Hunger wird immer den Unterschied ausmachen. Michael Jordan weiß das. Er sagte seinen Bulls vor der Serie, in der sie endlich die Detroit Pistons schlugen: »Die haben vielleicht die Erfahrung, aber wir haben den Hunger!«

In einem ausgeglichenen Duell oder selbst in einer völlig einseitigen Partie wird Hunger stets das Zünglein an der Waage sein.

Lewis Hamilton tritt jedes Jahr erneut fokussiert und betriebsbereit zur neuen Formel-1-Saison an, obwohl er schon sieben WM-Titel gewonnen hat. Er ist der beste Fahrer der Welt und wird durch seinen Hunger immer noch besser, sodass er weiterhin an der Weltspitze fahren kann. Und das in einem Sport, wo Fehler den Unterschied zwischen Leben und Tod ausmachen können. Er änderte sogar seine Ernährung und seine Physio-Routine, um sich auf der Strecke besser konzentrieren und besser performen zu können. Er tat dies damals, um seinen dritten WM-Titel in Folge holen zu können und legte sogar noch einen vierten nach. Er teilt sich den Rekord für die meisten WM-Erfolge mit dem legendären Michael Schumacher.

Nach meiner ersten Meisterschaft mit den Heat sagte ein Freund zu mir: »Bro, einmal schafft jeder. Du musst den Titel zweimal holen.« Einen Grund zu finden, hungrig zu bleiben, obwohl Du eigentlich jeden Grund hättest, satt zu sein – das unterscheidet die Guten von den Besten. Was bringt einen Kerl wie Tom Brady dazu, immer noch weiterzumachen? Dasselbe, was James Harden dazu bringt, in der Off-Season neue Würfe zu üben. Was lässt ein Team wie die Heat einen zweiten Titel in Folge anstreben, statt sich zurückzulehnen und den ersten zu genießen? Dasselbe, was einen Autor weiterschreiben lässt, selbst wenn er bereits einen Bestseller veröffentlicht hat. Warum gründet Elon Musk ständig neue Unternehmen? Es geht dabei nicht ums Geld. Es ist die Freude am Besserwerden, der Wille, die eigene Bestmarke jedes Mal zu knacken, wenn man sich die Laufschuhe schnürt oder sich im Büro an den Computer setzt. Und es ist eine *Bestimmung*. Musk will eine Technologie schaffen, die menschliches Leben auf unserem Planeten nachhaltig ermöglicht – und eines Tages auch auf fremden Planeten. Brady will als der beste Footballspieler aller Zeiten in Erinnerung bleiben. Das ist es, was viele große Köpfe gemeinsam haben. Sie mögen unterschiedlich gebaut sein und verschiedene Fähigkeiten besitzen, aber sie alle machen dort weiter, wo andere aufhören. Sie sind niemals zufrieden. Niemals satt.

Wenn Du einmal das Glück hast, mit so jemandem zu spielen – so wie ich das Glück hatte, mit LeBron James zu spielen –, wird Dir auffallen, dass solche Sportler zwar jeden Grund hätten, arrogant zu sein oder sich für wichtiger als das Spiel selbst zu halten, aber dennoch nicht so drauf sind. Einen Teil ihres Hungers macht das Wissen aus, das Spiel nicht betrügen zu können. Solche Spieler lassen nie einen Spielzug oder eine Trainingseinheit aus und kennen und schätzen in den meisten

Fällen die Geschichte ihres Sports. Sie sind Führungsspieler, selbst im Training, wenn ihnen nicht danach ist oder der Coach ihnen auf die Nerven geht. Ihr Hunger bringt sie durch solche Tage. Sie respektieren das Spiel zu sehr, als dass sie es auf die leichte Schulter nehmen. Ich war hautnah dabei, wie LeBron in jeder Partie, in jeder Trainingseinheit, hungrig aufspielte.

Natürlich wuchs ich damit auf, MJ dabei zuzusehen, wie er dasselbe tat. Er hätte sich problemlos lange vor seinem Rücktritt auf seinen Lorbeeren ausruhen können, aber das tat er genauso wenig wie Brady. In praktisch jeder beliebigen Nacht der 90er-Jahre hätte er sagen können: »Ich bin Michael Jordan. Jeder weiß, zu was ich imstande bin. Heute werde ich es mal etwas ruhiger angehen lassen.« Doch das tat er nie – selbst, wenn er Streit und Konflikte heraufbeschwören musste, um sich selbst einen Grund zu geben, Nacht für Nacht engagiert zu spielen. Jemand mit demselben Talent, aber ohne den Hunger von Michael Jordan, wäre vielleicht mit einer Meisterschaft zufriedengewesen. Um sechs zu gewinnen, braucht es beides.

Wenn Du Wege gefunden hast, Deine Gabe des Hungers zu entwickeln, wenn Deine Mitspieler und Coaches Dich motivieren, immer weiterzumachen, wirst Du irgendwann merken, dass dieser Hunger ein Bestandteil Deines Lebens werden kann. Das Ganze ist ein Kreislauf: Je mehr Arbeit Du reinsteckst, desto hungriger wirst Du. Je härter Du arbeitest, desto hungriger wirst Du. Je mehr Erfolge Du wahrnimmst, desto hungriger wirst Du.

Aber ich finde, Du musst auch nach Dingen Ausschau halten, nach denen Du hungrig sein kannst, musst diesen Appetit aktiv entwickeln – denn er kommt nicht von selbst. Wie man hört, ist das eine Spezialität von NFL-Coach Bill Belichick. Nachdem er seinen ersten Super Bowl gewonnen hatte, während sein Team noch auf dem Feld feierte, fragte ihn einer seiner Scouts, überglücklich und mit Tränen in den Augen: »Was tun wir jetzt?« Belichick sah ihn an und entgegnete: »Wir gewinnen noch weitere!«

Du kannst Dir sicher vorstellen, wie schwer es war, sich selbst und seine Mannschaft immer wieder neu zu motivieren, als ein Super-Bowl-Sieg den nächsten jagte. Belichick ist allerdings gut darin, nach Affronts zu suchen. »Die Medien wollen uns scheitern sehen«, erklärte er der Mannschaft. »Die glauben nicht, dass wir das packen.« – »Was denken sich diese Typen?«, sagte er vor dem nächsten Spiel. »Dass sie in unser Haus kommen und uns herumschubsen können?« So funktioniert der Verstand eines Champions. Tut Deiner das nicht, dann bist Du kein Champion mehr.

In der Highschool habe ich mal ein Turnier gespielt, bei dem ich mir in den Kopf gesetzt hatte, den MVP-Pokal zu gewinnen. Dieses Ziel vor Augen, habe ich bis zum Umfallen dafür geackert. Ich wollte diese Auszeichnung unbedingt. Du kannst Dir vorstellen, wie es sich anfühlte, als ich sie dann tatsächlich in den Händen hielt. Doch als wir die Halle verließen, hörte ich ein paar Typen von einer anderen Schule namens South Oak Cliff – gegen deren Mannschaft wir nicht gespielt hatten – sagen: »Yo, warum gibst du diesen Pokal nicht jemandem, der ihn wirklich verdient hat?«

Puh, das hatte gesessen. Rückblickend aber war es das größte Geschenk, das diese Kerle mir machen konnten. Denn statt mich auf meinem Erfolg auszuruhen, bin ich direkt zurück ins Gym und habe fleißig weitertrainiert. Als hätte dieser Spruch mich wieder auf null zurückgesetzt. Mein Plan war es nun, im nächsten Jahr wieder an dem Turnier teilzunehmen und diese Kerle zu besiegen … und ihnen so das Maul zu stopfen. Genau das taten wir auch. Wir schlugen sie mit 40 Punkten Unterschied und wischten den Hallenboden mit ihnen.

Es sind solche kleinen Dinge, die Dich motivieren. Dieser Hunger trieb mich viele Jahre lang an, denn ich habe ihn niemals vergessen. Ich vergesse nichts von solchen Dingen.

Selbst als mein anfänglicher Hunger als Spieler befriedigt war, suchte ich stets nach neuen Herausforderungen. Dies war es, was mich von der Highschool erst aufs College und dann zu den Profis brachte, von Toronto nach Miami, was mich um meinen Platz im Kader kämpfen ließ, selbst wenn ich verletzt oder krank war. Das ist wie mit Spitzenköchen, die Tausende Male dasselbe Gericht kochen und dennoch versuchen, es jedes Mal besser hinzubekommen, damit es immer noch leckerer schmeckt. Sie besitzen einen Hunger, der weit über das Essen hinausgeht.

Das Gleiche gilt für Unternehmer. Michael Lewis sagte mal, sie wären ständig auf der Suche nach der »neuen neuen Sache« gewesen. Ich finde, das ist ein hübscher Begriff. Sie wollten wissen, was hinter den Bergen liegt und dann hinter den nächsten Bergen und immer so weiter. So musst Du auch Deine Karriere angehen … es sei denn, Du willst nur zum Durchschnitt gehören oder schon früh die Notbremse ziehen und aufhören.

Unzählige Märchen und Fabeln erzählen uns von Menschen mit unstillbarem Hunger. Sei gewarnt: Du darfst es nicht übertreiben, Dich nicht übernehmen, damit die Freude des Sieges in Deinem Mund nicht zu Asche wird.

Das Leben geht weiter und selbst der Hunger – so sehr er auch die Guten von den wahrhaft Großen unterscheidet – kann außer Kontrolle geraten. Wird er *zu* groß, kann er Dich komplett auffressen, etwa wenn Du wie besessen an Spiele denkst, die Jahre zurückliegen, Dir wegen Fehlern aus der Vergangenheit Vorwürfe machst oder Deine Gesundheit riskierst und Deinen Körper quälst, obwohl Du Dich eigentlich erholen solltest. So wie ich talentierte Spieler ohne den Hunger, der für echten Erfolg nötig ist, erlebt habe, sah ich Spieler, die hungrig nach den falschen Dingen waren – nach guten Statistiken, aber nicht nach Siegen, nach Bestätigung für ihr Ego statt nach Teamerfolg, nach Geld statt nach Freude am Spiel. Ich habe in diesem Brief viel darüber gesprochen, dass Du hungrig bleiben sollst. Aber vergiss nicht, dass es auch eine Rolle spielt, *wonach* Du hungrig bist. Deshalb bringt es so viel, Dich von Deinen Mitspielern und Coaches inspirieren und motivieren zu lassen. Ich habe Dir von LeBron erzählt und wie eng sein Hunger mit Liebe und Respekt für dieses Spiel verknüpft ist. Wann immer er die Basketballschuhe an den Nagel hängt, wird er in diesem Moment bestimmt traurig sein, aber ich bin mir sicher, dass er auch in der Lage sein wird, mit dieser Lebensphase abzuschließen und weiterzuziehen – weil er hungrig nach den richtigen Dingen ist und weiß, dass dieses Spiel größer ist als jeder von uns.

BRIEF 4

KULTIVIERE DEINEN GEIST

Du wirst Deinen Weg machen, da bin ich mir sicher. Woher ich das weiß? Unter anderem, weil Du dies hier liest. Genauer gesagt, weil Du dies hier immer noch liest.

Weil Du schon so viele Seiten geschafft hast, ohne dass ich auch nur einmal darüber gesprochen hätte, wie man in die gegnerische Zone cuttet, sich bestmöglich für einen Rebound positioniert oder was meine Lieblingsübungen im Kraftraum sind.

So ein Buch ist das hier nicht.

Einige Sportler hätten längst abgewunken: »Kein Interesse!«

Selbst von manchen Coaches habe ich das schon gehört: »Wie bitte? Lesen?« Die Zeit, die man mit Lesen verbringt, könnte man schließlich für Videoanalyse, eine Einheit im Kraftraum oder hundert Freiwürfe nutzen. Einige prahlen regelrecht damit: »Ich habe seit Jahren kein Buch gelesen!«

Ich erinnere mich, wie ich damals zu den Heat kam. Coach Spo hatte zuvor ein paar Infos über mich eingeholt und dabei herausgefunden, dass ich gerne lese. Deshalb schenkte er mir ein Buch, von dem er glaubte, dass ich es mögen und etwas daraus lernen würde. So etwas tat er ständig für seine Spieler. Das Buch trug den Titel *Outliers*, geschrieben von Malcom

Gladwell. Als Spo es mir überreichte, freute ich mich natürlich. Aber es war auch eine ulkige Situation, weil ich ihm sagen musste, dass ich das Buch schon gelesen hatte und es super fand.

Er sah mich an, als wäre ich ein Außerirdischer.

Spo schenkte seinen Spielern seit Jahren Bücher, aber das war *noch nie* vorgekommen.

Ich bin also froh, dass Du dies hier – so früh in Deinem Leben – liest und versuchst, auch an Deiner mentalen Fitness zu arbeiten. Auch als Denker, als Mensch besser zu werden, als *Gesamtpaket.* Natürlich sind Videoanalyse, Krafttraining und Freiwürfe wichtig. Doch wenn Du den großen Muskel vergisst, der sich zwischen Deinen Ohren befindet, wirst Du immer ein Defizit in Deinem Spiel haben, ganz egal welche Sportart Du betreibst – denn ohne diesen wichtigen Teil Deines Körpers bringen das beste Playbook und das intensivste Videostudium nichts. Mein Großvater Daddy Jack pflegte zu sagen: »Benutze das Ding zwischen deinen Ohren, denn wenn du es nicht tust, wird's kein anderer machen.« Du kannst der größte, schnellste oder hungrigste Spieler auf dem Parkett sein, aber wenn Du eure Defensiv-Rotationen nicht im Kopf behältst oder die Laufwege Deines Gegenspielers mit und ohne Ball durcheinanderbringst, dann bist Du Deinen Mitspielern keine Hilfe, sondern eine Last.

Ich habe das Glück, dass ich mir um die paar Dollar, die ich an einem verkauften Buch verdiene, keine Gedanken machen muss. (Außerdem wäre dies ohnehin ein schlechtes *Warum* als Motivation, oder?) Ob Dir also jemand dieses Buch geschenkt hat, Du eine Ausgabe aus einer Bibliothek oder eine mit Eselsohren von einem Freund geliehen hast oder es als geklaute Audiobuch-Version auf YouTube hörst, ich freue mich so oder so.

Ich freue mich, weil Du liest. Weil Du Dich zu lesen *entschieden* hast.

Es gibt das dämliche Vorurteil – vermutlich noch aus der Generation meiner Eltern –, dass alle Profis dumme Sporttrottel sind. Natürlich gibt es dumme Sportler auf der Welt. Genauso wie es auch Klempner und Präsidenten da draußen gibt, die nicht besonders helle sind. Aber der Großteil der Sportler, die ich kennengelernt habe – vor allem die wirklich Großen – waren nicht nur physisch brillant. Um ein Spitzenspieler zu sein, braucht es eben auch einen spitzenmäßigen Verstand.

Aaron Rodgers, der Quarterback der Green Bay Packers, ist bekannt dafür, sich noch an fünf oder sechs Jahre alte Spiele samt Line Protections, Audibles und Entscheidungen seiner Receiver über individuelle Spielzüge erinnern zu können. Mehr noch, er weiß genau, was seine Receiver und Backs hätten tun *sollen* beziehungsweise was das Playbook ihnen *eigentlich* vorgegeben hatte und was die gegnerische Defense getan hat, um sie zum Checkdown zu zwingen oder alternative Passrouten mit ihm zu finden. Journalisten fallen regelmäßig die Kinnladen runter, wenn sie ihn mit derlei Dingen auf die Probe stellen. Ähnlich geschockt sind sie, wenn LeBron auf Pressekonferenzen nach Spielen sein fotografisches Gedächtnis unter Beweis stellt, indem er jeden einzelnen Turnover erklärt, den er während des Spiels verursacht hat, inklusive Details dazu, wer wen gedeckt hat und wie genau er den Ball verloren hat. Dabei sollte Dich das eigentlich nicht überraschen – Dein Gehirn ist schließlich Teil Deines Körpers und Du kannst und solltest es gleichermaßen pflegen. Ich fände es überraschender, wenn Leute wie Rodgers oder LeBron tatsächlich dumme Sporttrottel wären. Wie sollte jemand im Bruchteil einer Sekunde die Defense des Gegners lesen, deren Reaktion erahnen und dann auf diese Reaktionen reagieren, der keinen messerscharfen Verstand besitzt?

Ein weiteres Beispiel ist Greg Maddux. Als ich aufwuchs, war er einer der dominantesten Pitcher überhaupt. Falls Du ihn jemals hast pitchen sehen, weißt Du, dass er während seiner Glanzzeit praktisch unbesiegbar war. Dabei schaute er aus wie ein Buchhalter oder Mathelehrer. Er besaß nicht die beeindruckende physische Präsenz eines Randy Johnson oder Roger Clemens und seine Fastballs flogen selten schneller als 145 Kilometer pro Stunde. Dennoch beendete er seine Karriere in den Top Ten für die meisten Strikeouts und Siege aller Zeiten – und das, obwohl er in einer Ära spielte, in der Anabolika im Baseball weit verbreitet und Home Runs an der Tagesordnung waren. Maddux' Stärke war nicht physische, sondern mentale Überlegenheit. Er kannte die Marotten und Schwächen jedes einzelnen Schlagmanns. Er wusste genau, wie sie schlagen würden und sogar, wie er den Ball gepitcht hatte, als sie zuletzt aufeinandertrafen. Wie ein Schachgroßmeister hatte er alle möglichen Szenarien schon im Kopf durchgespielt, bevor das Spiel begonnen hatte. Er konnte 80 Prozent der Schlagmänner, die ihm gegenüberstanden, mit seinem Verstand bezwingen – durch Konzentration, Vorbereitung und einem Verständnis des Spiels –, bevor sie überhaupt die Batter's Box betreten hatten.

Es kursieren unzählige Geschichten über die Jedi-mäßigen mentalen Kräfte von Maddux. Folgende erschien 2004 in der

Sports Illustrated: »Als er einmal auf der Bank der Braves saß und der dritte Baseman Jose Hernandez für die Los Angeles Dodgers schlagen sollte, brüllte Maddux: ›Schaut euch das an, der First Base Coach muss vielleicht gleich ins Krankenhaus!‹ Beim nächsten Pitch knallte Hernandez einen kerzengeraden Ball gegen die Brust ebendieses Trainers.« Um so etwas korrekt vorherzusagen, muss man wissen, welcher Pitch in dieser Spielsituation zu erwarten ist, wie der Schlagmann darauf reagieren wird und was geschieht, wenn er es tut. Man muss Physik auf einer intuitiven Ebene verstehen, was selbst einen Professor der Spitzenuniversität Caltech beeindrucken würde.

Ich möchte, dass Du einen solchen Verstand entwickelst.

Die gute Nachricht ist, dass Du gerade dabei bist, dies zu tun. Mir gefällt zum Beispiel, dass der Cornerback Richard Sherman immer wieder betont, in Stanford zur Uni gegangen zu sein. Sherman war Stipendiat und nahm sein Studium wirklich ernst. Vor einiger Zeit hielt er eine Rede über seine Erfahrungen auf dem College und die Aspekte des Studentensportler-Lebens, die man nicht im Fernsehen zu sehen bekommt. Wenn die NCAA – der übergeordnete Verband der meisten großen Uni-Sportprogramme – zu rechtfertigen versucht, warum ihre Athleten nicht bezahlt werden, lautet die Begründung meist, dass sie ja kostenfreie Stipendien erhielten. Wie unglaublich schwer es aber ist, Studium und Sport unter einen Hut zu bekommen, darüber spricht die NCAA laut Sherman allerdings nicht:

»Ich fände es super, wenn normale Studierende mal eine Saison oder nur ein Semester lang den Zeitplan eines

Studentensportlers hätten und mir erklärten, wie sie das alles auf die Kette kriegen. Zeigt mir, wie ihr eure Kurse planen wollt, wenn ihr jeden Tag von zwei bis sechs trainieren müsst. Zeigt mir, wie ihr euer Arbeitspensum erledigt, wenn ihr jeden Morgen um halb acht aufstehen müsst, am nächsten Tag einen Test anstehen habt, todmüde vom Training kommt, aber trotzdem genauso viel lernen müsst wie alle anderen, weil ihr genau dasselbe leisten müsst …

Wenn ihr morgens aufwacht, steht zunächst ein Krafttraining an. Vom Kraftraum geht's in die ersten Vorlesungen. Danach versuchst du erst mal einen Happen zu essen. Dann folgen Meetings und danach wieder Training. Wenn du endlich irgendwann heimkommst, musst du alles abarbeiten, was den Tag über in deinen Vorlesungen angefallen ist.«

Du kannst ein solcher Studentensportler sein, selbst wenn Du bereits einen Abschluss gemacht hast. Du musst Dich dafür allerdings tüchtig ins Zeug legen. Schlau wird man nicht durch Zufall, genauso wenig wie man durch Zufall stark wird. Richard Sherman hat seinen Verstand und seinen Körper gestärkt. Das solltest Du auch tun.

Wenn ich beobachte, wie junge Sportler ihre Schule vernachlässigen, weil sie sich sicher sind, als Profi eines Tages die dicke Kohle zu scheffeln, fürchte ich, dass sie sich damit selbst in den Fuß schießen. Natürlich wirst Du nicht Landesmeister im Basketball, indem Du auf dem Court einen Geometrietest schreibst. Aber in diesem Spiel hängt Erfolg auch von mentaler

Scharfsinnigkeit, mentaler Kreativität, mentaler Widerstandsfähigkeit, mentaler Einsatzbereitschaft und tatsächlich ein wenig von intuitiver Geometrie ab.

Wenn Spieler wie Kevin Love nach einem verfehlten Wurf einen ihrer verrückten Outlet-Pässe über das ganze Feld pfeffern, tun sie dies in einem so perfekten Winkel, dass der Passempfänger an der Seitenlinie den Ball im Lauf mitnehmen kann, ohne dass ein verteidigender Gegenspieler seine Hand dazwischen bekommt und ihn wegschlägt. Dasselbe gilt für Football-Quarterbacks, wenn sie Receiver auf Slant- oder tiefen Cross-Routen bedienen; für Billardspieler, die über Bande einlochen; für Fußballer, die Ecken zielgenau vors Tor zirkeln oder für Eishockeyspieler, die den Puck in die offensive Zone vorpassen. All das erfordert sozusagen Geometrie in Echtzeit.

Wer also behauptet, etwas fürs Köpfchen zu tun, lenke nur vom eigentlichen Training ab, hat leider nichts kapiert. An den meisten Spieltagen habe ich mir die Zeit genommen, ein Buch zu lesen, bevor ich mich fürs Spiel fertig machte. Ich habe gelernt, dass ich auf dem Feld nur dann mein Bestes geben konnte, wenn ich bei messerscharfem Verstand blieb. Also musste ich zusätzlich zu meinem Körper auch meinen Verstand trainieren.

Dass Du dieses Buch liest, zeigt mir, dass auch Du das verstanden hast. Es hätte selbstverständlich nicht unbedingt *dieses* Buch sein müssen – es zählt allein die Tatsache, dass Du Deine Zeit dafür aufwendest, Deinen Geist mit etwas Anspruchsvollerem zu beschäftigen als mit Videospielen oder Instagram. Lass Dir von niemandem einreden, Bücher zu lesen, angestrengt nachzudenken oder den Verstand einzuschalten sei nichts für Sportler. Es handelt sich um wichtige Erfolgsfaktoren – während Deiner Sportlerkarriere und danach. Denn wenn nichts Tragisches geschieht, wird es ein Danach für Dich geben. Und was Du heute tust, um Deinen Geist zu kultivieren, entscheidet darüber, ob Dein Danach einmal ein erfüllender Lebensabschnitt oder eine monotone Plackerei sein wird.

Kultiviere Deinen Geist. Falls Du Dich fragst, woher dieses Wort überhaupt kommt – es stammt aus dem Lateinischen und bedeutet so viel wie »pflanzen« oder »pflegen«. Man kultiviert Gärten und Äcker – allerdings nicht über Nacht. Dies ist ein langer, methodischer Prozess, der Geduld braucht. Du musst zunächst den Samen aussäen – also im Unterricht aufpassen, die Grundlagen lernen und herausfinden, für was Du Dich abseits Deines Sports begeisterst. Dann musst Du den Samen wässern – Dich täglich immer wieder mit dem beschäftigen, was Dich begeistert, und Dir Zeit dafür nehmen, Dein Können zu entwickeln. Hab Geduld und irgendwann kannst Du Dich selbst belohnen und die Früchte Deiner Arbeit ernten. In diesem Fall ist die Belohnung, dass Du ein interessanterer Mensch wirst – auch für andere, in erster Linie aber für Dich selbst, weil Dir weitaus mehr durch den Kopf gehen wird als die Spielzüge für Deine nächste Partie.

Betreibst Du viel Videostudium? Super! Aber das reicht nicht aus. Das menschliche Gehirn ist bemerkenswert flexibel. Fähigkeiten, die Du im mentalen Bereich ausgebildet hast, lassen sich auch auf andere Bereiche übertragen. Wenn Du also einen Nachmittag dafür verwendest, um einen Roman zu lesen oder ein Museum zu besuchen, Dir ein Konzert anzuhören oder ein neues Kochrezept auszuprobieren, dann schmälert das Deine sportlichen Fähigkeiten keineswegs. Im Gegenteil: Du überträgst Kreativität, Geduld und Konzentration von diesen Tätigkeiten auf Dein Spiel, was sich irgendwann garantiert auszahlen wird – versprochen. Dein Gehirn ist zwar nicht wirklich ein Muskel, aber es besitzt ähnliche Eigenschaften, die Du als Sportler sofort wiedererkennen wirst: Wenn Du es nämlich über seine Grenzen hinaus beanspruchst, kann es Dir Kopfschmerzen bereiten, denn Deinen Verstand zu beanspruchen ist genauso anstrengend, wie Deine Muskeln aufzubauen. Sobald sich Dein Hirn wieder erholt hat, wirst Du staunen, wie einfach Du plötzlich neue Ideen und Konzepte erfassen kannst, die vorher nicht begreifbar schienen. Faulenzt Du hingegen ein paar Tage, wirst Du merken, dass auch Dein Gehirn sich anpasst. Es wird jeden Tag entweder stärker oder schwächer – genau wie Deine Muskeln.

Meiner Erfahrung nach ist Visualisierung der beste Beleg dafür, wie das Erweitern Deines geistigen Horizontes sich auf Deine sportliche Leistung überträgt. Wenn wir beispielsweise in der Schule etwas gelesen haben, versuchte ich, mir die Geschichte und ihre Charaktere vorzustellen. Ich sah vor meinem geistigen Auge, wie Harry Potter und seine Freunde Hogwarts besuchten, um ein weiteres Semester Magie zu studieren. Ich mochte das Bild vom grünen Licht am anderen Ufer in *Der große Gatsby*. Bald fiel mir auf: Je mehr Übung ich im Visualisieren bekam, desto besser konnte ich mir vorstellen, was auf dem Basketballspielfeld geschieht. Egal ob ich Schlüsselszenen vergangener Spiele noch einmal rekapitulierte oder vorausahnte, was im nächsten Spiel passieren würde. Mein Gehirn unterscheidet keine Bereiche für »Basketball-Visualisierung«

und »Visualisierung anderer Dinge«, es ist für alle Visualisierungen zuständig, und je mehr ich meinen Geist im Klassenzimmer trainierte, desto sicherer agierte ich auf dem Court.

Trotz aller Probleme bei der Organisation des Universitätssports in den USA ist das Konzept, Sport und Wissenschaft miteinander zu kombinieren, grundsätzlich ein sehr kluges. In Europa gibt es so etwas nicht. Dort wird man entweder Profi oder bleibt Student, eine Mischung aus beidem gibt es nicht. Ich finde das sehr schade. Das Resultat ist ein Kader von Profis, deren gesamter Fokus von Beginn an einzig und allein auf ihrem Sport liegt. Aber es fehlen solche Profis, die eine universitäre Ausbildung hervorbringen kann: Die sich der Machtstrukturen bewusst sind, die ihren Sport und ihre Gesellschaft kontrollieren, die für sich selbst einstehen können und in der Lage sind, auch abseits des Spielfelds Dinge von Bedeutung anzusprechen. Ich bin mir sicher, dass es auch im europäischen System Sportler gibt, die zu all diesen Dingen fähig sind. Dennoch hat das Ideal, das wir auf dieser Seite des großen Teichs verfolgen – nämlich, dass ein Athlet Körper und Geist gleichermaßen zu trainieren hat – etwas Bedeutsames, egal wie unzureichend wir ihm oftmals gerecht werden.

Die Vorstellung, entweder den Körper oder den Geist zu kultivieren, ist übrigens vergleichsweise neu und unerprobt. Den größten Teil der Menschheitsgeschichte über glaubten wir nämlich, dass Körper und Geist eine Einheit bilden. Man kann das eine nicht ohne das andere vollständig ausbilden. Vielleicht kennst Du das lateinische Sprichwort *»Mens sana in corpore sano«*, was bedeutet: »Ein gesunder Geist lebt in einem gesunden Körper.« Diese Weisheit ist Tausende von Jahren alt. In der

Antike kannte sich ein gebildeter Mensch mit Geometrie, Poesie und Musik aus, aber auch mit Ringen, Speerwerfen und Wettlaufen.

Sportler, die glauben, ihren Verstand vernachlässigen zu können – also ihre Fähigkeit zur Visualisierung, ihr Gedächtnis und ihre Kreativität nicht auf dieselbe Weise wie ihre Muskulatur zu trainieren – und es trotzdem an die Spitze ihrer Disziplin zu schaffen, machen sich etwas vor. Insbesondere heutzutage, wo das Spiel von Daten und Statistiken bestimmt wird. Früher bist Du mit ausschließlich sportlichem Talent vielleicht noch durchgekommen, aber heute nicht mehr. Wenn Du einmal Giannis Antetokounmpo hast spielen sehen, weißt Du, was ich meine. Er nimmt jeden seiner Würfe entweder aus dem Drei-Sekunden-Raum oder direkt am Korb. Das ist keine Marotte, er tut das, weil die Statistik ihm (und im Grunde jedem anderen in der NBA) sagt, dass dies in Bezug auf Punktwert und Trefferwahrscheinlichkeit die effizientesten Würfe sind – und er clever genug ist, das zu begreifen.

Erinnerst Du Dich, wie ich zu Beginn dieses Kapitels sagte, kein Spiel würde je durch einen Geometrietest entschieden werden? Nun, tatsächlich stimmt das nicht ganz. Es waren Giannis Zahlenverständnis und seine Bereitschaft, in Basketball mehr als nur ein physisches Spiel zu sehen, die ihm und unzähligen anderen Spielern und Trainern erlaubten, den Sport in den vergangenen Jahren massiv umzugestalten. Ihr Siegeshunger war der Grund, aus dem sie jede nur erdenkliche Möglichkeit zur Verbesserung ausloteten.

Dein Hunger kann Dich auf einen ähnlichen Pfad führen. Wenn Du noch zur Schule gehst, schadet es Deinem Spiel vielleicht, wenn Du Dich unmotiviert durch möglichst leichte Kurse wurschtelst.

Falls Du dachtest, die Leute in den großen Trainingszentren stemmen den ganzen Tag nur Gewichte und hocken in Eisbädern, wärst Du erstaunt, worüber sie dort in den Konferenzräumen sprechen. Erinnere Dich, wie James Harden und die Führungsriege der Houston Rockets über Statistiken grübelten. In der Saison 2020 hatten sie sich selbst zum Ziel gesetzt, 1,16 Punkte pro Ballbesitz zu erzielen, was sie zur effizientesten Offense der NBA-Geschichte gemacht hätte. Um zu überprüfen, ob sie auf dem richtigen Weg waren, mussten sie herausfinden, von wo auf dem Parkett die Würfe kamen, welche Würfe die Wahrscheinlichkeit erhöhten, ein Foul zu ziehen, und welche Würfe eine Vergeudung des Ballbesitzes darstellten. Wenn Du in der alten NBA offen für einen Sprungwurf aus mittlerer Distanz warst, hast Du ihn genommen. Im heutigen, von Statistik dominierten Sport ist das der schlechteste Wurf, den Du nehmen kannst – denn die Trefferwahrscheinlichkeit ist nicht viel höher als bei einem Dreier, ein Treffer wäre allerdings einen Punkt weniger wert. Addiere diese Differenz über die Dauer eines Spiels und einer kompletten Saison und Du landest beim Unterschied zwischen einer Playoff-Mannschaft und einem Kandidaten für die Draft Lottery. Diese Art von Mathematik ist heutzutage in praktisch jedem Trainingszentrum an der Tagesordnung. Und wenn Du dabei nicht mitkommst, wird Dein Coach jemand anderen finden, dem das gelingt.

Man halte sich vor Augen: Jahrzehntelang hat sich Basketball im Grunde nicht verändert. Sobald Du frei warst für einen

Wurf, hast Du ihn genommen. Bis einige der schlausten Köpfe in diesem Sport herausfanden, dass es so einfach nicht ist und das Spiel revolutionierten, indem sie es kreativer *dachten*. Dieses neu gewonnene Verständnis bescherte uns Damian Lillard, Steph Curry und Kevin Durant. Dieser Impuls kam von Leuten, die das Spiel *studiert* hatten und es nicht bloß mit roher Kraft absolvierten.

Meine Karriere endete, kurz bevor die Statistik-Revolution richtig Fahrt aufgenommen hatte. Dennoch nahm ich mir früh zu Herzen, dass man Basketball mit dem Kopf und nicht mit den Beinen spielt. Das lag zum Teil daran, dass ich immer gern gelesen habe und mehr über Dinge erfahren wollte, die nicht direkt etwas mit Basketball zu tun hatten. Die größte Rolle spielte jedoch der Einfluss meiner Mitspieler, insbesondere von Shane Battier. Ich kenne keinen anderen Spieler, der seine mentale Vorbereitung so ernst nahm wie Shane – und ich versuchte, es ihm gleich zu tun. Er behielt im Saisonverlauf nicht nur seine eigenen Statistiken im Auge, sondern studierte die Tendenzen der anderen Mannschaften hinsichtlich Offense und Defense, damit wir bestens darauf vorbereitet waren, Konter gegen sie zu fahren. Er spielte in seinem Kopf alle möglichen Szenarien durch, die in 48 Minuten Spielzeit auftreten konnten, stellte sich sogar Notfallsituationen vor und wie er darauf reagieren würde: »Okay, wenn die Spurs mit drei Punkten Rückstand den Ball einwerfen und wir mit 30 verbleibenden Sekunden eine 2-for-1-Situation haben, werden sie nach dem Einwurf mit hoher Wahrscheinlichkeit einen der folgenden Spielzüge bringen, die wir entsprechend verteidigen können.« Oder: »Wenn wir mit unserer Small-Ball-Aufstellung auf dem Parkett stehen, habe ich einen Schnelligkeitsvorteil über ihren Center und kann immer wieder ausscheren, um ein paar Dreier aus der Ecke zu werfen.« Shane lebte für solche Sachen, und ich hatte Spaß daran, ihm beim Denken zuzusehen.

Doch es geht nicht nur um die richtige Strategie. Bevor Du Basketball spielst, musst Du vor Deinem geistigen Auge sehen können, wie Du spielst. Du musst visualisieren, wie Du nach einem Fehlwurf zurück in die Defense rennst. Du musst Dir den Lärm der Zuschauer und ihre Beleidigungen vorstellen können, bevor Du sie hörst. Du musst regelrecht spüren, wie Dir im vierten Viertel alle Glieder schmerzen werden.

Wenn Du all diese Dinge dann wirklich erlebst, wirst Du merken, dass sie viel weniger überraschend für Dich sind. Denn auf eine gewisse Art hast Du sie ja bereits durchlebt. Mentale Stärke ist nichts, was Du entweder hast oder nicht hast. Du kannst sie wie jeden Deiner Muskeln aufbauen, indem Du alle Worst-Case-Szenarien, die Dir widerfahren könnten, mit ruhigem Verstand visualisierst und entsprechende Reaktionen darauf im Geist durchspielst. Dadurch entwickelst Du nicht nur eine gewisse Abhärtung, sondern auch Vertrauen. Vertrauen in Deine Fähigkeiten, Deine Vorbereitung, Deinen Sprungwurf. Vertraue Deiner Vorbereitung – dann weißt Du, dass Du bereit für einen Konter bist, wenn die andere Mannschaft angreift. Vertraue Deinen Mitspielern. Du musst Deinen Verstand so konditionieren, dass Du nicht darüber nachdenkst, ob Du dem Spieler neben Dir vertraust oder nicht. Du tust es einfach.

Leute wie Shane Battier haben mich motiviert, mich selbst anzutreiben – nicht nur darin, das Spiel intensiver zu studieren, sondern meinen Verstand insgesamt aufzufächern. In einer

Off-Season brachte ich mir Programmieren bei. In einer anderen nahm ich Gitarrenunterricht. Selbst meine Ausflüge in die Modebranche waren Teil der Erweiterung meines kreativen Weltverständnisses. Ich habe in mir stets mehr gesehen als nur einen Basketballspieler, selbst als ich noch aktiv gespielt habe. Paradoxerweise half mir das wiederum, ein besserer Basketballspieler zu werden. Es gab mir etwas, woran ich meine Frustration auslassen konnte, versorgte mich mit Gesprächsstoff meinen Mitspielern gegenüber und führte mich zu Hobbys, die mich nicht auf die schiefe Bahn gerieten ließen. Während der Playoffs bereitete ich immer das Abendessen zu. So konnte ich abschalten und das Geschrei der Medien und die Probleme auf dem Feld ausblenden. Das half mir, mich auf meine eigentlichen Aufgaben zu konzentrieren.

Wenn Du aufwächst und Deine Helden im TV siehst, scheint es, als ob sie weder Zweifel noch Selbstkritik kennen – weil Du nur ihr Äußeres siehst. Doch trittst Du eines Tages in ihre Fußstapfen, wirst Du merken, dass Du in diesem Spiel niemals Erfolg haben wirst, wenn Du Dich Deinen eigenen Zweifeln nicht stellst. Ich bin nicht stolz darauf, aber damals, während meiner Schulzeit, bin ich nach schlechten Spielen häufig heulend zusammengebrochen, habe all den Trash Talk an mich herankommen lassen und hatte schlaflose Nächte. Am nächsten Morgen fragten mich meine Mitspieler, ob mit mir alles in Ordnung sei.

Mit den Jahren habe ich mentale Stärke entwickelt. Meine Interessen abseits des Courts waren dabei keine störende Ablenkung, im Gegenteil – sie waren es, die mich stärker gemacht haben. Plagten mich Selbstzweifel auf dem Parkett – »Was, wenn ich meine Mitspieler enttäusche, wenn sie mich brauchen? Was, wenn ich mich vor den Fans blamiere?« –, war es mein Leben abseits des Sports, das mich daran erinnerte, wie viel größer die Welt doch ist. Das half mir, meine Sorgen zu überwinden, indem es sie ins rechte Licht rückte.

Natürlich funktionierte das nicht immer perfekt. Über die Jahre habe ich mir selbst beigebracht, auf Trash Talk nicht anzuspringen, sondern ruhig zu bleiben und mein Spiel für mich sprechen zu lassen. Dennoch: Eines Abends, als ich noch bei den Raptors war, spielten wir gegen die Celtics. Es war das Jahr, in dem sie ihre eigenen »Big Three« formiert hatten, und mit entsprechend breiter Brust spielten sie auf. Ich war den Großteil des Spiels über auf Kevin Garnett angesetzt, und KG ist einer, der sich gern mit jeder Menge Trash Talk auf Betriebstemperatur bringt. Aus irgendeinem Grund habe ich mich da reinziehen lassen. Den ganzen Abend lang warfen wir uns auf dem Court derbe Sprüche an den Kopf. KG war ein Spieler, der in solchen Situationen aufblühte, ich dagegen nicht. Ich hatte ihm daher einen riesigen mentalen Vorteil verschafft und wurde dementsprechend konsequent vorgeführt.

Glücklicherweise waren solche Spiele eher die Ausnahme als die Regel. Allerdings bloß deshalb, weil ich meine mentale Stärke genauso trainierte wie meinen Sprungwurf.

Wie gesagt: Ein Spiel zu visualisieren, bevor es stattfindet, spielt dabei eine wichtige Rolle. Manchmal befinden sich die größten Ressourcen Deiner mentalen Stärke außerhalb Deines Sports. Winston Churchill beispielsweise gehörte zu den mental stärksten Menschen aller Zeiten. Wenn er nicht gegen die Nazis kämpfte, malte er. Er schrieb sogar ein Buch darüber.

Churchill malte mit Sicherheit nicht, um irgendein diffuses Ideal von Vielseitigkeit zu erfüllen, sondern er brauchte in Situationen, in denen es um Leben und Tod ging, die Weitsicht und Ruhe, die man bekommt, wenn man Distanz zu wahren versteht.

Du merkst: Ich bin ein großer Freund davon, über den Tellerrand hinauszublicken und auf diese Weise ständig etwas dazuzulernen. Ich finde es cool, dass Damian Lillard ein paar Rap-Alben herausgebracht hat, aber ebenso cool finde ich, dass NFL Offensive Lineman John Urschel noch während seiner aktiven Zeit seinen Doktor in Mathematik am MIT gemacht hat, oder dass der Nose Tackle Steve McLendon seit seiner Zeit auf dem College Ballettunterricht nimmt. Er sagt darüber: »Ballett ist härter als alles andere, was ich tue« – und das von einem Kerl, der sich jede Woche 150 Kilo schweren Offensive Linemen in den Weg stellt. Durch Ballett perfektioniert er seine Beweglichkeit und Körperkontrolle, die ihm Höchstleistungen in seinem eigentlichen Job ermöglichen. McLendon ist übrigens nicht der einzige: Running Back Hershel Walker trainierte Ballett schon in den 1980er-Jahren, Evander Holyfield hielt sich mit Ballett-Workouts für den Boxring fit und Eishockeytorwart Ray Emery meisterte damit nach einer schweren Hüftverletzung sein Comeback. Selbstverständlich profitieren nicht nur Sportler davon, über den Tellerrand hinauszublicken. Mae Jemison, die erste Schwarze Frau im All, lernte und praktizierte Tanz.

Tatsächlich bin ich der Ansicht, dass die erfolgreichsten Athleten großen Mehrwert daraus ziehen, sich mit Ideen auseinanderzusetzen, die außerhalb ihres Fachgebiets liegen.

Candace Parker nennt das Buch *Chop Wood, Carry Water* als Inspiration für ihre mentale Stärke. Tom Brady liest gern *The Inner Game of Tennis*, das offensichtlich nichts mit Football zu tun hat. Ich selber habe aus Büchern über antike Philosophie, Kampfsport, Wissenschaft, Psychologie und andere Themen einen realen Mehrwert für meine sportliche Karriere ziehen können.

Deshalb bin ich überzeugt, dass Du ein besserer Athlet wirst oder – allgemeiner betrachtet – in prinzipiell jedem Bereich zu größeren Erfolgen fähig bist, wenn Du Deinen Geist kultivierst. Es macht Dich zu mehr als nur einem Sportler. Wenn ich sehe, wie Carmelo Anthony abseits des Courts zu einem Wortführer gegen gesellschaftliche Missstände geworden ist und wie er sich darauf vorbereitet, auch nach seiner Basketball-Karriere erfolgreich zu sein, muss ich an die Zeit denken, die er dafür auch anderen Dingen als seinem Sprungwurf oder seiner Sprintzeit widmen musste.

Deinen Geist zu kultivieren ist wichtig für diesen – vergleichsweise kurzen – Lebensabschnitt, in dem Du versuchst, in Deiner Sportart erfolgreich zu sein. Aber wie ich bereits erwähnte: Wenn Du Glück hast, wird es auch bei Dir noch ein Danach geben. Im besten Fall ein langes und erfüllendes Danach. Dann kommt es darauf an, ob Du Deinen Verstand mit genug Wissen, Interessen, Vorlieben sowie der wichtigen Fähigkeit, neue Interessen zu entwickeln, aufgerüstet hast, um auch viele Jahrzehnte nach Ende Deiner sportlichen Laufbahn stets mit etwas Sinnvollem beschäftigt zu sein. Der Unterschied zwischen Sportlern, die nach ihrer Karriere ein einträgliches und erfülltes Leben führen und jenen, deren Zeit nach dem Sport eine einzige Enttäuschung ist, besteht oftmals nur darin, wie eifrig sie in jungen Jahren ihren Geist kultiviert haben.

Egal wie weit Du es in Deinem Sport bringen wirst, Du willst mit Sicherheit keine dieser alten Sportgrößen werden, die an nichts anderes mehr denken als an den Glanz alter Tage und mit Erzählungen darüber langweilen. Du solltest lieber lebenslang lernen und wachsen. Fang jetzt damit an.

BRIEF 5

KOMMUNIKATION IST ENTSCHEIDEND

Red. Center. Nail. Zone. Block. Key. Weak. Strong. Bottom. Down.

Ohne Kontext haben diese Worte für die meisten Menschen vermutlich keine Bedeutung. Ist Basketball aber Dein Lebensinhalt, sind sie wie eine eigene Sprache für Dich, die Dir vielleicht mehr in Fleisch und Blut übergegangen ist als Deine eigentliche Muttersprache. Diese Worte können – zur richtigen Zeit ausgesprochen – eine elementare Bedeutung besitzen. Sie können Handlungsschemata und einstudierte Spielzüge auslösen, die zuvor Tausende Male trainiert wurden. Selbst ein einfaches Handzeichen, das einem dieser Begriffe zugeordnet ist und einem Spieler in einem kritischen Moment angezeigt wird, kann ein Spiel und womöglich die gesamte Saison retten.

Natürlich verfügt jedes Spiel über seine eigene Sprache. Beim Football sagt man »Nickel«, »4-3«, »Hot Read« oder »Check with me«. Auf dem Fußballplatz hört man die Begriffe »Doppelsechs«, »Box«, oder »Pressing«. Schachspieler sagen »en passant« und »Rochade«. Wasserballer sprechen von einem »trockenen Pass« oder einem »Schneebesen«. Curler haben »Biter«, »Burned Stones«, »Shot Rocks« und den »Button«.

Im Baseball geben die Catcher bestimmte Handzeichen, etwa wenn ein Runner auf der zweiten Base steht. Oft murmeln die Spieler etwas in ihr Trikot hinein, damit die aufzeichnenden TV-Kameras die Lippenbewegung nicht filmen können. Ein Coach befiehlt seinem Schwimmer »Zieh! Zieh!«, wenn der zum Luftholen kurz auftaucht.

Jedes Team kann seine eigene Sprache entwickeln, die – für sich allein betrachtet – wie das reinste Kauderwelsch klingt. Sportler sagen manchmal Dinge, die nur in einem bestimmten Kontext Sinn ergeben, in jedem anderen aber vollkommen sinnlos klingen: Wenn Du Dich morgens anziehst, bedeutet »Button« für Dich »Knopf«. Aber welche Bedeutung hat das Wort, wenn es ein Kerl mit einem Besen in der Hand auf einer spiegelglatten Eisfläche brüllt? Um ein Spiel auf wirklich höchstem Niveau spielen zu können, musst Du zunächst einmal seine besondere Sprache lernen.

Das hat einen Grund: Wenn 120 Kilo schwere Athleten, die genauso sehr gewinnen wollen wie Du, mit Karacho auf Dich zugeflogen kommen und Du Dich blitzschnell mit Deinen Mitspielern abstimmen willst, zählt jede Sekunde und Du musst ein Maximum an Information in einem Minimum an Zeit vermitteln. Mit wenigen, wohlüberlegen Worten können geübte Spieler damit ihre Mannschaft wissen lassen, welcher Spielzug als nächstes drankommt, wer wo stehen sollte, welche Defensive zu erwarten ist und so weiter. Sie können ihre Mitspieler vor wiederholten Fehlern warnen und sie trotz des Chaos und Lärms auf dem Spielfeld auf Linie bringen. Weltklasse-Point-Guards wie Chris Paul oder Luka Dončić klingen auf dem Feld wie Flugsicherungsleiter. Sie koordinieren einen

Haufen sich schnell bewegender Objekte, so effizient wie möglich und ohne ein Wort zu verschwenden. Sie fungieren außerdem als Therapeuten, die beruhigen, Selbstvertrauen verleihen, führen und motivieren.

Wenn das Spiel auf der Kippe steht, Du todmüde bist, das Publikum johlt, als befände es sich im Kolosseum von Rom und es sich für Dich anfühlt, als stünde Dein Leben auf dem Spiel, dann wird Kommunikation zum rettenden Anker. Sie macht aus fünf Individualsportlern eine Mannschaft – eine eingespielte Truppe, die sich selbst in schwierigsten Momenten aufeinander verlassen kann.

Stell Dir vor, um Dich herum läuft alles so schnell ab, dass Du gar nicht mehr hinterherkommst. Du deckst gerade Anthony Davis, der Danny Green freiblockt, während gleichzeitig Dwight Howard hinter Dir einen Block für LeBron James stellt.

RECHTER BLOCK! RECHTER BLOCK! PASS AUF DEN BLOCK AUF!

Diese Worte sagen Dir, dass Du nur den Bruchteil einer Sekunde davon entfernt bist, im vollen Lauf mit einem Berg aus Muskeln zusammenzustoßen und daher entsprechende Maßnahmen ergreifen solltest.

Wenn Dein Mitspieler das sieht und es Dir rechtzeitig mitteilt, erspart er Dir eine Menge Schmerzen und rettet den Spielzug vielleicht für eure Defense. Sagt er Dir jedoch nicht Bescheid – nun, dann hättest Du jeden Grund, beim nächsten Time-out an der Seitenlinie sauer auf ihn zu sein.

Nehmen wir aber mal an, er hätte Dich rechtzeitig gewarnt und Du hättest Dich durch den gegnerischen Block kämpfen können. Nun verbleiben noch 14 Sekunden auf der Uhr. AD sprintet sofort an den oberen Rand der Zone, um einen hohen Screen für Rajon Rondo aufzustellen. Entweder wird der so freigeblockte Rondo werfen oder AD zieht tief in die Zone, um dort den Pass zu empfangen und einen leichten Korb zu machen. Wenn Du das unterbinden willst, kannst Du mit einem Mitspieler tauschen, sodass der Kerl, der Rondo gedeckt hat, nun an AD dran ist. Aber Moment – der Kerl bei Rondo ist viel kleiner als AD und der wird dieses Mismatch gnadenlos ausnutzen, es sei denn, einer eurer großen Jungs rotiert rüber, um ihm in der Defense zu helfen.

Alle diese Gedankengänge, das Spekulieren und Reagieren, müssen innerhalb weniger Sekunden erfolgen, während Du mit vollem Tempo läufst. Manches davon geschieht ganz automatisch – darin besteht der Sinn von Training. *Einige Dinge* müssen aber erst einmal herausgefunden und in Echtzeit kommuniziert werden. Denn egal, wie smart Du bist und wie gut Deine Übersicht ist, auf dem Court geschieht in jedem Augenblick mehr als jeder einzelne Spieler überblicken kann. Du musst deshalb in der Lage sein, eine Situation mit fünf Augenpaaren zu lesen, sonst wirst Du überrollt. Du musst auf schnelle, unmissverständliche und – genauso wichtig – trotz 20 000 brüllender Fans immer noch hörbare Art und Weise kommunizieren. Es genügt nicht, auf dem Court nur an Deine individuellen Aufgaben zu denken. Du musst Teil eines Organismus sein, der sich Veränderungen in Echtzeit anzupassen weiß. Das ist Kommunikation.

Nun wiederhole das Ganze weitere 200-mal. Denn praktisch jedes NBA-Team kommt im Schnitt auf mindestens 100 Ballbesitze pro Spiel, was bedeutet, dass Du eine Situation, wie ich sie eben beschrieben habe, 100-mal in der Offense und 100-mal in der Defense erleben wirst. Hinzu kommen Einwürfe nach Time-outs, Fastbreaks nach vergebenen Freiwürfen und alle Umstellungen, die Deine Coaches in der Halbzeit vornehmen wollen, während sie Dich all der Patzer wegen anbrüllen, die Du Dir während der mindestens 100 Ballbesitze in der ersten Hälfte geleistet hast. Mannschaften, die effizient kommunizieren und unter derartigen Bedingungen effektiv aufspielen, gewinnen. Mannschaften, die doof rumstehen und sich gegenseitig verwirrt anstarren, während auf dem Jumbotron eine Wiederholung ihres Defensiv-Versagens läuft, verlieren.

Du weißt vermutlich, wo die Probleme liegen, auch wenn Du nicht exakt benennen kannst, *warum* sie auftreten. »Warum haben die den besten Werfer vollkommen frei in der Ecke stehen lassen?« – »Wie konnte der Center so ungestört dunken?« – »Wieso wurde der Kerl von einem Block gestoppt, den er nicht kommen sah – *am Mittelkreis*?!«

In neun von zehn Fällen lautet der Grund: mangelnde Kommunikation.

Ich habe nur einen Ballbesitz in einem Spiel geschildert, aber diese Lektion gilt für jeden Ballbesitz – und ehrlicherweise auch für das Leben abseits des Courts.

Denn im Leben und beim Führen geht es um Kommunikation. Wenn viel auf dem Spiel steht, ist Kommunikation essenziell.

Belegen wir dies wieder mit einem historischen Vergleich: Hitler überrennt Europa, während Winston Churchill ihm die Stirn bietet. Ja, er hat einen Plan. Ja, die weltbeste Marine steht für ihn bereit. Ja, er hat die Schlagkraft des British Empire im Rücken und bald auch die Unterstützung Amerikas. Doch das alles hätte ihm ohne Kommunikation nicht viel genützt. Ohne seine brillanten Reden, im Radio und im Unterhaus, hätte Churchill die USA nicht zum Kriegseintritt bewegen können. Ohne diese wunderbaren, eindringlichen Worte, die schmeichelnd und inspirierend ein taumelndes Empire auf Größe und Mut einschworen.

> *Der ganze Zorn und die Stärke des Feindes werden sehr bald auf uns gerichtet sein. Hitler weiß, dass er uns auf unserer Insel unterwerfen muss, um den Krieg zu gewinnen. Wenn wir ihm standhalten, dann kann ganz Europa befreit werden und die Welt wird zu weiten, sonnenbeschienenen Höhen aufbrechen.*
>
> *Doch wenn wir scheitern, wird die ganze Welt, einschließlich der USA, mit allem was wir kennen und lieben, in den Abgrund eines neuen Mittelalters stürzen, das durch die Mithilfe pervertierter Wissenschaft noch teuflischer und vielleicht dauerhafter sein wird.*
>
> *Halten wir uns darum an unsere Pflicht und handeln wir so, dass die Menschen noch in tausend Jahren, sollten das britische Empire und das Commonwealth dann noch existieren, sagen werden: »Dies war ihre größte Stunde!«*

Wenn Dich das nicht aufputscht, was dann? Denn dies ist eine Sternstunde der Kommunikation.

Keinesfalls möchte ich damit Basketball mit dem Kampf gegen die Nazis vergleichen. Das eine ist nur ein Spiel, das andere war ein Kampf auf Leben und Tod. Aber es gibt einen Grund, warum die ursprünglichen olympischen Disziplinen – Speerwerfen, Sprinten und Ringen – der Ausbildung eines Soldaten nachempfunden waren. Es gibt einen Grund, warum sich – wie im Epos *Ilias* beschrieben – die griechischen Helden im Trojanischen Krieg ihre Kampfpausen mit sportlichen Wettkämpfen vertreiben. Noch nie wurde eine Schlacht geführt, noch nie ein großes Spiel ausgetragen, ohne dass es zuvor eine motivierende Rede an die Soldaten oder Spieler gegeben hätte.

»Man muss die Seele ansprechen«, sagte Napoleon über die Reden, die er vor seinen Männern hielt, bevor sie gegen den Feind in den Kampf zogen. »Dies ist die einzige Möglichkeit, die Männer zu elektrisieren.«

Sport und Krieg haben von jeher einige Dinge gemeinsam: Das Kämpfen gegen einen Gegner, gegen das Chaos, gegen die Erschöpfung und gegen das eigene Ego. Wir riskieren bei beiden Aktivitäten unsere körperliche Unversehrtheit auf mehr oder weniger schwerwiegende Art und Weise. In beiden Szenarien gründet der Erfolg auf einer Kombination aus individueller Exzellenz und absoluter Hingabe für die Mannschaft.

Hier wie da braucht es eine Person, die exakt die richtigen Worte im richtigen Moment findet. Das kann etwas ganz Direktes sein, wie »Block rechts!« oder etwas sehr Eloquentes, wie Churchills »Größte Stunde«-Rede. Es kann ein zustimmendes Nicken sein oder ein aufbauendes Abklatschen nach einem verpatzten Freiwurf.

In welcher Form auch immer, ein Anführer erkennt eine Herausforderung im Voraus, er weiß, welches Teammitglied was tun muss, um diese Herausforderung zu meistern, und welche Worte, Symbole oder Bilder nötig sind, um den Spieler darüber zu informieren. *Das* zu wissen, erfordert nicht nur Charisma, sondern eine enorme Kenntnis von den Eigenheiten aller Teammitglieder. Welche Worte motivieren sie und welche bewirken das Gegenteil? Wie weit kann man sie pushen? In welchen Momenten muss man ihre Seele streicheln und in welchen kann man sie zu größtmöglicher Intensität einpeitschen? Anführer müssen das alles auf dem Schirm haben, bevor sie die richtigen Worte finden können.

Ich kenne viele Trainer und Sportler, die diese Analogie aus Sport und Krieg viel zu ernst nehmen. Einige Trainer nutzen sie als Ausrede, um ihren Spielern gegenüber ausfällig und beleidigend zu werden. In ihrer eigenen Welt sind sie General Patton, und einen Spieler zur Schnecke zu machen, weil er einen Freiwurf versemmelt hat, ist ein hinzunehmender Kollateralschaden. Aber auch manche Spieler nutzen die Kriegsmetapher als Ausrede, um sich selbst von der Pflicht entbinden zu können, ein anständiger Mensch zu sein. Wenn etwas wahr ist, warum sollte man es dann nicht twittern, oder? Wer ein Krieger ist, darf auch ein Arschloch sein, stimmt's? Die effektiven Coaches hingegen und der Großteil talentierter Spieler sind – auch wenn es natürlich Ausnahmen gibt – das Gegenteil von Arschlöchern. Sie sind selbstbewusst genug, ihre Erfolge für sich sprechen zu lassen, und wenn sie kommunizieren, tun sie dies stets, um Dich aufzubauen, und nicht, um Dich zu dominieren.

Was ich sagen will: Du musst nicht Dein Leben nach dieser Analogie ausrichten. In extremen Drucksituationen jedoch wird der Unterschied zwischen effektiver und ineffektiver Kommunikation sofort deutlich, denn auf diesen Unterschied kommt es dann an. Steht nichts auf dem Spiel – etwa, wenn Du während eines sinnlosen Meetings im Büro den Schlaumeier raushängen lässt –, kommt häufig der größte Blödsinn raus. Dinge wie: »Wir sollten einen Schritt zurück machen und dann stärker damit voranschreiten, unsere Synergien zu optimieren.« Jeder weiß, dass dieser Satz keinerlei Bedeutung besitzt, aber weil es um nichts geht, spielt das keine Rolle. Wenn aber viel auf dem Spiel steht – wenn Sieg oder Niederlage von der Gewissheit abhängen, dass Du Dich auf die anderen vier Jungs auf dem Court verlassen kannst –, dann muss Kommunikation klar, direkt und auf den Punkt sein.

Ich war immer stolz auf meine effektive Kommunikation auf dem Court, auch wenn ich sie mir erst erarbeiten musste. Manche Spieler sind auf dem Parkett die geborenen Wortführer – ich nicht, also musste ich an meiner Kommunikation genauso feilen wie an meinem Wurf oder meiner Ausdauer.

Im Lauf meiner Karriere wurde ich ein immer besserer Kommunikator. Vor allem in der Defense machte mir die Sache Spaß. Weil ich mich bei den Heat in der Offense ein wenig zurücknehmen musste, wollte ich zumindest in der Defense herausstechen. Ich empfand es als meine Aufgabe, unsere Defense allzeit stabil zu halten. Das erreichte ich durch einen konstanten Kommunikationsstrom mit meinen Mitspielern, die ich zu jedem Zeitpunkt wissen ließ, wo ich war und wo sich die angreifenden Spieler im Verhältnis zu ihnen befanden. Natürlich ließ ich meinen Worten auch Taten folgen. Mir war wichtig, dass meine Mitspieler darauf vertrauten, dass ich tatsächlich dort sein würde, wo ich gesagt hatte. Ich glaube, diese lebendige Kommunikation hat uns als Mannschaft sehr geholfen. In der Defense viel miteinander zu reden, wurde zur Gewohnheit für uns. Tatsächlich meinte ein Coach mal zu mir: »Wenn du nicht redest, spielst du nicht Defense.«

Mann, selbst dieser Spruch ist ein tolles Beispiel für gute Kommunikation: »Wenn du nicht redest, spielst du nicht Defense.«

Diesen Spruch hatte ich den Rest meiner Karriere über in jedem einzelnen Spiel im Kopf. Und ich hoffe, Du ab jetzt auch.

In allen Teams, in denen ich gespielt habe, war es so, dass meine Mitspieler mehr kommunizierten, sobald ich mehr kommunizierte. Kommunikation wird zum Bestandteil eurer Mannschaftsidentität – sie ist ansteckend. Funktioniert eure Kommunikation, ist das ein tolles Gefühl. Kommunikation wurde zu einem meiner Lieblingsaspekte des Spiels. Du brauchst nicht einmal ein besonderes Talent, um ein guter Kommunikator zu sein – Hauptsache, Du bist laut.

Wie jede Gewohnheit, kann sich auch diese zunächst ein wenig komisch anfühlen. Vielleicht kommst Du Dir ein wenig bescheuert vor, weil Du beschreibst, was Du tust, während Du es tust. Ein Beispiel: »Während ich bereits im Vollsprint laufe, soll ich einen Teil meines Sauerstoffs aufwenden, um meine Mitspieler anzubrüllen, die dabei auch noch wissen sollen, wie sie darauf reagieren müssen?« Bescheuert? Mag sein. Aber tust Du es oft genug, gewöhnst Du Dich daran. Denk dran: Jeder Spieler auf dem Court besitzt Zugang zu Informationen, die andere Spieler nicht haben. Wenn ihr diese Informationen miteinander teilt, dann werdet ihr als Einheit exponentiell klüger. Du wirst sehen, wie sich das auszahlt – in knackigen Positionswechseln, mehr Stopps in der Defense und daraus resultierenden Fehlwürfen, weil die Shot-Clock runterläuft, sowie in erzwungenen Turnovers. Erfolge wie diese helfen, über das komische Gefühl hinwegzukommen, ständig Deine Mitspieler anzubrüllen. Es gibt kaum ein schöneres Gefühl in der Defense, als von einem Mitspieler einen Wurfblock angesagt zu bekommen und Deinen Gegenspieler alt aussehen zu lassen, indem Du einfach drübersteigst und den Wurf verhinderst, für den der Block eigentlich den Weg freimachen sollte.

Hier aber hört Kommunikation nicht auf. Kommunikationskenntnisse sind essenziell, um ein Team über die gesamte Saison hinweg zusammenzuhalten, vor allem nach Niederlagen. Eine offene Kommunikation ist einfach, solange alles gut läuft. Du kennst sicher das Sprichwort: »In einem Team, das gewinnt, versteht sich jeder.« Schwerer – aber viel wichtiger – ist eine offene Kommunikation, wenn es mal *nicht* gut läuft.

Nach einer enttäuschenden Niederlage ist das Wichtigste, klar zu analysieren, was schiefgelaufen ist – ehrlich, aber respektvoll. Nach einem Rückschlag ist Kommunikation ganz besonders wichtig. Je weiter ihr hinter euren Erwartungen zurückgeblieben seid, desto mehr müsst ihr miteinander reden. Das ist die einzig verlässliche Methode, um wieder auf Kurs zu kommen.

Man könnte denken, dass gute Sportler so erbittert um den Sieg kämpfen, dass sie bei einer Niederlage sofort in der Umkleide aufeinander losgehen und streiten, der Trainer einzelne Spieler zusammenstaucht und diese Spieler probieren, die Schuld bei anderen zu suchen. Gute Mannschaften tun dies meiner Erfahrung nach aber nicht, sondern nur Verliererteams. Verliererteams machen sofort dicht und hören auf, miteinander zu sprechen, wenn es mal schlecht läuft. Sie schotten sich ab, unterstützen einander nicht und stellen die Kommunikation ein. Sie schmoren im eigenen Saft und schmollen wütend vor sich hin.

Schwer zu sagen, ob die mangelnde Kommunikation dabei Ursache oder Wirkung ist, es mag beides sein. Schlechte Mannschaften lassen ihren Frust aneinander aus. Dadurch werden sie leider noch schlechter, weil sie nicht ehrlich analysieren können, was sie tun müssen, um besser zu werden. Wenn jeder Angst hat, einen Streit auszulösen, kommuniziert niemand mehr offen und ehrlich. Wenn Menschen zumachen, kann es keine Verbindung mehr zwischen ihnen geben. Sind alle in Rage, drehen sich Gespräche nach einem Spiel nur darum, andere für das Scheitern verantwortlich zu machen. Konstruktive Kritik findet kein Gehör. Die Regel lautet deshalb: Je besser die Kommunikation, desto besser das Team.

Heutzutage kommt es mir vor, als sei Kommunikation eine vergessene Kunst. Das mag daran liegen, dass ich als Spieler bereits zurückgetreten bin und zurückgetretene Spieler gern darüber sprechen, wie viel besser die Dinge früher waren, aber ich könnte schwören, dass die Mannschaften heutzutage in der Defense weniger miteinander sprechen. Das ist ein großer Fehler. Eine Mannschaft, die nicht kommuniziert, verschenkt nicht nur einen potenziellen Vorteil gegenüber dem anderen Team, sie verschafft sich selbst einen Nachteil gegen Top-Teams, in denen einige der besten Athleten spielen, die die Welt je gesehen hat: Giannis, Westbrook, Steph und Klay, Harden und Kyrie Irving, LeBron und AD. Solche Ausnahmespieler können Dich, selbst wenn Du in Bestform bist, immer schlagen. Wenn Deine Mannschaft nicht kommuniziert, wird sie von solchen Teams überrollt.

Bei den Heat war Kommunikation stets ein Vorteil, um den wir uns aktiv bemüht haben. Vor einer Playoff-Serie setzten wir uns zusammen und sprachen im Detail über unsere Strategie, was wir tun wollten und wie wir es umsetzen könnten. Wir gingen unsere Spielzüge durch und überlegten uns mögliche Reaktionen des gegnerischen Teams. Wir grübelten darüber nach, wie bestimmte Plays funktionieren würden, oder analysierten verschiedene Spielszenarien. Kommuniziert man mit erfahrenen Profis, erläutert der Coach nicht jedes Detail wie ein Lehrer im Klassenzimmer. Er erklärt kurz und knapp, was er erwartet – dann reden die Spieler miteinander. Ich sprach zum Beispiel mit Shane über die Rotation in der Defense, Shane sprach mit Mario Chalmers über das Pick and Roll und Mario erinnerte Dwyane Wade daran, wie er Tony Parker decken sollte. Je mehr man miteinander spricht, desto besser.

Auf dem Court haben wir alle konstant mit Mario palavert, aber das gehörte für uns einfach dazu. Von außen mag das gewirkt haben, als stritten wir uns, doch wir wussten genau, was wir taten. Wir waren Wettkämpfer, wir wollten gewinnen. Mario war einer der größten Heißsporne des Teams – das konnte man daran erkennen, wie wir nach jedem Spielzug miteinander diskutiert haben. Er korrigierte mich, wenn er glaubte, ich hätte etwas falsch gemacht, dann antwortete ich darauf und wir diskutierten das aus. Zu diskutieren, ist niemals falsch. Aber es gibt einen großen Unterschied zwischen einer konstruktiven Diskussion und dem rücksichtslosen Gebrüll einer undisziplinierten Mannschaft, die am Verlieren ist. Mario, mir und allen unseren Mitspielern ging es wirklich darum, uns gegenseitig besser zu machen, denn nur dann konnten wir erstklassigen Basketball spielen. Wir diskutierten, räumten Probleme aus der Welt – und spielten weiter.

Coach Spoelstra war auch Teil dieses Prozesses. Da ich mich in der Offense mit meiner neuen Rolle nicht richtig wohlfühlte, sorgte Spo dafür, dass sich das änderte. Es waren viele und auch schwierige Gespräche nötig – auf dem Court, beim Abendessen, in seinem Büro –, aber er zeigte viel Geduld, bis ich mir das Gesagte zu Herzen nahm. Er hatte außerdem eine Atmosphäre in der Mannschaft geschaffen, in der ich mein Unbehagen nicht einfach runterschlucken musste, um so zu tun, als sei alles in Ordnung. Er kreierte ein Umfeld, in dem ich das Gefühl hatte, die Wahrheit sagen zu können, statt mir auf die Zunge zu beißen, bis der Stress irgendwann zu viel wurde. Statt meine Mitspieler anzubrüllen: »Hey, spiel den verdammten Ball ab!«, was ich in manchen Momenten gern getan hätte, statt meine Frustration gären und überkochen zu lassen, sprach ich mich mit dem Coach aus und kam endlich an den Punkt, an dem ich bereit war, der Mannschaft alles unterzuordnen, um die Meisterschaft zu holen.

Während ich als Spieler reifte, fiel mir auf, dass ich mehr und mehr für die Kommunikation in der Mannschaft zuständig war. So soll es auch sein – das erwarten Teams von ihren erfahrenen Spielern. Führungsspieler zu sein bedeutet allerdings nicht, die anderen eines verpatzen Spielzugs wegen runterzuputzen. Man muss alle Mitspieler kennen und verstehen, wie sie sich motivieren lassen. Manche drehen richtig auf, wenn man sie anbrüllt, andere mögen das gar nicht und verlieren völlig ihre Linie. Diese Unterschiede musst Du kennen. Ein guter Kommunikator weiß, wie er diese Unterschiede herausfindet und wie er damit umgehen muss. Ein guter Kommunikator weiß, dass jeder Mitspieler und jede Situation einzigartig ist – was bei einem Spieler in einem bestimmten Szenario funktioniert, kann bei einem anderen Spieler und in einem anderen Szenario voll nach hinten losgehen. Im letzten Kapitel haben wir darüber gesprochen, wie wichtig es ist, den Geist zu kultivieren. Dazu gehört auch, ein besserer Psychologe zu werden, der die Eigenarten seiner Mitspieler versteht und bei der Beobachtung seiner Mitmenschen Muster erkennt. Mit genügend Übung lernst Du, welche Spieler direkt gefordert werden wollen und mit welchen Du ein ruhiges Gespräch führen musst. Das wirkt bei großen Führungspersönlichkeiten immer ganz intuitiv, tatsächlich aber ist es das Ergebnis vieler Wahrnehmungsprozesse.

Du musst mit Deinen Teamkollegen viel Zeit auf dem Court, beim Abendessen, zu Hause und wo auch immer verbringen. Nur die sportlich-professionelle Ebene reicht nicht, denn ihr müsst gegenseitiges Vertrauen entwickeln und euch wohl miteinander fühlen, damit ihr bei Kritik auch wisst, sie kommt von jemandem, der euch respektiert. So kochen Probleme nicht zu sehr hoch. Deine Mitspieler verstehen dann: »Dieser Kerl ist wie ich. Auch er versucht, besser zu werden, deshalb weiß er auch, wie ich mich fühle.«

Um auf einem hohen Niveau zu kommunizieren, musst Du Dein Ego außen vor lassen und lernen, die Egos anderer nicht zu verletzen. Du kritisierst einen Mitspieler nicht, damit er oder sie sich schlecht fühlt oder damit Du Dich besser fühlst, sondern um ein bestimmtes Problem dadurch zu lösen. Dies gelingt Dir wesentlich effektiver, wenn die kritisierte Person sich anschließend besser statt schlechter fühlt. Einer der großen militärischen und politischen Führer des 20. Jahrhunderts, Dwight Eisenhower, pflegte zu sagen, er verhandele niemals mit Personen. Er wollte damit ausdrücken, dass er nicht die Menschen, aber deren Probleme und Handlungen kritisierte. Dies ist der kleine, aber feine Unterschied zwischen »Ich brauche die Berichte künftig zeitnah auf meinem Tisch« und »Du bist zu faul, die Berichte rechtzeitig fertigzustellen«. Noch schlimmer ist, was man leider häufig im Sport beobachtet: Ein Coach oder Spieler faltet bewusst andere Spieler vor der gesamten Mannschaft zusammen, um sie zu beschämen und zu blamieren. Kommunikation sollte ein Mittel sein, um das Beste aus anderen herauszuholen und nicht zur Folge haben, dass sie sich noch schlechter fühlen.

Auch musst Du in der Lage sein, selbst mit Kritik umzugehen. Dies ist ein Teil von Kommunikation, den viele angehende Führungskräfte häufig vergessen oder ausblenden. Du kannst nicht immer nur austeilen und dann beleidigt davonstürmen, wenn jemand versucht, etwas an Deinem Spiel zu verbessern. Menschen spüren das instinktiv – niemand respektiert jemanden, der nur austeilen, aber nicht einstecken kann. Vergiss nicht: Wie Du auf Kritik reagierst, dient anderen als Vorbild dafür, wie sie auf Dich reagieren. Wenn Du andere immer nur anblaffst, werden sie irgendwann auch mit Dir nur noch so reden. Hörst Du dagegen geduldig zu und kommst mit Kritik gut klar, wird man auch Deine Meinung hören und akzeptieren. Kommunikation muss in beide Richtungen verlaufen, sonst funktioniert sie nicht. Wie bereits angesprochen: Bist Du wirklich hungrig und möchtest Dein Handwerk perfektionieren, dann ist Dir jede Kritik willkommen, denn Kritik ermöglicht es Dir, bestimmte Aspekte Deines Spiels zu verbessern.

Wenn die Dinge aus dem Ruder laufen – wenn Mannschaften in eine destruktive Spirale aus Niederlagen, Wut, Misstrauen und Egoproblemen geraten –, dann liegt das oftmals daran, dass ihre Kommunikationswege kaputt sind. Selbst harmlose Kommentare werden dann auf die denkbar schlechteste Weise interpretiert. Missverständnisse häufen sich. Jeder sieht nur noch das Schlechteste im anderen. Das ist wie eine Trennung zwischen Liebespartnern, nur eben mit zehn oder zwanzig anderen Menschen, die bis zum Ende der Saison aufeinander festsitzen. In solchen Situationen ist es besonders wichtig, erfahrene und zuverlässige Führungsspieler zu haben. Leute, die vermitteln und beschwichtigen können: »Nein, nein, das hat er nicht so gemeint. Was hast du verstanden, als er X gesagt hat? Und was hast du gemeint, als du Y gesagt hast?« Das erfordert viel Geduld und Toleranz. Aber es zahlt sich aus.

Starke Führungsspieler wissen, wie man schwierige Gespräche führt, ohne die Mannschaftsdynamik kaputtzumachen. Sie wissen, wie man erwachsen mit Kritik umgeht und Kritik selbst so äußert, dass sie zu Ergebnissen führt. Sie haben gelernt, dass es bei der Kommunikation mit Mitspielern und Trainern nicht darum geht, wem man die Schuld geben kann, wenn etwas schiefläuft. Es geht darum, Probleme herauszuarbeiten, ihnen auf den Grund zu gehen und Leuten zu erklären, warum etwas wie geschieht.

Darin besser zu werden, ist eine Lebensaufgabe. Mein guter Freund Juwan Howard ist inzwischen Cheftrainer in Michigan. Als wir noch Teamkollegen waren, sprachen wir stets darüber, wie wichtig Kommunikation für den Erfolg auf dem Court wie auch abseits des Spielfelds ist. Heute versucht er, eine Gruppe von Spielern zu trainieren und zu motivieren, die so jung sind, dass sie seine Kinder sein könnten. Juwan hat mir erklärt, dass sich seine Kommunikationstechniken ständig weiterentwickeln. Als wir gemeinsam in der NBA spielten, gab es zum Beispiel noch keine Gruppen-Chat-Apps. Inzwischen sind sie sein Lieblingsinstrument, um eine Konversation mit den Spielern zu beginnen.

Es wäre ein Leichtes für Juwan gewesen, keine weitere Arbeit in das Thema zu stecken und heute dasselbe zu tun, was schon in den früheren 90er-Jahren funktioniert hat, als er selbst mit den »Fab Five« für Michigan spielte. Er könnte faul sein und behaupten: »Diese jungen Kerle heutzutage sind viel zu Ich-fixiert, als dass man sie trainieren könnte.« Man findet immer eine Ausrede, um sich nicht aus seinem Schneckenhaus wagen zu müssen, egal ob Generationenkonflikte oder Unterschiede in Herkunft, Erziehung oder Ausbildung. Du wärst aber überrascht, was passiert, wenn Du diese Ausreden ignorierst. Ich habe in Mannschaften die unwahrscheinlichsten Freundschaften erlebt, weil zwei Spieler eine gemeinsame Basis gefunden haben, von der sie vorher nicht ahnten, dass es sie überhaupt gab. Juwan weiß das, deshalb ist er als Trainer so erfolgreich.

Aufgrund derselben Eigenschaft ist Coach K einer der besten Trainer aller Zeiten. Ich habe im Einführungsbrief bereits über meine Zeit mit Coach K in der Olympia-Auswahl gesprochen. Das Beispiel zeigt, dass Kommunikation in einem erfolgreichen Team nicht nur bedeutet, bei Spielern den Finger in die Wunde zu legen, wenn etwas schiefgeht, sondern sie auch wissen zu lassen, dass man ihre Stärken erkennt und ihnen Vertrauen in ihr eigenes Spiel schenkt. Selbst NBA-Spieler und Olympioniken brauchen solchen Zuspruch von Zeit zu Zeit.

Als Coach K mir sagte, er sei von meiner Spannweite in der Defense beeindruckt, dachte ich mir zum ersten Mal: »Wow, weißt du was? Ich weiß, wie ich in dieser Mannschaft spielen werde. Ich kenne nun meinen Wert für das Team. Ich werde eine herausragende Defense spielen.« Hätte Coach K mir das nicht gesagt, wäre mir wahrscheinlich nicht klar gewesen, wie ich in dieser Mannschaft meinen Beitrag leisten könnte. Vermutlich wäre ich dann in der Menge untergegangen. Herrgott, wir hatten LeBron, Kobe, Wade, Carmelo Anthony – da blieben für andere Spieler nicht viele Würfe übrig.

Coach K ist nicht ohne Grund so gut in seinem Job. Er ist ein vortrefflicher Kommunikator. Er wusste, welchen Beitrag ich leisten könnte und wie er mir diese Idee in den Kopf setzen konnte. Hätte er hingegen gesagt: »Chris, in der Offense brauchen wir dich nicht«, hätte das meinen Stolz verletzt und ich hätte zugemacht. Coach K wusste das. Deshalb sagte er mir, was ich hören musste, und zwar auf eine Weise, die mich auch zuhören ließ.

Denn auch richtiges Zuhören trägt zum Gelingen von Kommunikation bei. Sonst hätte ich damals nicht verstanden, dass Coach K meine Defensiv-Skills nicht nur beurteilt, um nett zu sein, sondern dass er mir eine Botschaft zukommen ließ, in welchem Bereich mein Einsatz am meisten benötigt wird. Zuhören ist die andere Seite der Kommunikation. Sich die Zeit nehmen, darüber nachzudenken, was Dir erzählt wird und zu registrieren, was andere zu sagen haben. Zuhören ist die unterschätzte Hälfte der Kommunikation. Es gibt unzählige Bücher über »Die größten Reden der Geschichte«, aber vermutlich keines über »Die größten Zuhörer der Geschichte« – doch Zuhören ist eine Fähigkeit, die Du erlernen kannst.

Es fasziniert mich, dass die lautesten Redner in einer Mannschaft meist nicht die besten Zuhörer sind – echte Führungspersönlichkeiten können aber beides. Ist es an der Zeit zu reden, kommen sie gleich auf den Punkt. Und wenn Du ihnen etwas erzählst, geben sie Dir das Gefühl, ihre volle Aufmerksamkeit zu haben.

Ich habe seit 2016 nicht mehr auf einem Basketballfeld kommuniziert. Heutzutage kommuniziere ich auf andere Weise: als Vater, als TV-Experte, als Autor, als Aktivist. Heute rede ich über andere Dinge als früher, aber alles, was ich in meiner Sportlerkarriere über Kommunikation gelernt habe, gilt heute noch. Sei Dir bewusst, wer Deine Zuhörer sind. Sei ehrlich und direkt. Hör zu, wenn Du willst, dass man Dir zuhört. Nichts, was ich auf dem Spielfeld gelernt habe, hat mir so sehr und in so vielen unterschiedlichen Kontexten geholfen wie das Wissen über Kommunikation. Basketball hat seine eigene Sprache – aber die Kernpunkte guter Kommunikation sind universell.

Dasselbe gilt für Dich. Wo auch immer Deine Karriere Dich hinführt, eines Tages wird Deine Zeit als Spieler zu Ende sein. Ist dieser Tag einmal gekommen, wird alles, was Du über Reden und Zuhören gelernt hast, einen unschätzbaren Wert für Dich besitzen.

Die Worte mögen andere sein – aber das Konzept bleibt stets dasselbe.

BRIEF 6

WIRF DEIN EGO IN DIE TONNE

Ich behaupte nicht, Du seist ein Egomane. Ein Ego aber hast Du auf jeden Fall. Und das ist ein Problem. Für jeden.

Ego ist die flüsternde Stimme in Deinem Ohr.

Ego ist der Drang danach, Dir auf die Brust zu trommeln und zu brüllen: »Von dir – oder sonst wem – kann ich nichts mehr lernen.«

Ego hält Dich davon ab, den Ball an einen Mitspieler abzugeben, weil *Du* der große Star sein willst – und er es nicht sein soll.

Ego lässt Dich glauben, Du wüsstest mehr als Dein Coach.

Ego ist die Verführung, die zu Dir spricht: »Ich muss weder respektvoll noch freundlich sein, denn ich werde eines Tages Profi und stinkreich.«

Ego lässt Dich herablassend auftreten: »Weißt du eigentlich, wer ich bin?«

Ego ist der Junge, der das Team verlässt, weil er glaubt, der Coach hätte ihn »auf dem Kieker«.

Ego degradiert jeden Menschen, der Dir begegnet, zu einer Nebenrolle in Deinem Film.

Ego lässt sich nicht exakt definieren, aber Du erkennst es, wenn es in Erscheinung tritt.

Passiert ein Ego-Anfall bei Trainern, Mitspielern oder Freunden, ist das immer schlecht. Ego sorgt dafür, dass Trainer Kinder grundlos anblaffen. Es macht vielversprechende junge Spieler zu selbstsüchtigen Einzelgängern. Es lässt Menschen zu echten Idioten werden – auf dem Spielfeld und auch sonst.

Das besonders Gefährliche am Ego: Man erkennt es zwar leicht bei anderen, aber nur schwer bei sich selbst. Dein Ego bringt vielleicht gerade Dein Leben, Deine Beziehungen oder Dein Spiel durcheinander – doch wenn Du keine gute Selbstwahrnehmung besitzt, bemerkst Du es einfach nicht.

Es ist offensichtlich, *wie* es Menschen ausbremst, aber wir sehen häufig nicht, *wo* es geschieht.

Deshalb schreibe ich dies als Warnung an Dich: Du musst Dein Ego rigoros im Zaum halten. Du musst den Feind, der in Dir steckt, bekämpfen, denn Dein Ego ist buchstäblich der Feind aller Dinge, die Du im Sport und im Leben erreichen willst.

Als ich noch ein Kind war, spielte ich gegen einen Typen, der mit Schnelligkeit, Größe und einem starken Sprungwurf gesegnet war. Er wurde direkt aus der Highschool heraus gedraftet, während der Rest von uns noch mindestens ein bis zwei Jahre auf dem College verbrachte.

Doch dann wollte das Team, das ihn verpflichtet hatte, dass er eine Saison in der inzwischen »G-League« genannten Aufbauliga absolviert.

Dazu hatte der Bursche keinen Bock: »Auf keinen Fall«, sagte er zu einem Journalisten. »Ich bin jetzt schon gut genug für die NBA. Ich bin doch kein Entwicklungsspieler.« Das ist Ego. Wenn Du glaubst, Du seist schon spitze, hast Du wohl recht damit – denn besser wirst Du garantiert nicht mehr werden. Falls Du Dich dafür schämst, dass man Dich korrigiert oder Dir etwas Neues beibringen will, wirst Du niemals die nächste Stufe erreichen.

Das Team hat ihn nach zwei Spielzeiten entlassen. Das war ein warnendes Beispiel für mich – und ich hoffe, auch für Dich.

Die G-League hieß früher D-League, was viele junge Talente falsch verstanden haben. Sie dachten, das D stünde für Defizit. Es stand jedoch für *Development* – Entwicklung. Spieler wie J. J. Barea, Danny Green und Hassan Whiteside kamen alle aus der D-League.

Was ist falsch daran, sich weiterzuentwickeln? Warum versteht man so etwas als Beleidigung? Warum haben manche jungen Spieler so eine Abneigung dagegen?

Ein Grund: ihr Ego.

Das eigene Ego zu kontrollieren, ist extrem schwer, vor allem wenn man jung ist. Und noch dazu talentiert. Jeder Mensch ist anfällig dafür, sich vom Ego leiten zu lassen, aber besonders schnell geht es, wenn Dir alle sagen, wie toll Du bist.

Unter Umständen verbiegt man sogar die Regeln für Dich. Es ist schwer, wenn Dein Erfolg zu einem nicht geringen Teil von Deinem Glauben an Dich selbst abhängt.

Gefühlt jede Woche läuft auf dem Sportsender ESPN eine Doku über ein Jahrhunderttalent und *»was daraus hätte werden können.«* Selten sind es Verletzungen, die den Spielern die Karriere versauen. Meist ist es irgendetwas anderes: Drogen oder Konflikte mit dem Gesetz. Ein Auftreten, als seien sie Gottes Geschenk an den Basketball. Es ist verlockend, sich selbst als den Franchise-Player schlechthin zu sehen, als den Unersetzbaren. Nur stimmt das selten mit der Wirklichkeit überein. Es kommt viel häufiger vor, dass Nummer-Eins-Draftpicks hinter den Erwartungen zurückbleiben, als dass sie es an die Spitze schaffen.

Warum ist das so? Ein Grund: ihr Ego. Nichts befeuert das Ego so sehr, als andauernd zu hören, wie toll Du bist.

Ich gehe nicht deshalb so hart mit diesen Jungs in Gericht, weil ich mich als moralische Instanz überhöhen möchte, als wäre ich in meinem Leben noch nie selbst ein Egoist gewesen. Ich tue es, weil ich in ihren Geschichten dasselbe Ego erkenne, das mehr als einmal fast meine eigene Karriere zerstört hätte. Es frustriert mich zu sehen, wie Talent aufgrund von Ego verschwendet wird, denn ich höre diese Geschichten und denke mir: »*Das hätte auch ich sein können.*«

Solange ich denken kann, wollte ich der Beste sein. Ich war wie jedes andere Kind, das Basketball in der Auffahrt spielt: Ich war immer in Spiel 7 und ich traf immer den Buzzer Beater, der das Spiel entschied. (Traf ich einmal nicht rechtzeitig, stellten die unsichtbaren Referees die Uhr ein paar Sekunden zurück für mich.) Wenn es etwas gab, das mich von anderen Kindern unterschied, dann war es die Tatsache, dass ich es wirklich *extrem* wollte. Kein guter Sportler wird *der Beste*, ohne dass er es auf eine fast schon ungesunde Art sein will. Das ist eine wesentliche Eigenschaft, zugleich auch eine wesentliche Gefahr. Seit es Sport gibt, merken Sportler, dass die Fähigkeiten, mit denen Sie auf ihrem Niveau *die Besten* waren, auf einem höheren Niveau nicht ausreichen.

Die Geschichte ist so alt wie der Wettkampfsport selbst: Ein Sportler zeigt vielversprechende Leistungen und bekommt die Chance, auf einer größeren Bühne anzutreten. Der Ringer aus Piräus, der 316 v. Chr. zu den Olympischen Spielen eingeladen wird. Der Highschool-Linebacker, der von Nick Saban angeworben wird, um in Alabama zu spielen. Der fantastische Allround-Spieler, der in die NBA gedraftet wird. Der Turner, der versucht, sich für die kommenden Olympischen Spiele zu qualifizieren.

Welche Erfahrung machen sie alle? Dass die Konkurrenz auf diesem Niveau eine *völlig* andere ist. Plötzlich sind sie nicht nur nicht mehr die Besten, sondern werden regelrecht plattgemacht. So ging es Kobe. So ging es Jeter. So ging es Brady. Und so ging es Rapinoe. Praktisch jedem großen Spieler, von dem Du je gehört hast, erging es so. Du warst auf dem alten Niveau der Beste und beginnst auf dem neuen Niveau ganz unten (oder bestenfalls irgendwo im Mittelfeld). Wie Du auf diese plötzliche Veränderung der Anforderungen reagierst, definiert Dich als Spieler. Es unterscheidet – buchstäblich – die Amateure von den Profis.

Und wie Du darauf reagierst, hängt allein von Deinem Ego ab. Redest Du Dir weiterhin ein, Du seist der Beste – obwohl die Fakten zeigen, dass Du noch jede Menge lernen musst –, dann endest Du als Rohrkrepierer, und ein anderer junger und hungriger Spieler wird Deinen Platz einnehmen. Du glaubst nicht, mit wie vielen Ausreden Du Dein Versagen auf der großen Bühne entschuldigen kannst, etwa mit Pech, einer Abneigung des Trainers Dir gegenüber oder mangelnder Unterstützung Deiner Mitspieler, die schlicht Deine Genialität nicht erkannt haben. Bist Du jedoch bescheiden genug, der Realität ins Auge zu sehen und zu erkennen, dass Du noch reifen und jede Menge lernen musst, dann kannst Du vielleicht mal ein ganz Großer werden. Das ist das Paradoxe am Ego: Willst Du wirklich der Beste werden, musst Du ehrlich zu Dir selbst sein in Bezug auf all die Dinge, in denen Du noch nicht der Beste bist.

Ich habe aus dieser Erfahrung gelernt. Die Universität Georgia Tech hatte mich angeworben, weil ich starken Highschool-Basketball spielte. Damals glaubte ich, auf dem College würde es genauso laufen – doch da hatte ich mich mächtig getäuscht. Das College war wie ein Tritt in die Eier für mich. Es machte mir nicht halb so viel Spaß, wie ich vorher geglaubt hatte, was vor allem daran lag, dass das Niveau dort ein anderes war und mir die Erfolge, die in der Highschool selbstverständlich für mich waren, nicht mehr so einfach zuflogen. Statt wie gewohnt ein Ausnahmespieler zu sein, musste ich mir meine Spieleinsätze nun wie jeder andere hart erarbeiten, und das verletzte meinen Stolz. Stand ich nun auf dem Parkett, dann gegen Leute, die es gewohnt waren, auf ACC-Niveau zu spielen. Bei diesem Tempo hatte ich Schwierigkeiten, mitzuhalten, was meinem Selbstvertrauen einen gehörigen Dämpfer verpasste.

So spürte ich zum ersten Mal, was es heißt, an meine Grenzen zu geraten. Ich war nicht mehr automatisch der Beste, sondern nur noch einer von vielen. Unser Coach Paul Hewitt war zum Glück gut darin, uns auseinanderzunehmen und anschließend wieder neu aufzubauen. Soll heißen: Die älteren Jungs aus der Mannschaft nahmen mich in jeder dreistündigen Trainingseinheit richtig hart ran. Danach stand Krafttraining auf dem Plan, dann Einzeltraining, dann Unterricht. Es war die Hölle.

Aber es half. Ich biss mich durch, lernte von Coach Hewitt und wurde eines Tages zu den Profis gedraftet. Das bedeutete wieder ein »neues Level«, wieder von vorne beginnen. Als NBA-Rookie stand ich nun Kerlen gegenüber, die seit Jahren auf diesem Niveau spielten. Ich will mich nicht beschweren – nur verdeutlichen, dass es nicht einfach ist, auf dieses nächste Level zu kommen, wie es im Fernsehen vielleicht aussieht. Ich will Dich deutlich wissen lassen, dass mir weder meine Größe noch meine Schnelligkeit oder irgendein anderes körperliches Attribut geholfen hat, das anfängliche Plateau zu überwinden, sondern allein die Fähigkeit, mein Ego im Zaum zu halten, im Training meine Klatsche zu kassieren und mir stets aufs Neue einzugestehen: »Verdammt, ich muss noch viel lernen.« Eine solche Einstellung entscheidet darüber, ob Du es – egal ob Schule, Studium oder Sportkarriere – aufs nächste Level schaffst oder stehen bleibst.

Es war allerdings ein langer, steiniger Weg. Ich hatte niemals gegen so starke Gegner gespielt. Damals war das Spiel außerdem noch viel körperlicher, und große Kerle wie ich mussten häufiger Low Post spielen als heutzutage. Wie in meinen Anfangszeiten auf der Georgia Tech konnte ich nicht erwarten, eine dominante Rolle zu spielen. Wie auf dem College herrschte eine andere Mentalität als in der Highschool, lief auch bei den Profis alles wieder völlig anders ab. Auf dem College waren meine Mitspieler gleichzeitig meine Mitbewohner im Studentenwohnheim. Wenn wir nicht gemeinsam trainiert haben, hingen wir gemeinsam ab. Bei den Toronto Raptors war dagegen alles höchst formell. Ich war der Jungspund in einem Team voller Erwachsener, die ihr eigenes Leben führten und dementsprechend keine Lust hatten, nach dem Training miteinander rumzuhängen. Für einen jungen Spieler ist das keine einfache Umstellung, vor allem wenn man bedenkt, dass ich plötzlich in einem fremden Land mit kalten Wintern lebte.

Trotz alledem hatte ich immer noch mit meinem Ego zu kämpfen. Meine geistige Energie war komplett darauf ausgerichtet, in der Offense Punkte zu machen und meine Statistik zu verbessern. Klappte das nicht, geriet ich in ein Stimmungstief und meine Leistung in der Defense ging den Bach runter.

Sam Mitchell, einem unserer Coaches bei den Raptors, war dieser Zusammenhang aufgefallen. Nach einem Spiel nahm er mich beiseite und wusch mir den Kopf: »Es ist inakzeptabel, dass du mit dem Ball in der Hand der Beste auf dem Feld bist, aber *ohne* Ball in der Hand nicht.« Einmal ließ er mich auswärts gegen San Antonio sogar auf der Bank sitzen. Seine Botschaft kam zu mir durch. Wollte ich der zentrale Spieler in der Offensive unseres Teams sein, musste ich mich erst auf der anderen Seite, also in der Defensive, beweisen. Nun gibt es Tage, an denen Deine Würfe im Offensivspiel einfach nicht treffen. Aber Du kannst *jeden Tag* 100 Prozent in der Defensive geben – und diese Entscheidung lag ganz bei mir. Darüber hatte ich die volle Kontrolle.

Ich nahm mir Mitchells Worte zu Herzen und änderte meine Einstellung zum Spiel. Ich lernte, den Kopf nicht hängen zu lassen, wenn meine Würfe danebengingen, und ich begriff, dass ich an beiden Enden des Courts ein Führungsspieler sein musste, wenn ich wollte, dass meine Mitspieler mich ernst nahmen. Doch nach wie vor plärrte mein Ego, ich sei besser, als meine Statistik auswies, und ich verdiente unbedingt mehr

Spielzeit, mehr Respekt und mehr mediale Aufmerksamkeit. Das kostete mich und meine Mitspieler manchmal den Sieg.

2006 gehörte ich zur US-Auswahl bei der Basketball-WM. Es war das Jahr, in dem wir im Halbfinale Griechenland unterlagen. Kein herausragender Moment der amerikanischen Sportgeschichte und rückblickend auch keiner meiner Karriere. Mein Ego hatte mich damals völlig im Griff. Ich war ein Riesen-Egomane, vielleicht nicht so heftig wie Kanye West, doch es genügte, um mein Spiel zu zerstören.

Das Einzige nämlich, was ich während des Turniers im Kopf hatte, war meine eigene Spielzeit, und ich war mächtig angefressen, weil man mich weniger einsetzte, als ich gern gehabt hätte. Das gesamte Turnier über spielte ich weniger als 14 Minuten pro Partie. Für jemanden, der sonst in der Startaufstellung stand und entsprechende Stats einfuhr, war das ein Schlag ins Gesicht. Ich war es nicht gewohnt, von der Bank zu kommen, um bloß meinen bescheidenen Beitrag zu leisten.

Diese WM hätte ein Highlight meiner Karriere sein sollen, egal ob ich Starter war oder nicht, schließlich repräsentierte ich mein Land. Ich stand mit den besten Spielern der Welt auf dem Parkett und hätte viel von ihnen lernen können, wenn ich meinen Kopf mal aus dem Hintern gezogen hätte. Zumindest hätte ich den kostenlosen Trip nach Japan genießen können, wo das Turnier stattfand, oder etwa nicht? Stattdessen habe ich mich die gesamte Zeit über selbst bemitleidet und war sauer auf meine Trainer, weil sie mich nicht entsprechend würdigten. Es ging nur um mich, mich, mich. Kein einziges Mal dachte ich an das Team. Ich dachte gar nicht daran, etwas beizutragen, meine Mitspieler von der Bank aus anzufeuern oder in der

Spielzeit, die ich bekam, mein Bestmögliches zu geben. Ich war ausschließlich fokussiert auf das, was ich wollte. Das macht Dein Ego mit Dir.

Zwar hatte ich nie einen offenen Streit mit den Trainern oder meinen Mitspielern, hielt mich in der Öffentlichkeit bedeckt und sagte brav die richtigen Dinge. Aber Menschen sind gut darin, zwischen den Zeilen zu lesen – wir sind soziale Wesen, es liegt in unserer Natur, die verborgenen Gefühle anderer zu erkennen. Jeder um mich herum wusste, dass ich stinksauer war, dass ich nicht richtig mit an Bord war und dass der Erfolg des Teams mich einen Scheiß interessierte, solange ich meine Spielzeit nicht bekam. Eine solche Einstellung steckt an.

Hat mein mangelnder Einsatz dem Team geschadet? Hat er mit zu unserem Scheitern geführt? Das ist unmöglich zu sagen, aber geholfen hat er sicher nicht. Ich war Teil des Problems, nicht der Lösung.

Wenn ich auf meine Karriere zurückblicke, bereue ich diese Phase besonders. Vielleicht erinnerst Du Dich an ähnliche Momente in Deinem Leben, als Du mal bockig oder egoistisch warst, Deiner Mannschaft eher geschadet als geholfen und Dich geweigert hast, etwas dazuzulernen, weil Du einfach zu stur warst. An solchen Tagen hättest Du Deinen Mitspielern den größten Gefallen getan, wenn Du zu Hause geblieben wärst.

Die Enttäuschung von 2006 trug ich noch lange mit mir herum. Irgendwann wurde mir bewusst, wie meine Ichbezogenheit dem Team geschadet hatte (auch wenn meine Mitspieler das nicht wussten) und dass sie mich – auf einer elementaren Ebene – daran gehindert hatte, meine Chance zu genießen, auf der Weltbühne zu spielen. Wichtig im Kampf gegen das eigene Ego ist: Du kannst es nur bezwingen, wenn Du gelernt hast, es im eigenen Spiegelbild zu erkennen. Erst wenn Du erkennst, wie sehr Dein Ego Dich ausbremst, bist Du bereit, es zu besiegen.

2008 bekam ich eine zweite Chance. Bei den Olympischen Spielen war ich erneut Teil der Nationalmannschaft, doch diesmal lautete meine Einstellung: »Ich tue, was immer nötig ist, um zu spielen. Was immer das Team braucht.« Im letzten Brief über Kommunikation habe ich die folgende Geschichte bereits angeschnitten, aber ich finde, sie ist es wert, an dieser Stelle ausführlich erzählt zu werden. Sie ereignete sich einen Abend, nachdem wir unser Trainingslager in Las Vegas beendet hatten. Unser Cheftrainer Coach K trank etwas Wein zum Abendessen. Anschließend kam er zu mir und vertraute mir an: »Hey, wir haben ein wenig Videostudium betrieben und ich habe dich beim Pick and Roll beobachtet. Du hast ja wirklich riesige Arme – die sind sooo lang!«

Coach K hatte mich zu nichts aufgefordert, aber was bei mir ankam, war: »Dies ist deine Chance, etwas beizutragen.« Er sagte nicht: »Du kannst der Star des Teams sein.« Er sagte auch nicht: »Wenn die letzten Sekunden ticken, sehe ich dich als den Mann mit dem Ball in der Hand.« Nein, er sprach von etwas Bescheidenerem. Was ich heraushörte, war, dass er über meine Rolle in der Mannschaft nachgedacht und ich eine größere Chance hatte, etwas beizutragen, wenn ich ihn im Training beeindrucken würde. Ein paar Jahre zuvor hätte ich lediglich das Kompliment gehört und sonst nichts. Oder ich hätte das Kompliment abgetan, als mangelnde »Würdigung meiner Fähigkeiten« in der Bewegung zum Korb mit dem Ball in der Hand. Ich hätte nicht darüber nachgedacht, was ich hätte tun müssen, um mir mehr Spielzeit zu verdienen, weil ich der Überzeugung gewesen wäre, dass sie mir ohnehin zusteht. Ich hätte weder erkannt, dass die Tür einen Spalt offensteht, noch wäre ich demütig genug gewesen, meinen Fuß hineinzusetzen.

Dieses neugewonnene Verständnis machte einen großen Unterschied aus. Dwight Howard war unser Starter, doch in der Rotation war ich der erste Spieler von der Bank, der ihn ersetzte. Was geschah? Ich holte die meisten Rebounds im Team. Wir holten Gold.

Nun so zu tun, als hätten wir 2006 nur verloren, weil ich von meinem Ego geblendet war oder als hätten wir 2008 nur gewonnen, weil ich gelernt hatte, meinen Beitrag von der Bank aus zu leisten, wäre allerdings nur eine weitere Art, mich statt unsere Mannschaft in den Mittelpunkt zu stellen. Wir haben aus einer Vielzahl von Gründen, die nichts mit mir zu tun hatten, 2006 verloren und 2008 gewonnen. Was mich betrifft, war der Unterschied folgender: 2006 habe ich dem Team geschadet, egal was die Statistik sagt. 2008 habe ich dem Team geholfen, egal was die Statistik sagt. Niemand – kein MJ, kein Kobe, kein LeBron – kann allein eine Meisterschaft oder eine Goldmedaille gewinnen. Aber jeder Spieler einer Mannschaft hat die Möglichkeit, vor seinen Beitrag zum Gesamtergebnis ein Minus oder ein Plus zu setzen. Ich bin stolz darauf, aus dem Minus von 2006 ein Plus im Jahr 2008 gemacht zu haben.

Die gute Nachricht, was Dein Ego betrifft: Es ist niemals zu spät, es noch in den Griff zu bekommen. Du hast etwas verbockt und Deiner Mannschaft aus Frustration oder Egoismus geschadet? Wenn Du nicht in der Lage bist, dazu zu stehen, Dich zu entschuldigen und daraus zu lernen, liegt auch das an Deinem Ego. Es erfordert Demut, Dein Verhalten zu analysieren, Verantwortung zu übernehmen, Kritik anzunehmen und es beim nächsten Mal besser zu machen. Und es erfordert auch Selbstvertrauen. Also gräme Dich nicht. Verschließe Dich nicht. Sondern *verbessere Dich*!

Meine herausragendsten Momente als Spieler waren jene, in denen ich mein Ego besiegte. In den Finals 2013, in Spiel 7 gegen die Spurs, habe ich keinen einzigen Punkt erzielt. Doch statt mich darüber zu beklagen, fand ich Wege, meinen Beitrag in der Defense und am Brett zu leisten. Natürlich bin ich stolz darauf, dass wir am Ende die Meisterschaft gewonnen haben, aber ich bin ebenso stolz darauf, was ich in all den Jahren gelernt habe. Genug nämlich, um zu wissen, wie ich zum Wohle des Teams mein Ego im Zaum halte. Jedes Kind kann sich vorstellen, den entscheidenden Treffer in Spiel 7 zu machen. Aber nur jemand, der wirklich erwachsen ist, findet eine Möglichkeit, auch dann eine wichtige Rolle zu spielen, wenn er nicht trifft. Das wird Dich vielleicht erstaunen, aber Spiel 7 zu gewinnen, ohne selbst einen einzigen Punkt gemacht zu haben, fühlte sich dadurch fast besser an, als hätte ich satte 20 Punkte aufgelegt.

In meiner Anfangszeit in Miami hatte ich eine klare Vorstellung davon, wie unsere Strategie aussehen sollte. Ich wollte den Ball am rechten Block, denn so hatte ich meine Punkte immer in Toronto gemacht. Doch Coach Spoelstras System funktionierte so nicht. Also musste ich raus aus meiner Komfortzone und mich damit abfinden, so wie jeder andere Spieler in der Mannschaft. Damit unser Team funktionierte, mussten wir alle Opfer bringen – selbst LeBron und Dwyane.

Rückblickend fällt es schwer, mich daran zu erinnern, doch ich hatte damals keine Ahnung, ob ich in Miami wirklich ankommen würde. Bevor ich Toronto verließ, redete ein Freund auf mich ein: »Willst du Toronto wirklich verlassen, um eine Meisterschaft zu gewinnen? Die wenigsten gewinnen Meisterschaften, Mann! Bleib hier, dann wirst du viel mehr Geld verdienen. Wir lieben dich in dieser Stadt.« Stell Dir vor, wie schwer mir die Entscheidung fiel, nach Miami zu gehen, und wie schwer es war, mich dabei nicht von meinem Ego leiten zu lassen. Ich musste tief in mich gehen, um sicher zu sein, Toronto aus den richtigen Gründen zu verlassen. Aus Gründen, die zu meinem Warum passten – weil ich nämlich fest daran glaubte, eine Meisterschaft gewinnen zu können und gewillt war, alles dafür zu tun – und weil zu gewinnen mir mehr bedeutete als Geld zu scheffeln. Ich habe Millionen von Dollar abgelehnt (und die Rolle als Star, die ich bei den Raptors innehatte), doch ich musste sichergehen, dass ich es nicht aus Eitelkeit oder Gier tat. Ich wettete sozusagen auf mich selbst und darauf, dass ich mit D-Wade und LeBron in Miami mehr erreichen würde, als wenn ich der Star in Toronto blieb.

Viele Spieler behaupten, dass sie natürlich gewinnen wollen, doch sobald ihnen jemand erklärt, was sie dafür tun müssen – etwa bei jedem Spielzug zurück in die Defense rennen und nach jedem einzelnen Rebound gehen – dann gibt es plötzlich einige, die sich weigern. Ich habe das mit eigenen Augen gesehen. Solche Spieler wollen nicht gewinnen, sie wollen bereits *gewonnen haben*. Sie wollen nur den glanzvollen

Teil des Sieges, nicht aber den schweren, zermürbenden Part. Sie wollen den Ruhm, aber nicht die Arbeit. Die Ironie des Ganzen besteht darin, dass Du als Arbeitstier einer Gewinnermannschaft mehr Ruhm erntest, als wenn Du der Star einer Losertruppe bist.

Mein alter Teamkollege Shane Battier hat es treffend formuliert: »Heute fragt mich niemand mehr, wie damals meine Stats waren. Sie wollen meine Meisterschaftsringe sehen und fragen mich, wonach ich entscheide, welchen ich heute trage.« Das ist die Ironie: Dein Ego sagt Dir, dass Du allen Ruhm der Welt verdient hast, dabei erntest Du wirklich großen Ruhm nur als Teil eines Siegerteams. Bei uns gibt es ein Sprichwort: »Wenn du für den Namen spielst, der auf der Brust deines Trikots steht, wird man sich später auch an den Namen auf deinem Rücken erinnern.« Soll heißen: Nur als Teamplayer kommst Du groß raus.

Das einzusehen und umzusetzen erfordert Demut. Dein Ego wird das nicht verstehen, es wird immer mehr und noch mehr wollen. Nachdem wir mit den Heat unsere erste Meisterschaft gewonnen hatten, holten wir Rashard Lewis und Ray Allen ins Team. Mir war intuitiv klar, dass ich künftig weniger Würfe abbekommen würde. Aber jeder Spieler war sich seiner Rolle bewusst – und so gewannen wir unsere zweite Meisterschaft in Folge.

Wir alle mussten dabei die ganze Zeit über die Stimmen in unseren Köpfen ausblenden, die uns zuflüsterten, wir hätten mehr verdient – mehr Punkte, mehr Spielzeit, mehr Aufmerksamkeit.

Hast Du eine Vorstellung davon, wie viele Leute Dir in den

Ohren liegen, wenn Du auf dem allerhöchsten Niveau spielst? Eine ganze Menge! Nimm die Anzahl der Leute, die Dir bereits jetzt in den Ohren liegen und multipliziere sie millionenfach. Die meisten dieser Leute haben kaum Ahnung vom Spiel, aber versuchen, Dein Ego zu kitzeln: »Warum gibt man dir nicht häufiger den Ball? Du solltest den Ball viel öfter bekommen. Wenn ich du wäre, würde ich …«

Eines Abends, als ich noch ein junger Spieler in Toronto war, ging mir irgendetwas gegen den Strich und ich bin völlig ausgerastet – allerdings nicht hinter verschlossenen Türen in der Umkleide, sondern in der Öffentlichkeit. Meine Freunde bestärkten mich anschließend darin und meinten: »Es war gut, dass du das gemacht hast. Du musst für dich selbst einstehen.«

Leute, die so etwas zu Dir sagen, wollen Dir üblicherweise nicht schaden. Meistens sind es Freunde, die Dich vor dem nächsten Spiel ein wenig anheizen wollen. Dabei verstehen sie jedoch nicht, dass sie das Ego-Monster in Dir füttern und Deine Disziplin unterminieren, die verhindern sollte, dass Du ständig im Mittelpunkt der Mannschaft stehen willst. Es ist, als würde Dir jemand einen Bacon-Cheeseburger anbieten, während Du auf Diät bist. Hätte ich wirklich auf den Kumpel gehört, der mich nach meinem Ausraster ermutigt hat, wäre ich zu einem dieser Spieler geworden, mit denen niemand bei klarem Verstand zusammenspielen möchte.

Wenn Du Dich von solchen Sprüchen zu sehr einwickeln lässt, dann nimmst Du einen schlechten Wurf, anstatt den Ball an einen Mitspieler abzugeben, dann sitzt Du auf der Bank, weil Du nicht triffst, dann spielst Du nur halbherzig Defense, weil Du Dir einredest, man würde Dich nicht genug schätzen.

Bist Du in der Lage, alles auszublenden? Kannst Du auf dem Spielfeld alles geben, auch wenn Du nur zehn Würfe pro Spiel bekommst? Kannst Du von der Bank kommen, wie Steve Kerr es von Andre Iguodala einforderte, obwohl Iggy bei den Sixers seine gesamte Karriere über Starter war? Kannst Du in die Defense zurücksprinten, wenn der Point Gard den Ball nicht zu Dir spielt? Kannst Du einem Mitspieler vom Boden aufhelfen, statt darauf zu warten, dass jemand anderes es tut? Glaubst Du, dass Deine Trainer genauso sehr gewinnen wollen wie Du, und kannst Du ihre Ratschläge akzeptieren? Kannst Du Dinge lernen, von denen Du glaubst, Du wüsstest sie schon?

Kannst Du all das, besitzt Du tatsächlich die mentale Stärke und bedingungslose Demut, die nötig sind, um auf dem nächsthöheren Level erfolgreich zu sein. Bist Du dann tatsächlich erfolgreich, stärkt das Dein Selbstvertrauen– und nicht Dein Ego.

Begreifst Du den Unterschied zwischen Ego und Selbstvertrauen?

Dein Ego ist ein Lügner. Es behauptet, Du seist der Größte, unabhängig von Deinen Ergebnissen – denn die rechtfertigt es hinterher immer irgendwie. Selbstvertrauen ist der Glaube an Deine Fähigkeiten, an die Arbeit, die Du in etwas gesteckt hast, und es wird von der Realität bestätigt. Selbstvertrauen bedeutet, Erfolge zu erwarten, weil Du etwas dafür getan hast.

Dein Ego redet Dir ein, dass Du Erfolg verdient hast, einfach weil Du Du bist. Selbstvertrauen lässt Dich mit Erfolg rechnen, allerdings basierend darauf, wie sehr sich frühere Anstrengungen für Dich ausgezahlt haben.

Dein Ego gaukelt Dir vor, dass Du alles schon erreicht hättest. Selbstvertrauen ist bereit für die jeweils nächste Herausforderung. Dazu gehört auch, anderen zu helfen. Selbstvertrauen ist das erste, was mir in den Sinn kommt, wenn ich an Sue Bird denke. Bird gewann viermal die WNBA-Meisterschaft, war achtmal in der All-WNBA-Auswahl, elfmal in der All-Star-Auswahl und holte fünfmal die Titel in der Euroleague und der russischen VTB United League. Bei allem, was sie erreicht hat, hätte sie die Sneaker zufrieden an den Nagel hängen können. Stattdessen erfindet sie sich jedes Jahr neu, hat inzwischen einen Front-Office-Job beim NBA-Team der Denver Nuggets und setzt sich gemeinsam mit ihrer Verlobten Megan Rapinoe für Equal Pay und die Rechte der LGBTQ-Community ein. Dies ist – rechtmäßig verdientes – Selbstbewusstsein.

Dass Ego und Selbstvertrauen verwechselt werden, geschieht auf jedem Leistungsniveau. Ganze Dokumentationen wurden schon darüber gedreht. Ich kenne viele Basketballspieler, die das Talent für die NBA besaßen, aber schlicht zu eingebildet wurden und kurz vor der Ziellinie stehenblieben. Obwohl sie noch eine Runde vor sich hatten, blickten sie lieber ins Publikum, ließen die Muskeln spielen und landeten deshalb, ohne es zu merken, auf dem letzten Platz – während andere sich auf das Wesentliche konzentrierten, hart arbeiteten und sie letztlich überrundeten.

Ich habe es schon einmal gesagt und wiederhole es gerne, damit es sich bei Dir einbrennt: Talent allein genügt nicht. Man könnte eine ganze Liga aus Spielern gründen, die das Talent, aber nicht die Einstellung besaßen, die für die NBA nötig ist.

Wie Dein Ziel auch aussehen mag, Du hast die Fähigkeit, genau jetzt die richtige Mentalität zu entwickeln. Eine Mentalität voller Selbstvertrauen – nicht voller Ego. Du musst bei jeder Deiner Entscheidungen abschätzen, wie sehr Dein Ego daran beteiligt ist. Halte kurz inne und stell Dir selbst die Frage: »Bin ich gerade egoistisch? Stelle ich meinen persönlichen Erfolg über den des Teams? Was würde ein echter Teamplayer in dieser Situation tun?«

Vor vielen Jahren schrieb Pat Riley ein Buch mit dem Titel *The Winner Within*. Darin nannte er sein Ego die »Ich-Krankheit«, eine, wie ich finde, äußerst passende Bezeichnung. Riley schildert, wie diese Krankheit Sieger- und Verliererteams gleichermaßen auseinanderreißt, wie sie extrem talentierte und weniger talentierte Sportler mit derselben Härte erwischt. Wer Pat kennt, weiß, dass er genauso hungrig nach Siegen ist wie andere auch. Er will, dass seine Spieler wissen, was sie draufhaben. Doch die Betonung hier liegt auf der *Mannschaft*, nicht dem Einzelspieler. Nicht immer nur ich, ich, ich.

Ego vergiftet Erfolg – Selbstvertrauen ist für Erfolg notwendig. Den Unterschied zwischen beiden zu verstehen, ist die wichtigste Erkenntnis, die ein junger Sportler haben kann. Absolut nichts, was Du in Deinem Sportlerleben lernst, wird Dich auch menschlich weiter bringen als diese Lektion.

BRIEF 7

ANFÜHRER FÜHREN AN

Es gibt einen Ausdruck für Mannschaften ohne Führungsspieler.

Wir nennen sie Verliererteams.

Denn eine Mannschaft ohne Anführer – egal, ob derjenige das Kapitäns-C auf der Brust trägt oder nicht – wird nicht weit kommen.

Genau wie Du höre ich mir schon mein ganzes Leben lang Vorträge über Führungsqualitäten an. Jedes Buch von Sportlern oder über Sport enthält garantiert ein Kapitel zu diesem Thema. Jede Sportdokumentation dreht sich um den entscheidenden Moment in einem Spiel oder einer Saison, in dem einer das Herz in die Hand nimmt und sagt, was gesagt werden muss. In jedem Sportfilm gibt es diese eine Szene in der Umkleide, der Halbzeitpause oder im Klassenraum, in der jemand mit deutlichen Worten aufgerüttelt werden muss, um zu begreifen, worum es eigentlich geht.

Im wirklichen Leben ist das mit der Führungsqualität nicht so einfach. Beim Begriff Führungsspieler denken die meisten Sportfans an denjenigen, der den Ball bekommt, um den entscheidenden Punkt zu machen – den besten Spieler der Mannschaft. Oder vielleicht an den mit der größten Klappe, der in den Time-outs ständig seine Mitspieler anblafft. Im vorletzten Kapitel habe ich Dir erklärt, wie wichtig Kommunikation ist. Daher hoffe ich, dass Dich folgender Satz nicht verunsichert:

Führungsqualität hat nichts damit zu tun, Reden halten zu können.

Für mich ist ein Anführer derjenige, der – wenn's drauf ankommt – Verantwortung übernimmt und tut, was nötig ist. Jemand, der sich der Situation anpasst und mit seinen Aufgaben wächst. Anführer tun das auf dem Court, im Klassenzimmer, in der Nachbarschaft, in einer Krise, wenn jemand herumgeschubst wird oder wenn sie im Geschäftsleben eine Erfolgschance wittern.

Das sind alles unterschiedliche Situationen, die verschiedene Führungsqualitäten erfordern. Ihnen gemein ist aber, dass etwas getan werden muss und jemand gebraucht wird, der es tut.

Die Frage lautet also: Bist Du dieser Jemand?

Als ich 16 war, bat mich der Coach meiner Schulmannschaft – er hieß Leonard Bishop – in sein Büro. Ein solches Meeting hatten schon viele Spieler mit Coach Bishop und wohl auch mit anderen Trainern, egal in welcher Sportart und egal in welcher Generation. Es ging ihm darum, mich zum Führungsspieler zu berufen. Nicht jeder bekommt diese Einladung und nicht alle folgen ihrem Ruf, aber eines will ich Dir sagen: Ohne diese Erfahrung kannst Du kein großer Spieler werden. Jemand, den Du respektierst, erkennt Dein Potenzial und rät Dir: Es ist an der Zeit, Verantwortung zu übernehmen.

Coach Bishop begann, mir von allen großartigen Spielern zu erzählen, die er über die Jahre trainiert hatte, und wie jeder von ihnen eines Tages Verantwortung übernehmen und das Team in die richtige Richtung führen musste. »Üblicherweise halten wir denjenigen für den Führungsspieler, der am wenigsten ein Blatt vor den Mund nimmt«, sagte er. »Aber du hast einen anderen Führungsstil. Du gehst mit gutem Beispiel voran.« Damit öffnete er mir die Augen und ich erkannte, dass man nicht der Lauteste sein muss, um eine Mannschaft zu führen. Er erklärte mir, dass meine Mitspieler mich auch dann beachten, wenn ich nichts sage.

Ich war damals ein ruhiger Bursche, und weil Coach Bishop selbst ein hervorragender Anführer war, wusste er das und schnitt seine Ansprache perfekt auf mich zurecht. Er versicherte mir, dass ich als Führungsspieler keine großen Motivationsreden schwingen müsste, sondern meine Mitspieler auf meine eigene, spezielle Art führen könnte: Es genügte, wenn ich pünktlich zum Training und zum Unterricht erschiene, stets mein Bestes gäbe, umgezogen und bereit für die nächste Trainingseinheit wäre und immer aufmerksam bliebe. Indem ich ein herausragendes Mitglied der Gemeinschaft wäre. Indem ich hart arbeitete. Indem ich Einsatz zeigte. Indem ich mich als jemand präsentierte, der immer lernen und immer besser werden möchte. Indem ich Kritik annähme … und äußerte. Indem ich also jemand wäre, zu dem andere aufschauen könnten.

Führungsspieler stehen im Fokus der anderen – wie sie sich bewegen, wie sie sich benehmen –, auch abseits des Spielfelds. All das waren Führungsqualitäten, und zwar solche, die besonders gut zu mir passten. Coach Bishop hatte mir erklärt, was er künftig von mir erwartete.

Ich betrachtete das nicht als Bürde, sondern als Ehre. Mit stolz geschwellter Brust verließ ich sein Büro. Bis heute habe ich diese Unterhaltung nicht vergessen.

Wenn wir von einem Anführer sprechen, dann meinen wir jemanden, der voranschreitet und an vorderster Front steht. Den Coach, der mit einer Pausenansprache seine Mannschaft anheizt. Den Sprecher, der mit dem Megafon in der Hand den Protestzug anführt. Solche Menschen sind Anführer. Aber weil diese Art von Leadership auf Leinwänden und Fernsehschirmen so schön dramatisch aussieht, vermittelt uns unsere Kultur nur eine begrenzte Vorstellung davon, wie Leadership aussehen kann. Selbst wenn Du nicht der Kerl mit dem Megafon bist, kannst Du dennoch ein Anführer sein. Anführer können mit ruhigem Beispiel vorangehen, den Ton für die Menschen um sie herum angeben. Anführer helfen ihren Mitspielern auf, wenn es mal schwer wird. Anführer unterstützen. Anführer stellen sich nicht in den Mittelpunkt der Mannschaft, sondern machen die Mannschaft besser, indem sie ein Teil von ihr sind.

Ich mag das Sprichwort, das besagt: »Wir müssen zu folgen lernen, um führen zu können.« Ich bin fest davon überzeugt, dass das stimmt. Wenn Du Dich selbst noch nie hast führen lassen, dann wirst Du nie verstehen, was in den Köpfen derer vorgeht, die Du führen willst.

Manche Führungsspieler legen regelmäßig die meisten Punkte auf und verwandeln die wichtigsten Würfe, wenn nur noch wenige Sekunden auf der Uhr sind. Es gibt aber auch jene, die in der Umkleide oder im Huddle mit ihrer weisen Ausstrahlung die Weichen stellen. Du erkennst sie nicht, wenn

Du das Spiel im Fernsehen verfolgst, aber ihre Mitspieler wissen es. In meiner Zeit bei den Raptors war einer dieser Führungsspieler, dessen Rat wir ständig gesucht haben, Darrick Martin. Er hatte nie die besten Stats und bekam auch nicht die meiste Spielzeit, aber er demonstrierte mir, dass beides nicht nötig war, um eine Mannschaft zu führen. Er war der vollkommene Profi. Ein langjähriger Veteran der Liga, der mit seiner Erfahrung und Ausstrahlung dafür sorgte, dass die jungen Spieler im Training ihr Bestes gaben und sich die Mannschaft anschließend noch zum gemeinsamen Abendessen zusammenhockte.

Bei den Heat war Juwan Howard dieser Spieler. Als ich mit ihm in einer Mannschaft war, näherte sich seine aktive Karriere bereits dem Ende. Er bekam nicht mehr viel Spielzeit und trug in unserer zweiten Meisterschaftssaison öfter einen Anzug als ein Trikot. Trotzdem war er jeden Morgen vor allen anderen in der Trainingshalle. Er stieg aufs Laufband, stemmte Gewichte und warf vor und nach jeder Einheit ein paar zusätzliche Körbe – obwohl er meist gar nicht spielte. Er sagte sich: »Ich werde zwar nicht viel spielen, aber ich werde den anderen zeigen, wie viel Arbeit sie reinstecken müssen, um eine Meisterschaft zu gewinnen.« Er hatte verstanden, dass dies eine Rolle war, die jemand besetzen musste. Also rackerte er sich jeden Tag den Allerwertesten ab. Im Sport betonen wir immer wieder die Bedeutung von Beständigkeit. Juwan war einer der beständigsten – wenn nicht der beständigste – Profi, mit dem ich je gespielt und gearbeitet habe. Er gab jeden Tag alles, obwohl er nicht mal Spielzeit bekam. Dadurch gab es für alle anderen keine Ausreden mehr.

Auch wenn sie sich in der Statistik nicht bemerkbar machen, könnte jedes Team sich glücklich schätzen, Spieler wie Darrick Martin oder Juwan Howard in den Reihen zu haben.

Tatsächlich haben einige der größten Führungsspieler aller Zeiten ihre Mannschaften angeführt, ohne dabei beeindruckende Stats zu sammeln. Vor einigen Jahren schrieb Sam Walker ein Buch über Leadership im Sport: Es trägt den Titel *The Captain Class* und analysiert die wichtigsten Eigenschaften von Führungsspielern der erfolgreichsten Mannschaften in verschiedenen Sportarten. »Die großen Kapitäne dieser Teams waren nicht die prominentesten Spieler«, so Walker. »Es waren selten die Stars, sondern häufig die Arbeitstiere.«

Ein Beispiel: Jeder in Amerika kennt die US-Fußballnationalmannschaft der Frauen, die bei der WM 1999 alles dominiert hat und am Ende Weltmeister wurde. »Fragte man jedoch 100 Leute, wer Kapitänin dieser Mannschaft war, käme wahrscheinlich kaum jemand auf Carla Overbeck«, so Walker weiter. »Die meisten erinnerten sich vermutlich nicht einmal an ihren Namen – zum großen Teil deshalb, weil sie selbst es so wollte.« Overbeck war nicht die talentierteste Fußballerin der Mannschaft, aber eine gute Abwehrspielerin, mit herausragenden Pässen, einer tollen Arbeitsmoral und unglaublicher Ausdauer. Sie half anderen Spielerinnen beim Ein- und Ausladen ihrer Taschen am Bus. Sie spielte 3547 Minuten ohne Auswechslung und lief schneller als jede ihrer Mitspielerinnen – trotz eines gebrochenen Zehs. Overbeck war nicht die auffälligste Spielerin der Mannschaft, aber die verlässlichste.

Das machte sie zur Kapitänin. Deshalb folgten ihr andere, wenn sie führte. Meist musste sie nicht einmal etwas sagen, es genügte ein Fingerzeig. Sie musste nur den ersten Schritt machen und die anderen vertrauten ihrer Entscheidung.

Einen wahren Führungsspieler erkennt man nicht an seinen Stats, sondern daran, dass andere Spieler sich an ihn wenden, wenn es nicht so gut läuft. Ein starker Anführer kann sein Team durch eine Talsohle führen. Er zeigt die Art von Einstellung, die nötig ist, um jedes Problem zu lösen und ein Spiel oder eine ganze Saison wieder in die richtige Bahn zu lenken. An einem guten Abend, wenn alle Würfe sitzen, das Team unschlagbar scheint und Du einen Pokal in die Luft reckst, ist es leicht, den Anführer zu geben. Doch ein echter Anführer übernimmt auch in den schlimmsten Zeiten Verantwortung.

In meinem ersten Jahr in Miami verloren wir nach dem All-Star-Break – unserem ersten als Big Three – sechs von sieben Spielen und erwischten einen denkbar schlechten Start beim Run auf die Playoff-Plätze. Die Medien ließen kein gutes Haar an uns, nichts schien zu gelingen, es war einfach alles aus dem Gleichgewicht. Unsere Einstellung stimmte, aber es schien, als hätten wir die Hosen voll. Den Tiefpunkt erreichten wir in einem Sonntagsspiel gegen Chicago, das wir nach zwei falschen Foul-Entscheidungen gegen uns mit einem Punkt verloren, obwohl wir es mit zwei Punkten Führung, nur noch 25 Sekunden auf der Uhr und Chicago ohne Time-outs eigentlich schon im Sack hatten. Doch es war nicht nur diese eine bittere Niederlage. Die Bulls hatten uns eine Woche zuvor schon geschlagen und mit diesem Sieg in unserer Halle den 3:0-Sweep in der Serie gegen uns perfekt gemacht. Damit zogen sie obendrein in der Rangliste an uns vorbei. Kurzum: Es lief furchtbar und die Medien stürzten sich mit Freude darauf.

Beim Training am nächsten Tag kam LeBron herein und sein Gesichtsausdruck sprach Bände. Nicht, dass er unzufrieden war – das waren wir alle. Er hatte eine Aura um sich, die sagte: »*Das Ruder reißen wir wieder herum*!« Er signalisierte uns, dass er wieder auf Kurs war und wir nur bei ihm aufspringen mussten. Die Intensität, die er in diese Trainingseinheit legte, war inspirierend. Den besten Spieler der Mannschaft zu sehen, wie er rannte, so schnell er konnte und das Team mit Stärke und Einsatzbereitschaft führte – das war es, was wir alle brauchten. Wir hechteten nach jedem freien Ball über das Parkett, hingen uns rein und gingen die vermeintlich banalen Übungen mit derselben Intensität an wie er. Wir besannen uns zurück auf die Grundlagen. Auch das muss ein Anführer können. Nicht nur sein Team heiß machen, wenn ihr gewinnt und alles wie am Schnürchen läuft. Ein Anführer behält die Fassung, wenn andere sie verlieren.

LeBron musste nichts sagen, um uns zu stimulieren – er musste nur mit gutem Beispiel vorangehen und darauf vertrauen, dass wir ihm folgen würden. Und das taten wir. Zwei Monate später trafen wir in den Finals der Eastern Conference erneut auf die Bulls – diesmal waren wir eine völlig andere Mannschaft. Wir gewannen die Finalserie problemlos mit 4:1 und holten den entscheidenden vierten Sieg vor heimischer Kulisse, wobei LeBron, D-Wade und ich jeweils mehr als 20 Punkte auflegten.

Mit gutem Beispiel voranzugehen, wird massiv unterschätzt. Es bedeutet, stets selber pünktlich zu sein sowie die Pünktlichkeit der anderen nicht durch Meckerei oder brüske Ansagen einzufordern, sondern durch die bloße Kraft Deiner Präsenz. Ich war immer gern schon vor dem Training umgezogen und bereit, loszulegen. So war ich der erste auf dem Court und konnte mein Können zeigen, sobald der Trainer in seine Trillerpfeife blies. Mit gutem Beispiel voranzugehen bedeutet, auf sich selbst achtzugeben, gesund zu essen und genug zu schlafen, um dadurch Spitzenleistung zu bringen. Mit gutem Beispiel voranzugehen bedeutet, dieselbe Arbeitsmoral an den Tag zu legen, die Du von Deinen Mitspielern erwartest. Mit gutem Beispiel voranzugehen, beginnt mit kleinen Dingen wie diesen – tagein, tagaus.

Um mit gutem Beispiel voranzugehen, musst Du nicht jeden Tag eine flammende Rede halten. Das ist ein Irrglaube. So etwas gibt es nur im Film. Kommunikation ist wichtig, aber nicht wichtiger, als jeden Tag pünktlich zu sein und hart zu arbeiten. Bist Du ein ruhiger Charakter wie ich, können jene Momente, in denen Du Deinen Mund wirklich aufmachst, eine gigantische Wirkung entfalten. Coach Spoelstra hat einmal etwas über mich gesagt, das mir gefallen hat: »CB weiß, wann er was zu sagen hat – und das ist nicht oft der Fall. Er weiß genau, welche Knöpfe wann zu drücken sind.« Damit hatte er den Nagel auf den Kopf getroffen. Ich wollte immer, dass meine Worte Bedeutung haben, weshalb ich sie mir stets für den richtigen Augenblick aufgespart habe. Das meinte Spo, als er von den richtigen Knöpfen sprach. Musste ich einem Mitspieler den Kopf waschen, weil er Dinge verbockte, konnte ich mir sicher sein, dass er mir zuhörte, weil ich eben nur laut wurde, wenn ich etwas wirklich Wichtiges zu sagen hatte.

Führungsspieler sind nicht immer laute, dominante Persönlichkeiten, sie sind auch ruhige Typen, die mit gutem Beispiel vorangehen.

Es gibt noch jene, die selbst im Schlaf Videostudien zu betreiben scheinen und zig Playbooks aus dem Effeff beherrschen, die Dir genau sagen können, welche Offensiv-Formation in welcher Spielsituation kommen wird, und die eure Strategie sowie die eures Gegners verinnerlicht haben, kurzum: sich benehmen wie ein zusätzlicher Trainer auf dem Spielfeld. Es gibt Quarterbacks, die trotz eines Millionenvertrags und mehrerer Meisterschaftsringe nachts um zwei ihren Backup anrufen, um obskure Spielzüge zu diskutieren, die irgendwo tief im Playbook vergraben sind. Weil sie unbedingt gewinnen wollen und weil sie immer noch dazulernen. Weil sie zeigen, was Führerschaft und Engagement bedeuten.

Es gibt Anführer, die perfekt auf das emotionale Auf und Ab des Spiels eingestellt sind – die die ersten sind, die Dich nach einem schwierigen Moment oder einer schlechten Nacht wieder aufbauen, und die gemeinsam mit Dir feiern, wenn Du einen persönlichen Meilenstein erreicht hast.

Es gibt die Veteranen, die schon alles gesehen und erlebt haben, die nichts mehr überrascht – und die diese Ruhe und ihr Wissen an die Menschen um sie herum weitergeben.

Manchmal besitzen Mannschaften mehr als einen Anführer, nämlich einen Kern von Spielern, die jeder für sich wissen, wann sie an der Reihe sind, Verantwortung zu übernehmen. Vorausgesetzt, Deine Mannschaft besteht aus Spielern, die allesamt ihr Ego zügeln können, würde ich sogar sagen, es kann in einem Team gar nicht genug Führungsspieler geben.

Zu den Aufgaben eines Führungsspielers kann es auch gehören, einfach mal eine Party für seine Mitspieler zu schmeißen, um abseits des Courts als Team zusammenzuwachsen.

Eines unserer Mannschaftsrituale bei den Heat bestand darin, auf Auswärtsfahrten mindestens einmal am Tag gemeinsam zu frühstücken oder zu Abend zu essen. Selbst wenn wir erst um drei Uhr nachts gelandet sind, haben morgens alle ihre Hintern aus dem Bett bekommen, um punkt zehn Uhr beim Frühstück zu sitzen. Führungsspieler zu sein bedeutet manchmal eben auch, unten in der Hotel-Lobby auf das gemeinsame Frühstück mit der Mannschaft zu warten, obwohl Du lieber noch im Bett liegen würdest.

Diese immateriellen Dinge spielen eine wichtige Rolle, auch wenn Du sie als Fan nicht bemerkst. Denn eines kann ich Dir versichern: Fehlen in Deinem Team solche Rituale, wirst Du das garantiert daran feststellen, dass die Truppe zerrüttet, lustlos und durcheinander wirkt. Du wärst überrascht, wie oft es diesen Zusammenhalt in Mannschaften nicht gibt – dass Spieler sich nie gegenseitig daheim besuchen, die Namen ihrer Kinder nicht kennen und außerhalb der Umkleide kein Wort miteinander wechseln.

Natürlich könnte man sagen: »Es geht ums Geschäft. Wir sind Kollegen, keine Freunde.« Diese sachbezogene Einstellung funktioniert eine gewisse Zeit, solange alles gut läuft. Sobald das aber nicht mehr der Fall ist und man ausdiskutieren muss, was falsch läuft und wie man Dinge ändern könnte, gelingt dies Teams mit einer unpersönlichen Einstellung häufig nicht. In den USA kursiert das Sprichwort: »Anderen ist erst wichtig, was du sagst, wenn sie wissen, wie wichtig es dir ist.« Soll heißen: Du würdest niemandem zuhören wollen, der Dich nur wie ein Zahnrad in einer Maschine behandelt. Anführer behandeln ihre Mitspieler wie echte Menschen, nicht wie

Automaten. Nicht aus purer Freundlichkeit, sondern weil sie verstehen, dass man Menschen nur so motivieren kann, Verantwortung zu übernehmen.

Die Art und Weise, wie wir Sport konsumieren und erleben, führt dazu, dass wir universelle Führungsspieler erwarten: Es hat einen Anführer zu geben, und passt der nicht jederzeit in ein bestimmtes Schema, gilt er als gescheitert. Diese Meinung deckt sich allerdings nicht mit meinen Erfahrungen im Spitzenbasketball. Das echte Leben ist deutlich vielfältiger und komplizierter. Weil dieses Spiel so unterschiedliche Herausforderungen für uns bereithält, kann jeder Verantwortung übernehmen und zum Anführer werden, wenn die Situation seine speziellen Fähigkeiten erfordert. Das soll jetzt keine Motivationsrede sein. Ich kann nur wiederholend betonen, dass das Leben komplexer als ein Sportfilm ist, in dem die Pausenansprache in der Umkleide alles umkrempelt.

Welcher Führungsstil auch immer zu Dir passt – sei offen für Veränderung. Ich kann kaum schätzen, wie oft ich mich in meiner Karriere in meiner Rolle als Führungsspieler wandeln musste. Ich habe stets versucht, mir als Spieler treu zu bleiben, jemand zu sein, zu dem andere aufblicken, und Eigenschaften wie Beständigkeit, Verlässlichkeit, Kampfgeist sowie eine positive Einstellung zu transportieren. Wie genau aber Du diese Qualitäten einsetzt, verändert sich ständig.

Selbst wenn Du Dich in der Rolle wohlfühlst, die Du in Deinem Team einnimmst, können sich die Erwartungen an Dich verändern, sobald sich die Situation verändert, in der ihr euch befindet. Hast Du im Training das Gefühl, etwas ansprechen zu müssen, spielt es keine Rolle, ob man Dich bis dato in die Schublade des »ruhigen Typen« gesteckt hat. Im Gegenteil: Wenn Du wirklich der ruhige Typ bist, wird Deine Ansprache umso wirkungsvoller sein. Denn Deine Mannschaft wird dann *wissen*, dass es Dir ernst damit ist.

Das habe ich in Toronto über Führungsqualitäten gelernt: Mit gutem Beispiel vorangehen ist prima, aber manchmal ist es nötig, sein Herz in die Hand zu nehmen und für die Mannschaft auch ein emotionaler Anführer zu sein – also arbeitete ich eifrig daran. Die Jungs wussten, dass ich normalerweise nicht aus der Haut fahre. Wenn ich es dann einmal tat, dann hatte das eine *besondere Bedeutung* für sie.

In Miami musste ich meinen Führungsstil erneut umstellen. Hier war ich ein Drittel der Big Three: Dadurch hatte ich eine neue Rolle, was manchmal bedeutete, dass ich mich im Hintergrund halten musste. Es wäre ein Leichtes gewesen, mit erfahrenen Führungsspielern wie D-Wade und LeBron einfach teilnahmslos mitzuschwimmen. Doch ich erinnerte mich daran, was Coach Bishop mir geraten hatte: Was ich auch tat, ich konnte immer mit gutem Beispiel vorangehen und jedem in meinem Umfeld demonstrieren, dass ich bei allem, was wir dort aufzubauen versuchten, voll und ganz mit an Bord war. Ich vertraute darauf, dass LeBron und D-Wade mir meine Chancen geben würden, wenn sie sahen, dass ich bereit zum Wurf war.

Was die Defense betraf, achtete ich darauf, immer richtig zu stehen und übernahm Verantwortung für meine Fehler, wenn ich falsch platziert stand. Ich war stolz auf meine Kommunikation in der Defense und war der Lauteste auf dem Parkett, weil ich sah, wie ich das Team dadurch koordinieren konnte und unsere Abwehr sich besser aufstellte. Wenn ich den Laden hinten zusammenhielt, konnten sich LeBron und D-Wade ganz befreit alle Steals schnappen, die später zu vielen Dunkings führten. Ich wollte, dass meine Jungs sicher sein konnten, dass ich stets dort war, wo ich ansagte, dass ich sein würde. Das war meine Führungsaufgabe in Miami. Die war zwar neu für mich, aber ich konnte sehen, wie ich zu unserem Teamerfolg beitrug.

Das ist das Besondere an Leadership: Sie ist beständig im Wandel. Ein Führungsspieler zu sein, bedeutet, jederzeit bereit zu sein, Dich an die Bedürfnisse Deines Teams anzupassen. Egal wer von euch die Verantwortung übernimmt und wie Dein Führungsstil sich mit der Zeit verändert, ein Anführer hält das Mannschafts-Ethos aufrecht. Wer Meisterschaften gewinnen will, benötigt eine meisterliche Einstellung. Anführer verhindern, dass sich Negativität breitmacht und lassen ihre Mitspieler nicht spüren, wenn sie selbst von negativen Gedanken geplagt werden.

Ein Anführer zu sein bedeutet, seine Mitspieler persönlich zu kennen, mit jedem Einzelnen zu sprechen und sie wissen zu lassen, wie wichtig sie alle für die Mannschaft sind. Doch wie viele von uns können ihr Ego ignorieren und lassen sich wirklich auf ihre Umgebung ein? Deshalb kann Leadership eine Last sein: Weil Du dabei aus Deinem Schneckenhaus, aus Deiner Komfortzone raus musst, auch wenn Du das überhaupt nicht willst.

Anführer leben auch vor, was Gefolgschaft bedeutet: Sie akzeptieren Ratschläge von Trainern und Mitspielern und zeigen anderen, was es heißt, das eigene Ego beiseitezulassen.

Führungsspieler motivieren ihre Mitspieler durch Worte oder Taten, selbst wenn ihnen nicht danach ist. Sie tun das auch in schweren Zeiten, etwa mitten in einer Niederlagenserie. Sie sind bereit, die volle Wucht der Kritik abzubekommen, denn sie sind selbstbewusst genug, sie zu ertragen. Manchmal sind sie auch unfairer Kritik ausgesetzt, doch echte Anführer verkraften das.

Anführer sind nicht unfehlbar. Sie besitzen das nötige Standing in der Mannschaft, weil auch sie gewillt sind, eigene Fehler zuzugeben. Als ich 2015 bei den Heat spielte, hatte ich während eines Auswärtsspiels in Utah eine hitzige Diskussion mit Coach Spoelstra. Ich hatte privat ein paar schwierige Tage hinter mir und ließ mir das auf dem Spielfeld anmerken. Während dieses Disputs hatte ich einige Dinge gesagt, die ihm offensichtlich nicht sonderlich schmeckten. Auch das gehört zum Spiel dazu: Manchmal gehen die Pferde mit Dir durch. Wir verloren das Spiel, was besonders frustrierend war, weil es als nächstes gegen Golden State ging. Das war eine vergebene Chance und niemand war glücklich darüber.

Doch Spo wusste, dass er so etwas nicht einfach stehenlassen konnte. Als Teamleiter war es seine Aufgabe, sicherzustellen, dass wir unser Problem lösten. Da ich sein Führungsspieler war, musste ich meinen Mitspielern eine bessere Einstellung vorleben, auch wenn es gerade düster aussah. Vor dem Training am nächsten Tag frühstückten Spo und ich gemeinsam. Wir sprachen uns aus und tüftelten an einem Plan, wie wir weitermachen könnten. Er hätte die Sache einfach auf sich beruhen lassen können, dann aber hätte die schwarze Wolke weiter über meinem Kopf gehangen und zwischen uns wäre es irgendwann zum Donnerwetter gekommen. Stattdessen wählte er den schwereren Weg und wir arbeiteten an unseren Problemen. Bei ein paar Spiegeleiern klärten wir die Luft und gingen danach zum Training. Bevor wir zur Videoanalyse kamen, stellte ich mich vor die Mannschaft und entschuldigte mich für mein Verhalten.

Einfach war das natürlich nicht – es ist nie leicht, einen Fehler zuzugeben. Doch ich wusste, es war meine Aufgabe, den Elefanten im Raum anzusprechen. Auch das gehört zur Definition von Leadership: Willst Du anderer Leute Fehler kritisieren, musst Du auch für Deine eigenen geradestehen. Spo hatte mir die Sache einfach gemacht, weil er sich von Mann zu Mann mit mir ausgesprochen hatte, statt auf eine Explosion zu warten. Uns beiden ging es schließlich darum, zu gewinnen, und wir beide wussten, dass der eine nur dann erfolgreich sein würde, wenn es der andere auch war. Das half uns, unseren Stolz herunterzuschlucken.

Eine weitere Sache, die Coach Bishop mir am Anfang meiner Karriere verriet, ist, dass Teams einen kollektiven Spirit haben, eine gemeinsame Seele. Echte Führungsspieler besitzen einen Einfluss auf diesen Teamgeist und wissen, wie sie dafür sorgen, dass er positiv bleibt. Selbst den größten Führungsspielern ist klar, dass sie Teil von etwas Größerem als sie selbst sind.

So wie Führungsspieler Teil von etwas Größerem sind, ist auch das Konzept der Leadership größer, als Du denkst – und größer, als viele Leute Dir weismachen wollen. Der ultimative Anführer kommt nicht einfach so durch die Tür spaziert. Falls Du glaubst, Du hättest nicht das Zeug zum Führungsspieler, weil Du in kein bestimmtes Klischee passt, das Dir vielleicht im Kopf herumschwirrt, dann liegst Du völlig falsch. Warte nicht auf diesen perfekten Anführer, er steht nicht vor der Türe. Und warte nicht so lange, bis Du selbst dieser perfekte Anführer sein wirst. Warte nicht auf den Supermann, der Dir zeigt, wo's langgeht oder Dir irgendwelches Geheimwissen verrät oder was immer Du auch erwartest. Eine solche Person existiert nicht.

Du existierst. Deine Fähigkeiten sind real. Dein Siegeswille ist real. Dein Führungspotenzial ist real. Finde heraus, wie Du es einsetzen kannst. Es liegt bei Dir.

Egal in welcher Mannschaft Du spielst, ob Freizeittruppe oder Spitzenteam, ob Du in der letzten Saison eine Meisterschaft gewonnen hast oder abgestiegen bist – Dein Team braucht einen Anführer. Jedes Team braucht einen Anführer. Und jeder hat das Zeug dazu, in wichtigen Momenten Verantwortung zu übernehmen und die Führungsqualitäten zu beweisen, die seine Mannschaft benötigt. Der Anführer, den Dein Team jetzt braucht, kannst Du sein!

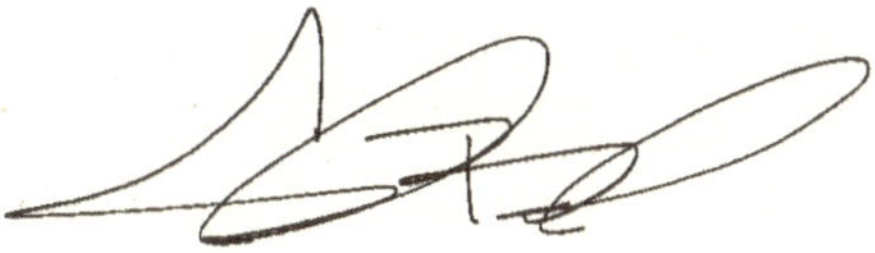

BRIEF 8

GIB AUF DICH ACHT

In einem Team mit LeBron James zu spielen, hatte den Vorteil, dass ich einen der besten Basketballspieler aller Zeiten hautnah erleben durfte. Vieles, was ich dabei sah, unterschied sich kaum von dem, was Fans im Fernsehen sehen können. Ich aber konnte auch hinter die Kulissen blicken. Ich erlebte die Disziplin und die täglichen Abläufe, die LeBron – neben seinem Talent – zu dem machten, der er ist.

Das ist eine wichtige Info, denn wir neigen dazu, zu glauben, dass Helden nicht geschaffen, sondern geboren werden. Wir vergessen häufig, dass es für einen Sportler nicht nur wichtig ist, in Form zu kommen, sondern auch in Form zu *bleiben*. Niemand bringt konstant Spitzenleistungen, ohne herausgefunden zu haben, wie er seinen Körper schützt und pflegt.

Teil der Mannschaft in Miami zu sein, war der Hammer. Wir waren wie eine Gruppe guter Buddys, hingen viel zusammen rum, spielten Karten und blieben abends lange wach. Manchmal gingen wir aus und feierten legendäre Partys.

Eine Sache aus diesen frühen Tagen, die sich in mein Gedächtnis eingebrannt hat, war, wie LeBron sich dehnt. Er hatte eine 30-minütige Stretching-Routine entwickelt und erklärte mir, dass er die jeden Tag nach dem Aufstehen und vor dem

Zubettgehen absolvierte – zusätzlich zu den üblichen Dehnübungen vor und nach Workouts, Trainingseinheiten und Spielen. Ich habe erlebt, dass LeBron mitten in einem Kartenspiel vom Tisch aufstand, um sein tägliches Stretching nicht zu vergessen. Ich weiß nicht, wie oft ich ihn bei seiner Dehngymnastik beobachtet habe. Tausendmal? Vielleicht öfter.

Falls Du noch nie in einer NBA-Umkleide warst: Jeder dehnt sich. Aber LeBrons Eifer beim Stretching war, im Vergleich zu allen anderen aus der Liga, echt übertrieben. Er verriet mir, dass ihn in seinen Anfangstagen als Spieler ein Coach dazu inspiriert hatte, als er ihm riet: »Deine ganzen Dunks sind super, aber wenn du die noch eine Weile machen willst, dann musst du dich dehnen.« Das nahm LeBron sich zu Herzen … und wir lachten meist darüber. LeBron hatte außerdem seit der Highschool-Zeit die Angewohnheit, jeden Tag seine Knie 30 Minuten lang zu kühlen.

Seit ich ein Teenager war, hat man auch mir eingebläut, ich müsse mich dehnen. Aber wenn Du jung bist, denkst Du nicht daran. Weil Dein Körper noch so gelenkig, so widerstandsfähig ist, kannst Du ihn wie Müll behandeln und merkst dabei nicht, was Du ihm antust. Als ich jung war, dachte ich nicht darüber nach, wie ich meine Karriere verlängern oder meine Erholungszeit optimieren könnte. Ich hätte nicht gedacht, dass ich das später einmal bereuen würde. Alter, ich war mir nicht einmal sicher, ob ich *überhaupt* alt werde! Meine Einstellung war: Körbe werfen und nach Hause gehen. Ich plante nur von einem Tag zum nächsten, biss bei Schmerzen die Zähne zusammen und spielte, als würde ich für immer so jung bleiben. Früher in der Halle sein, um vor dem Spiel noch zu dehnen?

Länger bleiben, um hinterher nochmal zu dehnen? Keine Zeit, Mann.

In der Highschool verdrückte ich mit meinen Buddys vor jedem Spiel einen Big Mac. Das war nicht nur bei uns so. Die Cheesecake Factory war unter NFL-Spielern lange Zeit das beliebteste Restaurant. Die boten eine große Auswahl, üppige Portionen, große Tische, viele Kalorien und das alles zu einem vernünftigen Preis. Und wer spielt in der NFL? Ein Haufen bäriger Typen Ende 20.

Die Big-Mac-Tradition hatte ich mir irgendwann abgewöhnt (mein Vater ermahnte mich, das sei, als würde man »Normalbenzin in einen Ferrari tanken«), aber viele Sportler haben immer noch dieselbe oder eine ähnliche Einstellung.

Nicht falsch verstehen – ich liebe Eiscreme, Schokoriegel und natürlich auch Big Macs und habe diesen Leckereien auch keineswegs komplett abgeschworen. Aber ich habe gelernt, sie in Maßen zu genießen, weil ich die Eiscreme lieber ab und zu weglasse und stattdessen ein paar Meisterschaften gewinne, als pausenlos zu futtern, was ich will, wann ich will und auf solche Art niemals mein volles Potenzial entfalte.

Du kannst in Deiner Karriere ziemlich weit kommen, selbst wenn Du kaum auf Dich achtgibst. Aber die wirklich großen Spieler, die sich ihre herausragenden Leistungen Jahr für Jahr erhalten – die LeBrons und die Tom Bradys –, die legen eine Schippe mehr drauf. Wie Dwyane und LeBron in Miami mit ihren Körpern umgingen, hat mir die Augen geöffnet. Durch sie habe ich erkannt, dass mein Körper mein Kapital ist. Auch Ray Allen, der fast zehn Jahre älter war als ich, redete ständig über neue Behandlungsmethoden, Therapien und alle möglichen Dinge, mit denen er sich schneller erholen und dadurch einen kleinen Vorteil verschaffen konnte. Früher oder später wird dieser kleine, aber feine Unterschied auch auf dem Spielfeld spürbar sein und er wird maßgeblich darüber mitentscheiden, wie viele Saisons Du auf Spitzenniveau spielen können wirst.

Sieh es folgendermaßen: Wenn Dir eine Fabrik gehören würde, wären das Gebäude und die Maschinen darin Dein Kapital, denn damit könntest Du etwas produzieren, um Geld zu verdienen. Nimmst Du von diesem Geld ein wenig und investierst es wieder in die Fabrik –, um etwa neue Maschinen zu kaufen oder die alten zu reparieren –, kannst Du auf lange Sicht weiter Geld damit verdienen. Würdest Du das Geld in effizientere Maschinen stecken, könntest Du vielleicht sogar noch mehr Geld verdienen als bisher. Verzichtest Du allerdings auf diese Investitionen, wären Deine Maschinen eines Tages alt und kaputt und Deine Geschäftsgrundlage damit zerstört.

Als Sportler ist Dein Körper diese Fabrik. Er ist Dein Kapital, das Dir erlaubt, in Deiner Sportart Spitzenleistungen zu erbringen. Bedenkt man, wie eng Geist und Körper verknüpft sind – auch in anderen Bereichen des Lebens. Als Profi zahlt es sich auch finanziell für Dich aus, in Deinen Körper zu investieren. Selbst wenn Du kein Profi bist, kann das den Unterschied ausmachen zwischen Spitzenleistung und noch mehr Luft nach oben. In jedem Fall ist Dein Körper Dein wichtigstes Eigentum. Das gilt es zu beschützen. Du musst darin investieren. Tust Du das nicht, wird der Wert dieses Eigentums mit der Zeit sinken.

Häufig heißt es, Sportler seien genetische Freaks. In gewisser Hinsicht sind wir das auch. Das ändert aber nichts an der Tatsache, dass jede Liga voller Männer und Frauen steckt, die mit ebenso tollen genetischen Anlagen gesegnet sind. Will sagen: Du spielst ausschließlich gegen Leute, die mit demselben überragenden Talent ausgestattet sind wie Du. Respektierst Du dieses Geschenk nicht ausreichend, pflegst Du es nicht hinreichend, wird es nicht von Dauer sein.

Wenn Du nicht investierst, wird es garantiert einer Deiner Gegner tun. Es ist nicht mehr wie zu Zeiten von Babe Ruth, als Dein Gegner ein Dutzend Hot-Dogs verputzt, eine Zigarette geraucht und sich dann für das Spiel umgezogen hat. Die Standards verändern sich, und die wissenschaftlichen Erkenntnisse, wie du Deinen Körper und Geist besser pflegen kannst, machen jedes Jahr Fortschritte. Kannst Du da nicht mithalten, werden andere, die es tun, Dich schnell überholen.

Vor einigen Jahren erzählte Bill Simmons in einem Podcast von einer Unterhaltung, die er mit LeBrons Geschäftspartner Maverick Carter geführt hat. Simmons war erstaunt darüber, wie viel Zeit, Mühe und Geld – Carter schätzte um die 1,5 Millionen Dollar pro Jahr – LeBron für die Pflege seines Körpers aufwendete. Er beschäftigte persönliche Köche und Masseurinnen, optimierte seine Schlafgewohnheiten und baute sich zu Hause den Fitnessbereich aus dem Trainingszentrum der Mannschaft originalgetreu nach.

Das mag verrückt klingen, doch LeBron betrachtet all das als Investition, um auf lange Sicht an der Spitze seines Sports bleiben zu können. Übrigens hätte er niemals Jahr für Jahr Abermillionen von Dollar durch Spielergehälter und Werbeverträge verdient, wenn er nicht die ganze Zeit über seine Spitzenform gehalten hätte. So viel in die Pflege seines Körpers zu stecken, hat sich also monetär und auch hinsichtlich sportlicher Erfolge für ihn ausgezahlt.

Falls Du Dich gefragt hast, wie ein Spieler wie LeBron es schafft, so lange derart belastbar zu bleiben – dies ist die Antwort. Aus demselben Grund, aus dem Formel-1-Autos so schnell fahren und Vollblüter ein zehrendes Rennen nach dem anderen durchhalten.

Natürlich tragen die genetischen Anlagen einen Teil dazu bei – aber eben nur einen Teil. Talent ist ein weiterer Teil – aber eben nur ein Teil. Den übrigen, deutlich größeren Teil machen wissenschaftliche Erkenntnisse aus. Und wie viel Zeit und Mühe Du investierst, um Dein wertvolles Kapital instand zu halten.

Deinen Körper – Deine Maschine – zu pflegen, ist eine regelrechte Wissenschaft. LeBron ist so belastbar, weil er ständig daran arbeitet, belastbar zu bleiben. Der Aufwand, den er dafür betreibt, ist genauso groß wie der, den er in seine Würfe steckt. Glaubst Du, er hätte keine Bücher darüber gelesen? Keine Experten um Rat gefragt? In den letzten 20 Jahren nicht die Augen offen gehalten und sich laufend über die neusten wissenschaftlichen Erkenntnisse informiert? Der Verstand ist der Muskel, der alle anderen Muskeln steuert.

In den Finals musste LeBron über 40 Minuten pro Spiel Vollgas geben, danach zum Flieger hetzen, quer durchs Land fliegen und weniger als 48 Stunden später das Ganze wiederholen. In einem Bericht über seine Regenerations-Routine während der zweiten Zeit in Cleveland, als er in den Finals den Warriors gegenüberstand, urteilte ein Fitnessexperte: Was Le-

Bron seinem Körper antue, könne man am ehesten mit der Tour de France vergleichen, dem zermürbendsten Radrennen der Welt. Seine Routine begann direkt nach dem Spiel mit Recovery-Drinks, Proteinen und Kohlenhydraten sowie einem Eisbad, das er als »Beinahe-Folter« beschrieb. Während des Flugs kippte er weiter Recovery-Drinks, ließ sich massieren und per Elektrostimulation behandeln. Dann ging es laut Cork Gaines vom Magazin *Business Insider* folgendermaßen weiter:

> *Das Flugzeug aus San Francisco landete um 6:30 Uhr in Cleveland. James geht dann nach Hause, um etwas zu schlafen und ist um 13 Uhr wieder im Trainingszentrum der Mannschaft.*
>
> *Mit noch etwa 30 Stunden bis zum Tip-off trainiert James auf dem Fahrrad-Ergometer und behandelt seinen Körper mit heiß-kalten Wechselbädern.*
>
> *Zwei Stunden später ist James wieder zu Hause, wo er sich mit seinem Personal Trainer Mike Mancias trifft … Gemeinsam gehen die beiden vier Stunden lang »Behandlungen, Massagen und Reha-Übungen« durch.*

Dies ist eine Facette des Sports, die Fans kaum sehen. Sie sehen, wie wir vor dem Spiel zum Aufwärmen angeschwitzt ein paar Körbe werfen und dann zum Tip-off auf den Court joggen, als sei das für uns Profis wie ein ganz normaler Tag im Büro. Sie sehen uns stundenlang den Court auf und ab laufen, was schon schwer genug aussieht. Aber wir erscheinen nicht einfach bloß zum Spiel, wie andere im Büro antreten. Beginnt das Spiel um 19 Uhr, sind wir um 16 Uhr, spätestens aber 17 Uhr, schon da. Ich wollte mindestens zwei Stunden vor dem Anpfiff schon auf dem Court sein und ein paar Körbe werfen, einige Kollegen kamen noch früher. Ray war meist schon gegen 15 Uhr im Kraftraum!

Nach dem Spiel stand einiges auf dem Plan: Kühlen, verschiedene Behandlungen und das Versorgen eventueller Wehwehchen. Hast Du draußen auf dem Spielfeld gerade Deinen Körper geschunden, musst Du anschließend gemeinsam mit den Trainern sofort den Heilungsprozess beginnen. Nach dem Abpfiff dauert es nochmal einige Stunden, egal ob Du gewonnen oder verloren hast.

Das ist auf Auswärtsfahrten nicht anders. Es ist nicht so, dass Du vom Feld gehst, Dich duschst und dann ab in den Club ziehst. Dies ist kein normaler Job, bei dem Du an der Stechuhr ein- und auscheckst. Egal was die Regularien der Spielergewerkschaft vorsehen, Du bleibst so lange, bis alles getan wurde, was getan werden muss. Hast Du Dir das Sprunggelenk verdreht, den Finger geklemmt oder irgendwo blaue Flecke? Dann bedeutet das Überstunden. Wenn Du also wirklich auf Deinen Körper achtgeben möchtest, solltest Du daheim zusätzlich Dehn- und Kraftübungen machen und auf Deine Ernährung aufpassen.

Um einen weiteren großartigen Sportler als Beispiel anzuführen: Vermutlich hast Du schon gehört, welchen Aufwand Tom Brady betreibt, um in der exzellenten Form zu bleiben, die es ihm ermöglicht, auch mit über 40 noch auf dem höchsten Level zu spielen. Er ist ähnlich fanatisch wie LeBron, was Stretching und die Beweglichkeit seines Körpers angeht. Doch bei ihm beginnt alles mit der Ernährung. Die Journalistin Julia Belluz schrieb für die Newswebsite *Vox*:

Brady isst überwiegend regionale und pflanzliche Bio-Produkte und verzichtet auf hochverarbeitete Lebensmittel. Er beginnt den Tag mit einem halben Liter »Wasser mit Elektrolyten« und einem Fruchtsmoothie. Nach einem Workout trinkt er noch mehr Wasser sowie einen Protein-Shake. Sein Mittagessen besteht üblicherweise aus Fisch und Gemüse. Nachmittags gibt es als Snacks Früchte, Eiweißriegel und weitere Protein-Shakes. Zum Abendessen schließlich landet wieder Gemüse und manchmal etwas Brühe auf seinem Teller.

Viel spannender als das, was Brady isst, ist allerdings das, was er nicht isst: Er verzichtet auf Alkohol, glutenhaltiges Brot und Pasta, Müslis, Mais, Milchprodukte, Lebensmittel mit genetisch veränderten Zutaten, Glukose-Fruktose-Sirup, Transfette, Zucker, künstliche Süßungsmittel, Soja, Fruchtsäfte, Produkte auf Getreidebasis, Marmeladen und Konfitüren, die meisten Bratöle, Tiefkühlgerichte, gesalzene Snacks, süße Snacks, gesüßte Getränke, Kartoffeln und fertige Würzsoßen wie Ketchup oder Sojasauce.

Okay, zugegeben: Brady ist in seiner Einschätzung, was man essen sollte und was nicht, ziemlich extrem – offenbar rührt er nicht einmal Tomaten an. Aber für ihn funktioniert das (und die Verbindlichkeit und Ritualisierung des Ganzen ist sicher ein wichtiger Grund dafür).

Du kannst Dir sicher sein, dass Du nicht viel falsch machst, wenn Du hauptsächlich Früchte und Gemüse isst und die Finger von verarbeiteten Lebensmitteln lässt. Ich kann Dir versichern, dass Du keine so langlebige Karriere wie Brady haben wirst, wenn Du nicht ebenso strikt auf Deine Ernährung und Dein Training achtest.

Ich jedenfalls habe versucht, von Leuten wie ihm zu lernen. Zwar glaube ich nicht, dass ich einen siebenstelligen Betrag in meinen Körper investiert habe, doch ich begann, das Thema ernst zu nehmen, als ich erlebte, wie sorgsam LeBron, Dwyane und Ray mit ihren Körpern umgingen. Selbst zu meiner Zeit in Toronto hatte ich mich noch kaum damit auseinandergesetzt, vor allem, weil die NBA damals nicht so weit war und Aspekte wie nachhaltige Leistungsfähigkeit und Selbstsorge nicht so ernst nahm. Man dachte, das sei nur etwas für die Alten, die aus ihren Karrieren noch ein paar Jährchen rausquetschen wollten. Für junge Spieler wie mich war es tabu, auch nur darüber zu sprechen. Wenn man damals die Arbeit der Masseure in Anspruch genommen hat, hörte man ältere Spieler tönen: »Du bist jung, du brauchst das nicht.«

Heute klingt das vollkommen verrückt! »Du bist jung, also musst du nicht auf deinen Körper achtgeben.« Aber das war der Zeitgeist, als ich jünger war. Und schon damals hielt ich das für Blödsinn.

Als ich nach Miami kam und sah, was D-Wade und LeBron alles für ihre Körper taten, dachte ich: »Verdammt, ich habe bisher nichts von alledem gemacht.« Hier waren Profisportler, die ihren Sport und ihre Körper mit der Ernsthaftigkeit behandelten, die sie verdient hatten. Es ging ihnen darum, ihre Leistungsfähigkeit so lange wie möglich aufrechtzuerhalten, nicht bloß für zwei Jahre in Topform zu sein, sondern den Großteil ihres Sportlerdaseins über. Ich folgte ihrem Beispiel. Einen persönlichen Koch zu engagieren, Dehnungsgymnastik einzuplanen, zu kühlen und mich regelmäßig massieren zu lassen – das waren einige der besten Entscheidungen, die ich in meiner Karriere getroffen habe.

Eine wichtige Sache, die ich erst spät in meiner Karriere begonnen habe, war eine Achtsamkeits-Routine am späten Abend, mit der ich alle Ablenkungen des Tages beiseiteschieben und erholsam schlafen konnte. Ich schließe meine Augen und gehe ein paar Atemübungen durch oder komme etwas runter, indem ich ein Buch lese. All das hilft dem Körper einzuschlafen, nachdem Du Dich ins Bett gelegt hast. Schlaf ist für die Regeneration Deines Körpers essenziell. In den vergangenen Jahren bestätigten mir immer mehr Athleten, nach der »Keine Bildschirme im Schlafzimmer«-Regel zu leben, weil sie wissen, dass Schlaf ein ebenso wichtiger Erfolgsfaktor wie die Ernährung ist.

Die wichtigste Erkenntnis im Zusammenhang mit der Pflege Deines Körpers ist, dass keiner sie für Dich übernehmen kann, weil Dein Körper für niemanden so wichtig ist wie für Dich selbst. Trainer erzählen Dir manchmal: »Du musst Muskeln aufbauen, um dich im Low Post richtig durchsetzen zu können.« Auch ich habe solche Ansagen bekommen und sie ernst genommen. Der Muskelaufbau schien wichtiger als das Spiel selbst zu sein. Aber um schnell Muskeln aufzubauen, musst Du anders trainieren, als wenn Du Deinen Körper langfristig belastbarer machen willst. Diesen Unterschied habe ich jedoch erst spät erkannt. Genauso spät wurde mir bewusst, dass niemandem – keinem Trainer und keinem Mitspieler – so sehr an meiner nachhaltigen Fitness gelegen sein kann wie mir selbst. Du solltest genauestens über Deinen Körper Bescheid wissen, schließlich ist er in Deinem Job Dein wichtigstes Werkzeug. Würdest Du einem Elektriker oder Klempner trauen, der nicht über jedes einzelne Teil in seinem Werkzeugkoffer Bescheid weiß? Mit Sportlern ist das nicht anders. Du musst in der Lage sein, für Dich selbst zu sprechen, wenn Du es mit Ärzten und Trainern zu tun hast. Das soll nicht heißen, dass Du ihnen nicht trauen sollst – sondern, dass Du der Einzige bist, der verlässliche Informationen zum Zustand Deines Körpers in bestimmten Situationen abgeben kann und dass Du lernen musst, diesen Zustand im Auge zu behalten und ihn selbstbewusst zu kommunizieren.

Betrachten wir Kawhi Leonard zum Beispiel: Als er sich seinen rechten Oberschenkelmuskel in der Saison 2017/18 verletzt hatte, entschied er sich, den Rest der Saison auszusetzen und sich in Reha zu begeben, obwohl jeder in San Antonio der Meinung war, dass er wieder in der Lage gewesen wäre, zu spielen. Doch Kawhi blieb stur und wollte erst wieder auf den Court, wenn er sich körperlich dazu bereit fühlte, selbst wenn das bedeutete, nach Toronto getradet zu werden. Was dann geschah, weißt Du sicherlich: Als er bereit war, wieder in die Saison einzusteigen, führte er sein Team zur Meisterschaft. Wäre die Sache anders gelaufen, wenn er auf die Leitung der Spurs gehört und seine Reha verkürzt hätte? Wer weiß? Vielleicht wäre es gut gegangen, vielleicht hätte er aber auch eine Verletzung erlitten, die seine Karriere beendet hätte. Der Punkt ist: Kawhi und sonst niemand wusste, wie es seinem Körper ging – und er traf eine Entscheidung und blieb dabei.

In dieser Hinsicht sind wir weit gekommen, wenn man bedenkt, dass Spieler früher in der Umkleide geraucht, Verletzungen missachtet und in der Off-Season jede Menge Pfunde zugenommen haben. Es kann kaum überraschen, dass über die Jahrzehnte auch die Spielzüge besser und die Karrieren länger geworden sind, weil Sportler sich selbst und ihren Körper mehr zu schätzen wissen.

Bei Selbstsorge geht es nicht nur darum, Dich gesund zu ernähren, genug zu schlafen und fleißig zu trainieren. Du musst lernen, auf Deinen Körper zu hören, um zu wissen, wann Du bloß erschöpft bist und die Zähne zusammenbeißen musst und wann er wirklich eine Pause braucht, um sich zu erholen. Das ist es, worum es beim sogenannten »Load Management« geht, von dem in der NBA heutzutage ständig geredet wird. Es geht darum, dass Spieler und Trainer mehr Wert auf Nachhaltigkeit legen, auf dauerhafte Spitzenleistung. Es geht darum, dass Sportler versierter darin werden, auf ihre Körper zu achten, um nachhaltig fit zu bleiben.

Ich weiß – weiter oben habe ich Dir erzählt, wie wichtig es ist, die »Notsignale« Deines Körpers zu ignorieren, die Zähne zusammenzubeißen und durch den Schmerz hindurchzugehen.[1] Ja – das gehört dazu, wenn Du ein Spitzensportler sein willst. Aber genauso musst Du wissen, wann Du einen Gang

1 An dieser Stelle möchte ich erwähnen, dass auch *seelische* Selbstsorge eine große Bedeutung hat. Ich bin froh, dass Kevin Love und andere Spieler diesem Thema in der Öffentlichkeit zu mehr Aufmerksamkeit verhelfen. Es spielt keine Rolle, wie gut Deine körperliche Verfassung ist – Depressionen, Angststörungen und negative Gedanken können Dein Leben und Deine Karriere schlimmer kaputtmachen als jede Verletzung. Ignoriere sie also nicht und versuche nicht, sie einfach hinzunehmen. Du verdienst es, dich innerlich wohlzufühlen.

zurückschalten solltest, damit Dein Körper sich erholen kann. Woran Du den Unterschied erkennst? Nun, meistens spürst Du ihn ganz einfach. Wenn Du hart genug trainierst und ausreichend Erfahrung darin hast, Dich bis an Deine Grenzen und darüber hinaus zu pushen, dann weißt Du auch, wie es sich anfühlt, wenn Du erschöpft bist und Dir alles wehtut. Du weißt und merkst instinktiv, wie es sich anfühlt, wenn Du ernsthaft verletzt bist. Jeder erfahrene Spieler kennt diesen Unterschied, auch wenn er ihn vielleicht nicht in Worte fassen kann. Je mehr Du Dich übrigens pushst, je mehr Du über Deinen Körper lernst und auf ihn achtgibst, desto leichter wirst Du den Unterschied erkennen. Dann wirst Du auch *selbstbewusst* genug sein, für Dich einzustehen, wenn Du verletzt bist. Die kleine Stimme in Deinem Kopf wird Dich dann nicht mehr damit nerven, vor Erschöpfung aufzuhören, weil Du inzwischen genug Erfahrung darin hast, wie es sich anfühlt, wirklich erschöpft zu spielen.

Bekomme ich mit, dass NFL-Spieler Symptome von Gehirnerschütterungen vertuschen, um wieder aufs Feld zu dürfen, oder Sportler, egal welcher Disziplin, abhängig von Schmerzmitteln werden, damit sie trotz Verletzungen spielen können, tut mir das weh. Zum Teil hat das mit den ökonomischen Mechanismen des Sports zu tun – weil viele Teams ihre Spieler behandeln, als seien sie ersetzbar. Vor allem, wenn es keine Superstars sind, stehen diese Spieler häufig vor der Entscheidung, mit Verletzungen zu spielen oder entlassen zu werden. Es hängt aber auch damit zusammen, dass wir Sportler gemeinsam lernen müssen, für uns einzustehen. Wir müssen uns zu sagen trauen: »Ich weiß, wie sich Erschöpfung anfühlt und ich weiß auch, wie sich eine Verletzung anfühlt – und was ich gerade fühle, ist nicht bloß Erschöpfung.« Darum geht es bei Selbstsorge. Nicht um Spa-Besuche und Chillen im Whirlpool, sondern darum, einen Vorsatz zu treffen: »Wenn ich mein Wohlbefinden nicht an erste Stelle setze, wer dann?«

Ich weiß, dass es manchmal verlockend ist, nicht auf Deinen Körper zu hören. Das Problem dabei: Früher oder später wird Dein Körper Dir das heimzahlen. Sorgst Du nicht für ihn, solange Du in Topform bist, ist das so, als ob Du sorglos mit Deiner Kreditkarte einkaufen gehst. Irgendwann bekommst Du die Rechnung dafür – und die wird saftig sein.

Doch mit harter Arbeit und dem nötigen Engagement wirst Du in der Lage sein, sie zu bezahlen. In der Saison 2018/19 nahm der General Manager der Warriors, Bob Myers, eines Tages Draymond Green beiseite und erklärte ihm, er müsse 15 Kilo abnehmen, wenn die Warriors ihre Spitzenposition in der Liga und in der Conference halten wollen. Kannst Du Dir das vorstellen? Aber Draymond folgte der Empfehlung, strich alle ungesunden Lebensmittel von seinem Speiseplan, nahm ab und war zu Beginn der Playoffs wieder in Topform. Und trotz zweier katastrophaler Verletzungen bei zweien ihrer besten Spieler holten die Warriors um ein Haar erneut die Meisterschaft – auch weil Draymond fit genug war, um das zu tun, was er am besten kann.

Konditionstraining ist für uns ein alltägliches Muss. Egal wie viele Siege wir in der Vergangenheit geholt oder wie viel Erfahrung wir gesammelt haben, nichts davon erlaubt uns den Luxus, außer Form zu kommen. Das ist nicht schön, aber es gehört zu unserem Job dazu.

Vielleicht ist Dir inzwischen die große Ironie des Schicksals aufgefallen: Ich erzähle Dir seitenlang von nachhaltigem Training und habe in meiner Karriere so viel Zeit damit verbracht, meinen Körper widerstands- und leistungsfähiger zu machen und dennoch endete meine Karriere aufgrund eines medizinischen Problems, das ich in keiner Weise kontrollieren konnte. Ich war mit 40 nicht in der Lage, noch zu spielen oder im Spätherbst meiner Karriere noch in einem Meisterschaftsteam meinen kleinen Beitrag zu leisten. Ich konnte die Früchte der Arbeit, die ich jahrelang in meinen Körper gesteckt hatte, niemals ernten. War also alles umsonst?

Ich sage: nein. Wir können eben nicht alles kontrollieren, was uns widerfährt. Ich hatte beispielsweise keinerlei Einfluss auf die Blutgerinnsel in meinem Körper. Dennoch gibt es viele Dinge, die wir kontrollieren *können* – und das sollten wir auch voller Stolz tun!

Ich bin stolz darauf, Basketball so ernst genommen zu haben, dass ich auf dem Court und auch abseits des Spielfelds immer alles dafür gegeben habe, solange ich konnte – selbst wenn ich dafür auf den einen oder anderen Schokoriegel verzichten musste.

Ich bin stolz darauf, gelernt zu haben, auf eine Weise Verantwortung für meinen Körper und meine Gesundheit zu übernehmen, wie es zu meiner Zeit in der Liga nur wenige junge Spieler taten.

Ich bin stolz darauf, dass mein Körper immer noch fit ist und ich noch viele Jahrzehnte lang einen scharfen Verstand besitzen werde.

Hast Du Dir das Sprichwort »*Mens sana in corpore sano*«

gemerkt? Du weißt, ein gesunder Geist möge in einem gesunden Körper wohnen. Dein Verstand ist Teil Deines Körpers. Ich möchte so lange wie möglich geistig fit bleiben – und da Du dieses Buch liest, ist Dir das vermutlich genauso wichtig. Glaub mir: Du kannst im Kopf nicht auf Zack sein, wenn Du Deinen Körper vernachlässigst.

Ausreichend Schlaf. Gesunde Ernährung. Regelmäßiges Training. Diese Investitionen hören nicht auf sich auszuzahlen, wenn Du aufhörst, Basketball zu spielen. Du profitierst Dein ganzes Leben lang davon.

Also widme Dir selbst die Zeit dafür und sei stolz darauf. Denn keine Sekunde davon wird verschwendet sein.

BRIEF 9

LASS DICH NICHT VERRÜCKT MACHEN

Wäre es nicht traumhaft, wenn Du einfach in Ruhe Basketball spielen könntest und alle Dich in Ruhe ließen? Je besser Du allerdings in diesem Spiel – oder in anderen Bereichen Deines Lebens – wirst, desto weniger wird das der Fall sein.

Mit Talent, Können und Erfolg geht ganz unvermeidlich auch Kritik einher. Kennst Du das Sprichwort: »Kritik ist eine Steuer auf Erfolg«? Das trifft den Nagel auf den Kopf. Es bedeutet zunächst einmal: Wie bei einer echten Steuer führt kein Weg daran vorbei, dass Du sie bezahlen musst. Natürlich wäre es schön, auf Deinen Erfolg nur positive Resonanz zu erhalten. Und fairer wäre es auch, oder? Schließlich bist Du es, der sich den Hintern aufreißt und in der Trainingshalle schuftet, während die Hater stundenlang an der X-Box daddeln. Da wäre es doch schön, wenn sie zumindest ein wenig Demut zeigen und Dir nach einem guten Spiel mal auf die Schulter klopfen würden. Oder nach einem schlechten Spiel nicht gleich negative Kommentare abließen, sondern erst mal tief Luft holten und noch einmal darüber nachdenken könnten.

Selbstverständlich wird das nicht passieren. Kritik ist eine Steuer, die Du zahlen musst – Fälligkeit: sofort. Am besten akzeptierst Du das einfach – so wie Unternehmen, die ihre Steuern im Jahresbudget bereits mit einplanen –, statt später geschockt zu tun, wenn Dir die Rechnung präsentiert wird.

Die Aussage, Kritik sei eine Steuer auf *Erfolg*, hat jedoch noch eine andere Seite: Wenn Du kritisiert wirst, selbst auf unfaire Weise, nimm dir einen Moment, um es zu genießen – denn es bedeutet, Du machst etwas richtig. Es bedeutet, Du gewinnst mehr als du verlierst. Es bedeutet, Du erregst Aufmerksamkeit. Niemand kritisiert den Underdog, den Letztplatzierten, den ewigen Verlierer. Wozu auch? Auf eine Mannschaft oder einen Spieler einzudreschen, wenn sie am Boden sind, ist grausam und sinnlos. Deshalb gibt es in den Baseball-Kinderligen der USA die sogenannte »Mercy Rule«, die besagt, dass Spiele bei zu großer Überlegenheit einer Mannschaft vorzeitig abgebrochen werden. Erhältst Du genug Aufmerksamkeit, um automatisch auch Kritik auf Dich zu lenken, lass Dich davon nicht runterziehen – lerne die Kritik zu schätzen. Schließlich hast Du sie Dir verdient.

Denn was bedeutet ein hoher Steuerbescheid letztlich? Richtig, dass du *eine Menge Geld verdient hast*. Ich habe meine fetten Steuerbescheide über die Jahre bezahlen müssen, nachdem ich Boni bekommen und Sponsorenverträge unterschrieben habe, und natürlich tut das weh – aber ehrlich gesagt ist das Jammern auf hohem Niveau.

Nur Idioten beklagen sich über negative Begleiterscheinungen. Kritisiert man Dich, gilt das als Beweis, dass Du etwas aus deinem Leben machst. Es bedeutet, Menschen interessieren sich für Dich, Du spielst eine Rolle in ihren Leben. Es bedeutet, Deine Taten bewirken etwas.

Ich wünsche Dir Erfolg und Glückseligkeit in deinem Leben, aber Du musst wissen, dass Dein Erfolg nicht jeden Menschen um Dich herum glücklich machen wird. Nicht jeder drückt Dir die Daumen, wie ich oder Deine Eltern es tun. Das ist die traurige Wahrheit. Bei jedem Champion in der NBA-Geschichte, selbst jenen Mannschaften mit einer riesigen Fanbase, hofften Millionen Menschen zugleich, dass sie scheiterten – in Teilen rein deshalb, weil es so selten vorkommt. Die Warriors schlossen die Saison 2015/16 mit einer Bilanz von 73:9 ab. Das heißt, zumindest in neun Spielen haben unzählige Menschen abgefeiert, dass das Team auch schmerzhafte Niederlagen einstecken musste. Und in der Saison 2019/20? Von einer der besten Bilanzen der Liga … zur schlechtesten. Die wegen Corona verkürzte Saison war furchtbar für die Mannschaft.

Die Hater waren begeistert. Wir haben Freude daran, Menschen, die an der Spitze sind, tief fallen zu sehen. Denn dadurch fühlen wir uns selbst besser.

Je erfolgreicher Du bist, desto mehr wirst Du kritisiert – egal ob eine Handvoll Spinner auf Instagram Stunk macht oder die Medien Dich landesweit durch den Kakao ziehen. Je mehr Du erreichst, desto größer sind die Erwartungen, die an Dich gestellt werden, und umso höher die Standards, an denen Du gemessen wirst. Niemand kritisiert einen Highschool-Neuling dafür, dass er nicht auf NBA-Niveau spielt. Ragt ein Newbie aus seinem aktuellen Niveau heraus und empfiehlt sich damit für das nächste Level, legt er die Messlatte für sich selbst ein Stück höher. Ein Teil der Kritik, die er kassiert, kommt von Mitspielern oder Trainern, denen wirklich daran gelegen ist, dass er sich verbessert – und die frustriert sind, dass er an trainingsfreien Tagen alles schleifen lässt, weil sie wissen, dass er zu Größerem imstande ist. Aber ein großer Teil der Kritik kommt von Leuten, die schlicht neidisch auf seinen Erfolg sind. Doch die Regel gilt weiterhin: Je größer der Erfolg, desto höher die Messlatte und umso häufiger die Kritik.

Wer, glaubst du, sind die meistkritisierten Spieler in der NBA? Keine Bankwärmer oder Rookies, es sind Leute wie LeBron und KD.

Keiner wird verschont, nicht einmal die Top-Stars. Das ist unschön, gehört zum Sport leider dazu, so wie das schmerzhafte Gefühl, wenn Dein Körper am Ende einer langen Saison am Ende ist. Doch so wie manche Spieler besser mit Schmerzen zurechtkommen als andere, können einige Spieler besser mit Kritik umgehen. Sie konzentrieren sich auf die konstruktiven Aspekte, um stetig besser zu werden und blenden den Rest einfach aus. Diese Bürde tragen zu können, gehört dazu, wenn Du ein Großer werden willst. Denn tragen musst Du sie – auf die eine oder andere Art und Weise. Willst Du erfolgreich sein, musst Du Dich daran gewöhnen. Nutze die Kritik, um stärker zu werden!

Für Deinen Erfolg auf dem Spielfeld spielt das keine Rolle. Aber für Deine Entwicklung zu dem Menschen, der Du einmal sein möchtest. Manche sind zerfressen von Bitterkeit, weil die Kritik ihrem Erfolg jede Freude geraubt hat. Andere blenden jegliche Kritik aus, werden arrogant und sind überzeugt davon, nichts mehr dazulernen zu müssen. Einigen gelingt der Balanceakt, in Würde mit Kritik umzugehen und zu lernen, von wem sie können, ohne sich dabei aus dem Konzept bringen zu lassen. Diese Menschen sind oft die erfolgreichsten von allen – und noch wichtiger: Sie sind mit sich selbst im Reinen.

Ich habe den Großteil meiner Karriere über versucht, diesen Balanceakt hinzubekommen – selbstbewusst genug zu sein, um stumpfe Kritik einfach abprallen zu lassen, und demütig genug, um von konstruktiver Kritik zu lernen. Doch ich brauchte länger dafür als die meisten meiner Kollegen, die fast ihr gesamtes Leben unter den kritischen Augen anderer verbracht hatten. Im Vergleich zu ihnen lebte ich lange Zeit sehr behütet. Vor dem Durchbruch von Drake war Toronto in den USA nicht sonderlich populär und nur selten in den Schlagzeilen.

Dennoch wusste ich, wie es sich anfühlt, von den Fans niedergebrüllt und ausgebuht zu werden. Als ich in Toronto spielte, waren wir das *einzige NBA-Team im ganzen Land*, also standen wir zumindest in Kanada ständig im Rampenlicht. In Miami war es dann eine völlig andere Welt. Von dem Tag an, als LeBron und ich unsere Verträge unterschrieben hatten und an der Seite von D-Wade spielten, ruhte der Großteil der Aufmerksamkeit, des Hasses und der Kritik der *gesamten Liga* auf uns. Daran musste ich mich erst gewöhnen.

Nicht nur Fans und die Schreihälse auf den Social-Media-Kanälen machten mir Feuer unterm Hintern, sondern auch ehemalige Spieler. Old-School-Typen wie Chuck, Oak und Scottie meinten frech: »Mit denen hätte ich nie *zusammengespielt*, ich hätte *gegen* sie gespielt.« Sie machten es sich sehr einfach, indem sie sagten: »MJ hätte sowas nie getan.« Und ich gebe zu: Das hat mich getroffen. Ich habe im Schnitt acht Rebounds und fast 19 Punkte pro Spiel gemacht und fühlte mich manchmal trotzdem wie ein Häufchen Elend. Ich dachte, ich hätte die Kritik verdient. Am schlimmsten war die Gewissheit, zwar das Team gewechselt, mich als Spieler aber nicht verändert zu haben. Ich trainierte immer noch fleißig, spielte immer noch mit Demut und versuchte immer noch, mich in die Mannschaft einzubringen. Plötzlich in solch ein medial gesteuertes Narrativ hineingezogen zu werden, kann ein Schock sein, wenn Du es nicht gewohnt bist. Innerlich bist Du genau derselbe wie früher und trotzdem halten Dich plötzlich alle für den Bösen. Das mag rückblickend vielleicht blöd klingen, aber mich hat das völlig überrumpelt – ich dachte, die Leute würde sich *freuen*, uns spielen zu sehen. Tja, falsch gedacht.

Es hagelte Spott und Hass: »Bosh Spice«. »Fake Tough Guy.« Die Website *Bleacher Report* hatte sogar eine eigene Artikelreihe mit dem Titel »Alle hassen Chris«. WTF, Alter?

Ich habe mich von dieser Kritik regelrecht verrückt machen lassen – und das war psychisch extrem erschöpfend. Ich hätte damals gern so getan, als würde mir das nichts ausmachen – aber es hat mir natürlich etwas ausgemacht. Ich bin auch nur ein Mensch, und jeder Mensch, der Dir weismachen will, Kritik mache ihm nichts aus, ist entweder ein Lügner oder ein Soziopath. Wenn Du so unter Dauerbeschuss stehst wie die Heat zu dieser Zeit, wirst Du plötzlich übervorsichtig, selbst während der Spiele und grübelst nach über Würfe, die Du genommen oder nicht genommen hast, weil Du Dir – obwohl noch Zeit auf der Uhr ist – in Gedanken schon eine Antwort für die Journalisten zurechtlegst, für den Fall, dass Du das Spiel verlieren solltest.

Dinge, die mir mal Spaß gemacht hatten, wie das Posen und Herumalbern auf Social Media, wurden extrem nervig für mich. Statt mich zu entspannen, verschwendete ich meine Zeit, indem ich mir das Hirn zermarterte: »Warum sind die Menschen so wütend? Warum benehmen sie sich so mies zu jemandem, den sie überhaupt nicht kennen?« Es mag heute naiv klingen, aber am meisten gestört hat mich, dass es dabei nicht um Basketball ging. Ich wurde nicht nur als schlechter Spieler, sondern auch als schlechter Mensch hingestellt. Es wurde über meine Familie, meine Kinder, meine Frau geredet. Vieles von dem Zeug fühlte sich an, als sollte es uns Spieler gegeneinander oder gegen unseren Trainerstab aufbringen oder einfach nur aus Spaß an der Schadenfreude dafür sorgen, dass wir uns schlecht fühlen. Sich über solche Dinge Gedanken zu machen, ist destruktiv und verschwendet zu viel Energie.

Anfangs verstand ich das nicht und wurde immer verbitterter. Ich begriff nicht, dass es zu meinem Job dazugehörte, Zielscheibe von Kritik zu sein. Es schien, als scheuten fremde Menschen keine Mühe, mich verrückt zu machen – denn je mehr ich versuchte, die Hater auszublenden, desto lauter wurden sie. Auf einmal hörte Basketball auf, mir Spaß zu machen. Ich spielte wütend und wollte vor allem deshalb gewinnen, um den Kritikern eins auszuwischen. Das war keine gesunde Einstellung und hatte nichts mit dem zu tun, wofür ich *eigentlich* hätte spielen sollen.

Nachdem wir in den Finals gegen Dallas verloren hatten, gab es Tage, an denen ich mein Haus nicht mehr verlassen wollte. Die gesamte Mannschaft war deprimiert. Doch irgendwann wurde mir klar, dass andere Spieler schon früher in ihren

Karrieren erkannt haben: Kritik wird es immer geben. Es ging so weit, dass ich aufgrund meiner Entscheidung, zu den Heat zu wechseln – so glücklich ich damit auch war und so sinnvoll sie für mein Leben und meine Basketball-Karriere gewesen ist – für den durchschnittlichen NBA-Fan zum Buhmann der Liga wurde. Mir wurde klar: Die Fans würden mich einfach nicht lieben, egal wie sehr ich glaubte, es verdient zu haben.

Aber weißt du was? Dies zu erkennen, war eine enorme Erleichterung. Ich hörte auf, mir über alles Gedanken zu machen. Ich hörte auf, mich für meine Entscheidungen zu rechtfertigen. Ich verbrachte viel weniger Zeit damit, irgendwelchen Blödsinn über meine Mannschaft und die Liga zu lesen und las stattdessen Dinge, die eine Bereicherung für mich darstellten. Das sage ich jungen Spielern heute ständig: Nutzt die Zeit, die ihr auf Twitter verbringt, lieber, um ein *Buch* zu lesen. Was soll das heißen, Du hast keine Zeit zu lesen, Dich zu dehnen oder Zeit mit Deinen Mitspielern zu verbringen? Natürlich hast Du die Zeit – Du verbringst sie nur mit den falschen Dingen.

Ich habe gelernt, mehr Energie dafür aufzuwenden, mich selbst glücklich zu machen und ein besserer Mitspieler zu sein. Ich habe aktiv daran gearbeitet, die Erwartungshaltung aufzugeben, dass jeder mich lieben müsse. Das war eine wichtige Veränderung. Was zuvor dafür gesorgt hatte, dass ich mich schlecht fühlte, machte mich nun besser – als Mensch und als Spieler.

Meine Teamkollegen halfen mir dabei. Im nächsten Jahr trafen wir eine unausgesprochene Vereinbarung: Wir hörten auf, uns in der Gruppe über Kritik zu beschweren und deswegen zu jammern, egal wie unfair sie auch war. Wir blendeten sie einfach kollektiv aus und konzentrierten uns stattdessen darauf, Meister zu werden. Ärger spielt in Deinem Leben nur eine Rolle, wenn Du ihn zulässt. Wir spielten fortan nicht mehr, um den Hatern eins auszuwischen, sondern endlich wieder für uns selbst.

Auch wenn Du nie Teil einer Mannschaft warst oder sein wirst, die als die Bösen hingestellt werden – ob in deiner regionalen Liga oder der gesamten NBA –, glaube ich dennoch, dass Du aus meiner Erfahrung in dieser Sache etwas mitnehmen kannst: Die beste Art, mit Kritik umzugehen, ist ihre Unumgänglichkeit zu akzeptieren.

Natürlich *mag* niemand Kritik. In meinen Jahren als Spieler habe ich keinen Spieler kennengelernt, der Freude daran hatte, dass der Coach ihm die Hölle heißmachte. Keiner schaut bei Twitter rein und klatscht Beifall, wenn er die bissigen Kommentare dort liest, und kein Sportler hat nach einer Niederlage Bock auf die Pressekonferenz. Dich stört es, wenn andere Dich für Deine angeblichen Schwächen und Fehltritte blöd anmachen? Du bist nicht der Einzige.

Allerdings macht es einen großen Unterschied, ob Du Kritik nicht magst oder glaubst, Du könntest sie mit dem richtigen Spiel, dem richtigen Comeback oder der richtigen PR zum Verstummen bringen. Sobald Du erkannt hast, dass das nicht funktioniert – dass die Kritik im Gegenteil immer stärker wird, je erfolgreicher Du bist –, kannst Du vielleicht Deinen Frieden mit ihr schließen. Das war meine Erfahrung. Ich bin mit der Kritik nicht fertig geworden, indem ich es den Hatern »gezeigt« habe. Ich habe schlicht erkannt, dass ich durch *nichts* verhindern konnte, meine Steuern zahlen zu müssen, also konnte ich genauso gut beginnen, dafür zu sparen.

Du darfst nicht jedes negative Wort, das Du über Dich hörst, ernst nehmen. Im College und in der NBA habe ich immer wieder erlebt, dass junge Spieler von der Menge an Kritik geradezu überrumpelt werden. »Hast *du* beim letzten Play nicht gesehen, dass *dein* Mitspieler in der Ecke frei stand?« – »Warum triffst *du* nicht mehr Freiwürfe?« – »Wieso verbesserst *du* nicht *deinen* Sprungwurf?« Dies sind die Stimmen in Deinem Kopf, von denen ich zu Beginn des Buchs gesprochen habe. Es gibt sie in jedem Sport. Highschool-Quarterbacks, denen eine ganze Stadt erklären will, wie sie den Ball werfen müssen. Schachgenies mit übermotivierten Eltern. Erfahrene Spieler im Herbst ihrer Karriere, die sich von Sportkommentatoren im Fernsehen anhören müssen, sie hätten nicht mehr das Zeug, auf hohem Niveau mitzuspielen und sollten lieber zurücktreten.

Manche Menschen wollen sich bloß auf Deine Kosten besser fühlen. Solche Leute wissen, dass sie niemals erfolgreich sein, niemals Meisterschaften gewinnen werden. Wenn sie Dich jedoch provozieren können und Du darauf reagierst, haben sie diesen kleinen Moment lang Gewalt über Dich, und das fühlt sich gut für sie an: »Bro, hast du gemerkt, wie angefressen der war, als ich ihm gesagt habe, dass er nichts drauf hat?« Schlimmer noch: Manche kaputten Typen verbreiten rassistische und grausame Dinge.

Und warum?

Ich wünschte, ich wüsste es. Ich kann Dir nur versichern, dass es absolut nichts mit Dir zu tun hat. Und dass es – egal wie traurig Dich solche Sprüche machen – im Herzen dieser Menschen noch viel trauriger und schmerzerfüllter aussieht.

Ich will ehrlich sein: Es gab Zeiten, in denen ich am liebsten die Ränge hinaufgerannt wäre und solchen Typen eins übergebraten hätte. Aber ich habe mich stets zurückgehalten, denn sobald Du Dich auf deren Niveau herablässt, verleihst Du ihnen Macht über Dich. Wenn Du auf dem höchsten Niveau spielen willst, muss Dir bewusst sein, dass viele Augen auf Dich gerichtet sind und Du Dich entsprechend benehmen musst.

Einen Großteil der Kritik, die Dir als Sportler entgegenschlägt, kannst Du also getrost ausblenden. Kostenlose Ratschläge sind häufig im wahrsten Sinne des Wortes »umsonst«. Je mehr Du lernst, bedeutsame Botschaften und unbedeutende Nebengeräusche voneinander zu unterscheiden, desto besser bist Du gerüstet, mit richtiger und wichtiger Kritik umzugehen (die natürlich ebenfalls schmerzt).

Was andere in den sozialen Medien schreiben, kannst Du komplett vergessen. Was irgendein Dummkopf aus der dritten Reihe der Zuschauerränge während eines öffentlichen Trainings brüllt, kannst Du ebenfalls ignorieren. Dasselbe gilt für Deinen Gegner, der Dich mit Trash-Talk verunsichern will. Auch wäre ich sehr skeptisch, wenn dein Vater, der abgehauen ist, als du drei warst, plötzlich wieder auftaucht und so tut, als hätte er ein Leben lang hinter dir gestanden. Als ich noch in der NBA war, habe ich irgendwann aufgehört, Beiträge über mich selbst zu lesen, egal ob sie gut oder schlecht waren. An manchen Tagen erfüllten sie mich mit Stolz, an anderen zogen sie mich runter, aber sie halfen mir definitiv nie, meine Fähigkeiten zu verbessern. Wenn ich also irgendwelche Nebengeräusche aufschnappte, sagte ich zu mir selbst: »Auch Michael Jordan wurde kritisiert! Mitten in seinem zweiten Three-peat meinten die Leute, er sei zu alt. Wenn selbst er kritisierte wurde, wirst du natürlich auch kritisiert! Denk bloß, wie viel Müll sich Shaq und Kobe während ihrer Glanzzeit anhören mussten. Das ist nichts Neues, also find dich damit ab.«

Betreibst Du einen Mannschaftssport, gilt dasselbe für Kritik, die sich an Dich als Einzelperson und nicht als Teil des Teams richtet. Mannschaftssportarten sind kompliziert, und Sieg oder Niederlage hängen nur selten von einem einzigen Spieler ab. Behauptet jemand, eine Niederlage sei allein Deine Schuld, ist das ein klares Zeichen dafür, dass derjenige keine Ahnung von Basketball hat – selbst wenn Du in einer wichtigen Situation gepatzt haben solltest. Wenn Dich umgekehrt jemand bauchpinselt, indem er sagt, Du musst auf deine 25 Punkte pro Partie kommen, egal wie der Rest spielt, ist das ebenfalls ein Zeichen dafür, dass dieser Kerl nichts von Teamsport versteht.

Und die Medien? Auch die kannst Du ausblenden. Du musst verstehen, dass es nicht deren Aufgabe ist, bessere Spieler aus uns zu machen –, sondern Geschichten zu erzählen und für Aufmerksamkeit und Klicks zu sorgen. Das soll nicht heißen, dass die Medien Dein Feind sind oder Du eine feindselige, paranoide Haltung gegenüber Journalisten entwickeln solltest. Diese Leute verfolgen schlicht andere Motive als Du. Oft sind es die einfachen Geschichten, mit klar unterscheidbaren Helden und Bösewichten, die am meisten Aufmerksamkeit erregen. In welche der beiden Schubladen Du gesteckt wirst, kannst Du kaum beeinflussen. Also nimm es nicht persönlich. Mach Dir einfach klar, dass die Medien neben Deinem Spiel ihr eigenes spielen und beide Spiele grundverschieden sind. Der griechische Philosoph Zenon von Kition sagte einst: »Lieber mit den Füßen stolpern als mit der Zunge.« Mit anderen Worten: Du kannst Gesagtes nicht unausgesprochen machen – also denk nach, bevor Du sprichst, und schäme Dich nicht, auch mal keinen Kommentar abzugeben.

Hast Du alle unbedeutenden Nebengeräusche herausgefiltert, bleibt nur die Kritik übrig, die zählt. Das ist die andere Seite: Sobald Du akzeptiert hast, dass sich Kritik ohnehin nicht verhindern lässt, kannst Du Techniken perfektionieren, um wertvolle von wertloser Kritik zu unterscheiden. Beispielsweise gehört es zum Beruf eines jeden Trainers, Dich zu kritisieren – und die erfolgreichen sind gut darin, dies auf konstruktive Weise zu tun. Was wäre das für ein Coach, der nicht meckert, wenn Du gepatzt hast und Dir nicht sagt, wo Du noch nachbessern musst? *Das ist schließlich sein Job.*

Während Du als Spieler reifst, wird Dir auffallen, dass manche – nicht alle, aber manche – Kritik so ist wie diese. Und je reifer Du wirst, desto besser wirst Du in der Lage sein, die Nebengeräusche von der konstruktiven Kritik zu unterscheiden, die Dir beim Besserwerden hilft. Du wirst lernen, dass es ein Fehler ist, jede Kritik nur als Neid von Hatern abzutun. Blendest Du nämlich restlos alles aus, werden dein Wachstum und deine Entwicklung an diesem Punkt stagnieren.

Kritik auf die richtige Weise aufzunehmen, erfordert Intelligenz und einen kultivierten Geist, wie wir ihn in Brief 4 besprochen haben. Du darfst dabei nicht zu passiv sein, sie nicht einfach über Dich ergehen lassen. Du musst *überlegen*: Ist die Kritik gerechtfertigt? Wer äußert sie? Aus welchen Beweggründen? Welche Beziehung hat diese Person zu mir? Und falls es sich um konstruktive Kritik handelt: Wie kann ich sie nutzen, um ein besserer Spieler zu werden?

Unsinnige Kritik herauszufiltern funktioniert wie das Selektieren von Nachrichten. Du musst Dich stets fragen: »Wer ist die Quelle? Und kann ich ihr trauen?« Ich begann irgendwann, meine Liste vertrauenswürdiger Quellen auf die Leute zusammenzukürzen, von denen ich wusste, dass sie von Herzen nur mein Bestes wollten: Familie, enge Freunde, Mitspieler und Trainer. Was ebenso wichtig war: Ich bat die Leute, denen ich vertraute, wirklich *ehrlich* zu mir zu sein. Ich hörte auf sie – selbst wenn das, was sie sagten, meinen Stolz verletzte. Ich ging weder auf sie los noch lief ich davon oder schmollte. So baute ich mir einen engen Kreis aus Leuten auf, die mit mir offen über die Defizite in meinem Spiel reden konnten und von denen ich wusste, dass sie mich nicht nur um des Kritisierens willen kritisierten.

Nehmen wir dieses Buch als Beispiel. Wenn es gelungen ist, dann nur, weil ich es vor der Veröffentlichung Menschen geschickt habe, denen ich vertraue und die in anderen Dingen Erfahrung haben als ich. Sie habe ich gefragt: »Was kann ich noch verbessern? Wo ist es zu schwach? Was hat dir daran nicht gefallen?« Ich konnte mir nicht jedes Feedback angehören, aber das meiste davon. Meine Probeleser haben das Endprodukt besser gemacht.

Erfolgreiche Spieler schauen stets kritisch auf Kritik. *Alle* erfolgreichen Menschen tun das. Während ich in den letzten Monaten an diesen Briefen gearbeitet habe, stieß ich auf folgendes Zitat: »Wenn andere dir erzählen, mit deiner Schreibe stimmt was nicht, dann haben sie meist recht. Wenn sie dir jedoch erklären, was du verbessern musst, dann liegen sie meist falsch.« Für mich bedeutet das: Beim Schreiben von etwas wie diesen Briefen geht es darum, Dir – dem Leser – zu erklären, was in meinem Kopf vorgeht, auf eine Weise, die Du verstehst. Versteht ein Leser nicht, was ich sagen will – aus welchem Grund auch immer –, ist das mein Verschulden. Es ist meine Aufgabe, die Dinge verständlich zu erläutern. Aber nur weil jemand in der Lage ist, Dich auf einen Satz oder einen Absatz hinzuweisen, der keinen Sinn ergibt, bedeutet das nicht, dass derjenige auch weiß, wie man ihn konkret verbessert.

Der Philosoph Aristoteles hat vor langer Zeit etwas ganz Ähnliches gesagt: »Du musst kein Schuhmacher sein, um zu wissen, wo der Schuh drückt.« Mit anderen Worten: Ein Problem zu erkennen, bedeutet nicht automatisch, es auch lösen zu können. Umgekehrt können Menschen, die vielleicht keine Lösungen anbieten, Dir dennoch aufzeigen, wo die Probleme liegen. Probleme zu erkennen und sie zu lösen, ist gleichermaßen wichtig – doch wir müssen beides gedanklich voneinander trennen.

Pauschale Antworten gibt es nicht. Nehmen wir Trainer als Beispiel: Wie ich schon sagte, wollen Trainer ihrer Mannschaft normalerweise zu gewinnen helfen, genau wie deine Mitspieler. Aber auch Trainer machen Fehler, so wie jeder andere auch. Manche Trainer werden wütend, wenn das Spiel nicht perfekt läuft – aber hey, was ist schon perfekt? Andere sind unsicher und kritisieren Dich, wenn Du Dich nicht genau an ihren Plan hältst. Aber Du bist schließlich derjenige, der auf dem Court steht. Es gibt auch solche – und Du kannst Dich glücklich schätzen, wenn Du für so einen spielst –, die Dich nur kritisieren, um aus Dir einen besseren Spieler zu machen, und nicht, um sich selbst zu überhöhen. Einige der besten Trainer aller Zeiten haben praktisch nie ihre Stimme erhoben. Phil Jackson etwa, der legendäre Coach der Bulls und Lakers. Hast Du ihn jemals rumbrüllen hören?

Während Du als Spieler wächst, musst Du nicht nur lernen, Kritik anzunehmen – wenn Du ein Führungsspieler werden willst, musst Du auch welche austeilen können. Wie bei Trainern gehört das zum Jobprofil eines Führungsspielers einfach dazu: Mitspieler anzumahnen, wenn es nötig ist. Nicht um sie klein- oder Dich selbst großzureden, sondern um sie als Spieler aufzubauen.

Große Anführer werfen nicht die ganze Zeit mit Komplimenten um sich, sondern pushen die Leute in ihrem Umfeld. Sie tun dies jedoch auf der Basis von Respekt und der Beziehung zueinander, die sie bereits aufgebaut haben. Du wirst meiner Ansprache offener gegenüberstehen, wenn ich gerade einen harten Wurfblock für Dich genommen habe – denn das zeigt, dass ich mich reinzuhängen gewillt bin, damit unsere Mannschaft gewinnt. Du wirst meiner Ansprache offener gegenüberstehen, wenn ich Dir zeige, dass ich alle guten Aktionen, die Du für die Mannschaft erbringst, durchaus registriere. Bestimmt hast Du schon von der »Sandwich-Methode« gehört: Wenn du jemanden kritisieren musst, verpacke die Kritik, wie in einem Sandwich, zwischen zwei netten Aussagen. So wird sie leichter verdaulich. Du musst diese Methode nicht jedes Mal anwenden, doch wenn Du neben dem Schlechten auch das Gute erwähnst, wirst Du viel glaubwürdiger.

Kritik schmerzt, egal ob sie berechtigt ist oder boshaft. Der Schmerz kann allerdings ein guter sein, wenn die Kritik Dich motiviert, besser zu werden. Manchmal tut sie einfach nur weh, wie das bei sinnloser Boshaftigkeit immer der Fall ist. Aber wehtun wird sie auf jeden Fall. Um diese Schmerzen aus Deinem Kopf zu verdrängen, gibt es nur eine Lösung: Geh zum Training und konzentriere Dich auf Dein Handwerk. Das war stets meine Reaktion, wenn ich Probleme mit Kritik hatte. Hat ein Mitspieler den ganzen Abend nicht getroffen und seinen Frust an mir ausgelassen, habe ich einfach ein paar Wiederholungen mehr auf der Bank gedrückt. Ein Idiot beleidigt mich auf Twitter? 100 Trainings-Freiwürfe. Und so weiter. Ich habe diese Dinge nicht voller Wut absolviert, sondern mit einem Lächeln auf den Lippen, weil ich dieses Spiel liebte.

Wenn andere mich kritisiert haben, dann half mir stets, mich daran zu erinnern, dass es nur um Worte ging. Was ich dagegen auf dem Court oder in der Trainingshalle abzog – das waren Taten.

Habe ich mich doch einmal kritischen Kommentaren gewidmet, dann bewusst und wohlüberlegt. Ich fragte mich selbst: Macht dieser Kommentar wirklich einen besseren Spieler aus mir? Wenn ja, bin ich offen dafür, auch wenn er gemein ist. Sogar wenn er von jemandem aus der gegnerischen Mannschaft kommt. Selbst wenn ich wünschte, er würde nicht stimmen. Ich war in diesen Momenten nicht nur offen für Kritik, sondern richtig *hungrig* danach – so wie jeder große Spieler.

Übrigens sind alle erfolgreichen Spieler ihre eigenen schärfsten Kritiker. Sie wissen *genau*, wann Kritik den Nagel auf den Kopf trifft, weil sie ihre Leistung natürlich eingehend analysieren. Trifft Kritik zu, nehmen diese Spieler sie sich zu Herzen. So versuchte auch ich zu sein. Als wir 2013 gegen Indiana in den Finals der Eastern Conference standen, spielte ich schlecht und durfte mir das auch ständig anhören. Vor dem entscheidenden siebten Spiel entschied ich deshalb, mich zu äußern. Ich ging auf die Journalisten zu und entschuldigte mich, noch bevor mich irgendjemand kritisieren konnte, bei den Fans aus Miami, meinen Trainern und meinem Team. Ich sagte: »Lasst uns das aus der Welt schaffen: In den letzten Spielen war ich mies drauf. Niemand ist sich dessen mehr bewusst als ich. Und ich werde das ändern.« Die Leute waren geschockt, dass ich so aufrichtig war, dass ich Verantwortung übernahm. Das nahm eine große Last von mir und der Mannschaft. Außerdem nahm es den Menschen, die mich nur kritisierten, um mich runterzuziehen, den Wind aus den Segeln. Als ich in dieser Nacht auf dem Spielfeld auflief, fühlte ich mich befreiter. Es lief auf einmal auch besser. Meine Würfe saßen immer noch nicht, aber ich holte mehr Rebounds als in jedem anderen Spiel der Serie und hatte mit +17 meinen höchsten Plus/Minus-Wert der Serie.

Die wichtigste Lektion über Kritik, die Du irgendwann lernst, wenn Du lange genug damit konfrontiert wirst, lautet: Am besten reagierst Du darauf, indem Du noch härter arbeitest. In der UFC sagt Liga-Präsident Dana White seinen Kämpfern stets, sie sollten das Ergebnis des Kampfes nicht den Punktrichtern überlassen. Was er damit meint, ist: Beendet den Kampf durch einen Knock-out. Seid so gut, dass es gar keine Diskussion darüber gibt, wer gewonnen hat. In der NBA, in jedem anderen Sport und auch im echten Leben wirst

Du Kritik nicht los, indem Du mit den Kritikern diskutierst. Du wirst sie los, indem Du keine Angriffsfläche mehr für sie bietest – indem Du spielst und gewinnst. Du kannst Kritiker nicht mit Worten, sondern nur mit Taten überzeugen.

Denn am Ende des Tages sind Worte alles, was Deine Kritiker zur Verfügung haben – während Du Dir den Hintern aufreißt, alles gibst, kämpfst, leidest und jedes Mal, wenn Du Deine Sneaker schnürst, mit der Möglichkeit konfrontiert bist, zu scheitern. Dies ist etwas, das Kritiker niemals haben werden.

Teddy Roosevelt hat zum Umgang mit Kritikern folgende Worte gefunden, die aus gutem Grund berühmt geworden sind:

> *Es ist nicht der Kritiker, der zählt; nicht derjenige, der aufzeigt, wie der Starke strauchelt oder wo derjenige, der etwas vollbracht hat, es hätte besser machen können. Die Anerkennung gebührt dem, der wirklich in der Arena steht; das Gesicht verschmiert von Staub und Schweiß und Blut; der tapfer strebt; der irrt und wieder und wieder scheitert, weil es keine Mühe ohne Irrtümer und Fehler gibt; der wirklich danach strebt, große Taten zu vollbringen; der große Begeisterung kennt sowie die Hingabe, sich einer werten Sache zu opfern; der, im besten Fall, am Ende den Triumph des großen Sieges erfährt und, im schlechtesten Fall, wenn er scheitert, es zumindest tut, indem er etwas Großes wagt, sodass sein Platz niemals inmitten der kalten und furchtsamen Seelen sein wird, die weder Sieg noch Niederlage kennen.*

Besser kann ich es nicht ausdrücken, also lasse ich das mal so stehen. Zu kritisieren ist einfach – selbst etwas zu leisten, ist schwer. *Alles,* was Du tun kannst, um Deine Fähigkeiten zu perfektionieren – eine zusätzliche Wiederholung, ein weiterer Übungswurf, eine Extrastunde Videostudium – ist wichtiger und bedeutsamer als tausend kritische Kommentare.

BRIEF 10

WAS ZÄHLT, IST DER NAME AUF DER BRUST DEINES TRIKOTS

Zu Beginn meiner Karriere hörte ich ein Sprichwort, das mir bis heute im Hinterkopf geblieben ist. Es ist simpel und doch tiefsinnig: »Wenn du für den Namen auf der Brust deines Trikots alles gibst, wird man sich irgendwann an den Namen auf deinem Rücken erinnern.« Das mag schwer zu glauben sein, doch meine Karriere ist der beste Beweis dafür. Beziehungsweise war der perfekte Beweis folgender Moment vor einigen Jahren:

Es war der 26. März 2019. Wie Hunderte Male zuvor lief ich durch den Tunnel der American Airlines Arena. Das Publikum war lauter als je zuvor. Vielleicht hatte ich aber auch noch nie so genau hingehört wie an diesem Abend, denn ich wollte unbedingt jeden einzelnen Augenblick aufsaugen.

Ich bin in dieser Halle zu einigen wirklich großen Spielen aufgelaufen. Ich habe vor diesem Publikum einige dieser großen Spiele gewinnen können. Ich habe dieselben Leute in den Straßen von Miami gesehen, als wir unsere Meisterschaften feierten und ich die Larry O'Brien Trophy in die Höhe reckte, damit alle sie sehen konnten.

Aber dies hier war anders.

Denn diesmal trug ich keine Spielerkleidung. Ich hatte kein Trikot an, stattdessen würde eine übergroße Version davon in wenigen Augenblicken zur Hallendecke hinaufgezogen werden. Die Miami Heat ehrten meinen Rücktritt, indem sie meine Rückennummer unters Hallendach flaggten und in Zukunft nicht mehr vergeben würden. Eine solche Ehre wird nur wenigen Sportlern zu Teil und auch nur dann, wenn viele Dinge nach vielen Jahren harter Arbeit richtig gelaufen sind.

Von allen Spielern, die im Profisport auf diese Weise geehrt wurden, war der überwältigende Großteil aufgrund ihrer herausragenden individuellen Leistungen prominent geworden. Geh in irgendein Stadion oder eine Arena in den USA, such dir eine der Nummern aus, die über den oberen Rängen hängen und frag die Fans nach dem Spieler, der diese Nummer einst getragen hat. Du wirst Sprüche hören wie: »Der war ein Killer«, »Die konnte keiner aufhalten« oder »Der hätte heute Abend mindestens 35 Punkte gemacht«. Was Du vermutlich nicht hören würdest, wären Aussagen wie: »Durch ihn wurden alle anderen besser« oder: »Er war der Kitt, der alles zusammengehalten hat«. Selbst wenn diese Dinge wahr wären.

Umso seltsamer fand ich in diesem Moment, welche meiner Leistungen Heat-Präsident und Hall-of-Fame-Mitglied Pat Riley in seiner Rede besonders hervorhob. Er sprach nicht von den vielen Würfen, die ich getroffen hatte, oder meinen unzähligen Rebounds, sondern holte weit aus, um an die finalen Sekunden von Spiel 6 der NBA Finals 2013 zu erinnern. Pat erzählte, wie Ray Allen in letzter Sekunde den Treffer landete, der zum Ausgleich führte, durch den wir die Serie schließlich gewinnen konnten. Doch Sekunden bevor Ray dieser Treffer gelang, war ich derjenige gewesen, der sich mit einem Rebound den Ball geschnappt und an ihn weitergepasst hatte. Pat nannte das den »wichtigsten Assist in der Geschichte der Franchise«.

Es ist äußerst schwierig, wirklich herausragend Basketball zu spielen. Aus diesem Grund geschieht es auch so selten. Viel einfacher ist es eigentlich, ein herausragender Teamkollege zu sein, aber komischerweise ist das sogar noch seltener. Als ich 2010 nach Miami kam, um mit LeBron und D-Wade die Big Three zu formen, hätte das auch schnell nach hinten losgehen können. LeBron besaß eine Art Vormachtstellung, gleichzeitig war Miami noch immer die Stadt von D-Wade. Beide Spieler haben gerne den Ball. Und ich selbst kam gerade aus Toronto, wo ich sieben Spielzeiten in Folge der wichtigste Punktemacher war – eine Double-Double-Maschine, wenn ich das in aller Bescheidenheit sagen darf. Wie sollte das bloß funktionieren? Jemand musste am einen Ende die Defense koordinieren und am anderen Ende aufpassen, dass die Offense sich nicht festfuhr, während LeBron und D-Wade herausfanden, wie sie im Kontext unseres neuen Spielsystems zusammenarbeiten konnten. Das war mein Job. Ich war die dritte Säule. Einige sagten, ich wäre in eine Rolle geschlüpft, aber das stimmt so nicht. Auch LeBron und Wade schlüpften in bestimmte Rollen. Jeder in einem Siegerteam muss eine bestimmte Rolle übernehmen und um zu gewinnen, müssen alle sich einig sein, welche Rollen das sind.

Es brauchte dafür eine schmerzhafte Niederlage in den Finals, aber wir haben es schließlich geschafft. Die Niederlage hatte uns demütiger, aber auch härter gemacht. Das hat man uns angemerkt. Wir waren nun alle bereit, zu tun, was nötig war, um für unsere Mitspieler da zu sein. Um aus einem Haufen talentierter Spieler ein Siegerteam zu formen.

Das mag seltsam klingen, weil die meisten erfolgreichen Mannschaften in der NBA heutzutage in irgendeiner Hinsicht »Superteams« sind, aber die Heat in ihrer damaligen Besetzung wirklich ein Experiment waren, dessen Verlauf alle in Echtzeit mitverfolgen konnten. Funktioniert hat das zum Teil deshalb, weil neben uns »Big Three« eine ganze Reihe erfahrener Spieler im Kader standen, die uns den Rücken freihielten und nichts lieber taten, als erfolgreichen Basketball zu spielen und Meisterschaftsringe zu holen. Während ich langsam meine Rolle fand und erkannte, wer ich in dieser neuen Situation sein musste – wie ich zur dritten Säule wurde –, habe ich viel von diesen Jungs gelernt. Wenn mir irgendwas geholfen hat, den Wandel von der ersten Geige in Toronto zu meiner neuen Rolle in Miami zu schaffen, dann das.

Umso schöner war es für mich, an diesem Abend in Miami dafür geehrt zu werden, ein herausragender Teamplayer gewesen zu sein. Ich hoffe, meine Kinder, die auf meinem Schoß saßen, als Pat Riley sprach, haben das verinnerlicht. Ebenso hoffte ich, dass der aktuelle Heat-Kader und alle anderen Spieler, die diese Zeremonie verfolgt haben, es auch taten. In Miami wird man sich nicht an mich erinnern, weil ich die meisten Punkte gemacht, akribisch meine persönliche Marke aufgebaut oder härter um meine Spielzeit gekämpft habe als alle anderen. Nein, sie erinnern sich an mich, weil ich für die Mannschaft gekämpft habe.

Nichts könnte mich stolzer machen, als dafür in Erinnerung zu bleiben.

Pat Riley hatte das natürlich verstanden. Das hatte er gemeinsam mit allen großen Trainern: Ein wirklich guter Coach bringt dir nicht nur die Grundlagen bei und denkt sich Spielzüge aus. Er kann eine Gruppe talentierter Sportler – die nicht selten über gewaltige Egos verfügen – dazu motivieren, ihre Egos hintanzustellen und auf ein gemeinsames Ziel hinzuarbeiten. Auch Phil Jackson hatte das verstanden: »Die Stärke eines Teams sind die Stärken jedes einzelnen Teammitglieds«, hatte er einst gesagt. Die Lakers haben eine Version dieses Spruchs sogar in ihrer Trainingseinrichtung an der Wand stehen, ein Zitat von Kipling: »Die Stärke des Rudels ist der Wolf, und die Stärke des Wolfs ist sein Rudel.« Und auch Coach K hatte es verstanden: »Für mich ist Teamwork das Schönste an diesem Sport«, lautete sein Fazit. »Wenn fünf Individuen als Einheit agieren.«

Darum geht es in einer Mannschaft: Das eigene Ego einer Sache unterzuordnen, die wichtiger ist als Du selbst. Etwa, wenn Shane Battier Räume auf dem Feld geschaffen hat, damit LeBron mehr Platz hatte, um aufzuspielen, oder wenn er ihm half, den Top-Spieler der gegnerischen Mannschaft zu verteidigen, damit LeBron am anderen Ende mal durchschnaufen konnte. Solche Opfer zu erbringen, schafft Vertrauen. Jeff Van Gundy meinte einmal: »Don't fail the plan. Let the plan fail you.« Sinngemäß bedeutet das: Geht ein Plan nicht auf, können Deine Coaches und Mitspieler dafür sorgen, dass er dennoch funktioniert, solange alle auf derselben Wellenlänge sind. Was dagegen niemals funktionieren wird, sind ein unkoordinierter Haufen Spieler, die sich gegenseitig nicht vertrauen.

Wenn Du – so wie ich – das Glück hattest, dass Deine Coaches und Mentoren Dir diesen Fakt immer wieder eingeimpft haben, erkennst Du die Schönheit dieses Sports aus einem Blickwinkel, den ein egoistischerer Spieler vielleicht gar nicht wahrnimmt. Ich möchte Dir noch von einem weiteren solchen Moment erzählen.

Wir befinden uns in den NBA Finals 2013, Spiel 7 gegen die San Antonio Spurs. Wir haben das Spiel gewonnen. Heute erinnert sich außer mir vermutlich keiner mehr daran, aber ich hatte keinen einzigen Punkt gemacht. Wir hatten zwar gewonnen, aber ich habe keinen Korb geworfen. *Nicht einen einzigen.*

Dieses Spiel war eine wichtige Lektion für mich. Wie die meisten Kinder, die Basketball spielen, hatte ich mir stets vorgestellt, irgendwann einmal in Spiel 7 der NBA Finals meine Mannschaft im Alleingang zum Sieg zu führen – und als i-Tüpfelchen natürlich den Siegtreffer zu werfen. Der Traum von diesem entscheidenden Treffer ist etwas, das buchstäblich alle Basketballspieler, egal welcher Liga, gemeinsam teilen. Wir alle hatten mal diesen Traum. Der Film *Space Jam* beginnt nicht umsonst mit dem jungen Michael Jordan, der diesen entscheidenden Wurf in seiner Auffahrt trifft. Dieser Traum ist universell.

In meinem echten Spiel 7 traf ich allerdings, wie gesagt, gar keinen Wurf. Ich hatte schon früh Foul Trouble – zwei Fouls in der ersten Hälfte – und musste auf der Bank hocken. Während ich dort so saß, dachte ich automatisch daran, wie sich der Verlauf dieses Spiels 7 doch von dem unterschied, was ich mir in meinen Kindheitstagen immer vorgestellt hatte. Bevor mich aber völlig der Mut verließ, hörte ich in meinem Kopf die Stimme meines alten Trainers Sam Mitchell: »Wen juckt's, wenn du keine Punkte machst? Du kannst trotzdem deine Mitspieler einbringen. Du kannst trotzdem hart Defense spielen. Du kannst trotzdem mit gutem Beispiel vorangehen.« Dieser Sport hat so viele Facetten, dass es unzählige Möglichkeiten gibt, darin zu glänzen. Doch egal, für welche Du Dich entscheidest, Du musst dich zu 100 Prozent reinhängen, musst immer alles geben. Denn das ist es, was gute Teamkollegen tun. Gewinnt dein Team dann, gebührt auch Dir ein Teil des Ruhms, egal ob Du die meisten Punkte gemacht hast oder nur von der Bank gekommen bist.

Als ich zurück auf dem Feld war, musste ich in der Defense wieder gegen Tim Duncan ran. Statt jedoch zu jammern und mich über Fouls zu beschweren oder mich entmutigen zu lassen, dass ich in der Defense nicht mehr alles geben konnte, wurde mir klar, dass an allererster Stelle der Sieg stehen musste. Heute bin ich stolz darauf, wie ich Duncan damals verteidigt habe. Vor allem wenn man bedenkt, dass ich schon früh in Foul Trouble war, denn das führt meist dazu, dass Spieler vorsichtiger verteidigen und ihre Gegner aggressiver werden. Obwohl ich also meinen Traum vom perfekten Spiel 7 nicht wahrmachen konnte, zog ich daraus doch die befriedigende Erkenntnis, dass ich alles tun konnte, was nötig war, um meinen Mitspielern zum Sieg zu verhelfen. Als ich schließlich den Meisterschaftspokal in den Händen hielt, spielte es keine Rolle mehr, ob ich null Punkte erzielt hatte oder 50.

Glücklicherweise hatte ich einige Erfahrung darin, diese Art von Opfer zu bringen, weil mir dasselbe fünf Jahre zuvor bei den Olympischen Spielen schon passiert war. Ich war Teil des »Redeem Teams« von 2008 – also der US-Olympiamannschaft, die den enttäuschenden Auftritt von 2004 wettmachen sollte, als die USA nur Bronze geholt hatten. Es war ein tolles Gefühl, mein Land zu repräsentieren. Außerdem war dies die talentierteste Mannschaft, in der ich je gespielt habe. In einem Team mit LeBron, Wade und Carmelo zu stehen, zog automatisch nach sich, dass ich einige Zeit auf der Bank verbringen würde. Deshalb habe ich aus den Spielminuten, die ich bekam, das meiste gemacht, meine Mitspieler unterstützt – und am Ende haben wir Gold geholt. Ich durfte in den Schlussminuten des Finales spielen, als es um die Goldmedaille ging. Davon hatte ich übrigens auch geträumt, seit ich Zeuge war, wie das Original-»Dream Team« von 1992 Gold geholt hatte.

Wenn jeder Spieler mit dieser Einstellung aufläuft, ist Dein Team etwas ganz Besonderes. Sind einzelne Spieler aber mit ihrer Rolle im Team unzufrieden, ist das für die ganze Mannschaft schlecht. Ich habe mal mit jemandem zusammengespielt, der sich weigerte, seine Rolle zu akzeptieren, obwohl sie das Team weitergebracht hätte. Er sollte Wurfschirme stellen und rebounden, stattdessen fand er immer neue Gründe, warum er öfter den Ball bekommen sollte. Ständig versuchte er, uns davon zu überzeugen, dass er es »draufhatte«. Ja, klar: Dies ist die NBA – hier hat es jeder drauf! Er machte allerdings deutlich, dass er nicht alles tun würde, was nötig war, um seine Teamkollegen zu unterstützen. Du kannst punkten? Klasse! Aber Dein Team braucht Dich momentan für Pick and Rolls und Rebounds. Damals habe ich mich gefragt, ob es diesem Spieler nur ums Geld ging, weil derjenige, der die meisten

Punkte macht, in der Regel auch das meiste verdient. Vielleicht war das wirklich der Grund, wobei niemand so viel verdient wie die Spieler eines Gewinnerteams.

Das war bloß eine Kleinigkeit, aber solche kleinen Dinge summieren sich und können erfolgreiche Teamstrukturen vergiften. Wie viele Meisterschaften haben Kobe und Shaq wohl verschenkt, weil sie nicht mehr zusammenspielen konnten? Oder LeBron und Kyrie? Kyrie hatte eine phänomenale Serie in den NBA Finals gegen die Warriors hingelegt, ihm gelang der spielentscheidende Wurf in Spiel 7, aber am Ende wollte er trotzdem nur raus aus LeBrons Schatten. Er wollte sein eigenes Team haben. Der Star sein.

Solche Dinge, die eine Mannschaft ausmachen, siehst Du nicht, wenn Du Dir ein Spiel nur im TV ansiehst. Sie laufen im Hintergrund ab. Dinge, wie ein gemeinsames Abendessen zu organisieren, einen Mitspieler nach einem verpatzten Freiwurf wieder zu ermutigen oder Deine Mannschaft von der Bank aus anzufeuern. Manchmal braucht das Team Deine Punkte – und manchmal Dein Verständnis, wenn Du mal nicht die Spielzeit bekommst, die Du gern hättest. Diese Dinge summieren sich – bis daraus eine Gruppe Sportler erwächst, die alle gewillt sind, sich füreinander aufzuopfern. Wenn Du das nächste Mal beobachtest, wie ein Spieler einen brutalen Hit nimmt, um seinem Mitspieler etwas Raum zu verschaffen, oder Du hörst, dass Tim Duncan freiwillig weniger Geld verdient, um einen Puffer im Salary Cap zu schaffen, mit dem Popovich neue Talente für das Team verpflichten kann, dann denk bitte an diese kleinen teambildenden Momente, die solche Opfer ermöglicht haben.

Jemanden als vertrauenswürdig zu bezeichnen, ist eine andere Art zu sagen, er sei ein guter Teamkollege. Bei solchen Spielern kannst Du darauf vertrauen, dass sie sich genau dort befinden, wo der Spielzug es vorsieht – und nicht irgendwo ihr eigenes Ding drehen. Du kannst darauf vertrauen, dass sie Dir zur Seite stehen, wenn es mal zu einer Rangelei kommt. Du kannst darauf vertrauen, dass sie ihre Stats opfern, damit das Team gewinnen kann. Du kannst darauf vertrauen, dass sie konstruktive Kritik an Deinem Spiel äußern – nicht, um dich runterzumachen, sondern um Dich aufzubauen. Darum geht es in allen Übungseinheiten und in den Spielen der Regular Season, die unter der Woche stattfinden: Die Spieler sollen Vertrauen zueinander entwickeln und lernen, auf ihre Teamkollegen zu zählen, ohne überhaupt darüber nachdenken zu müssen.

Es heißt, Vertrauen sei keine Einbahnstraße. Man bekommt es, indem man es anderen schenkt. Als ich mir den entscheidenden Rebound in den Finals schnappte, *wusste* ich genau, wo Ray Allen stand, und ich wusste auch, dass er den Ball reinmachen würde. Und er wusste, dass ich ihm den Ball zuspielen würde, solange er nur dort stand, wo er stehen musste. Es erfordert alle 82 Spiele einer Saison und unzählige Trainingseinheiten, um ein solches Maß an Vertrauen aufzubauen. Ich erinnere mich noch, wie Ray in unserer zweiten Meisterschaftssaison zu uns stieß und ich mir sofort bewusst war, wie wichtig es ist, dass er sich während der Regular Season an seinen Platz in unserer Rotation gewöhnt. Er machte eine ähnliche Wandlung durch wie ich: Vom Top-Star seines alten Teams zu einer ganz neuen Rolle, die er erst einmal finden musste. Deshalb würde es zu meinen Aufgaben gehören, Ray zu mehr Würfen zu verhelfen, also Rebounds zu holen und den Ball anschließend zu ihm zu passen. Wir haben eine Art von Vertrauen aufgebaut, das sich in großen Momenten auszahlt – Momente wie die letzten Sekunden eines Spiels in den Finals.

Natürlich habe ich nicht einfach so herausgefunden, wie man ein guter Teamkollege wird. Ich habe meine Mitspieler beobachtet, die Jungs, die in allen Phasen meiner Laufbahn mit mir auf dem Feld standen. Als ich überlegte, wie wir bei den Heat untereinander Vertrauen aufbauen könnten, erinnerte ich mich daran, was meine alten Teamkollegen mir beigebracht hatten.

Typen wie José Calderon, mit dem ich bei den Raptors gespielt hatte. Er spielte Basketball auf eine – wie ich es nenne – »pure« Art und Weise. Er war ein reiner Point Guard, stets bemüht, seine Mitspieler einzubringen, immer gewillt, den Ball abzugeben. Er war immer gut drauf, egal was passierte, und spielte mit einer großen Leidenschaft für den Sport. Und er wurde mit jedem Jahr besser. Als er aus Spanien zu uns kam, ätzten viele Leute, er habe kein NBA-Kaliber. Aber schau Dir seine Karriere an: 13 Jahre in der NBA, ein FIBA Cup, zweimal Silber bei Olympia und einmal Bronze.

Typen wie mein Kumpel Darrick Martin, der mir gezeigt hat, wie man von der Bank aus ein wichtiger Führungsspieler sein kann. Er spielte nicht viel, wusste aber genau, wofür er eingewechselt wurde – nämlich, um dem Team in engen Situationen mit seiner Energie und Führung beizustehen. Er nahm mich unter seine Fittiche und zeigte mir, auf was es ankam und was ich zu erwarten hatte. Er ließ nie zu, dass ich halbherzig spielte oder mal einen Gang zurückschaltete. Er wusste genau, was einer wie ich brauchte, um in der Liga zu einem wirklich guten Spieler zu reifen.

Und dann war da doch Michael Curry. Mit ihm habe ich nur ein Jahr lang gespielt, aber dabei eine Menge von ihm gelernt. Seine Botschaft für mich lautete vom ersten Tag an: »Du hast die Möglichkeit, in dieser Liga ein exzellenter Spieler zu werden, aber du musst hart dafür arbeiten. Folgendes solltest du tun …«

Er zeigte mir, wie. Er war jeden Tag vor dem Training da, um ein paar Extrawürfe zu nehmen und drängte auch mich zu zusätzlichem Training – selbst, wenn ich mal keine Lust hatte. Auch das ist jedoch wichtig, wenn Du für Deine Mitspieler da sein willst: Beständigkeit. Sie müssen darauf vertrauen können, dass Du jeden Tag erscheinst und trainierst. Lass sie wissen, dass Du konstant kommunizieren, konstant führen wirst, wenn Du ein Führungsspieler bist. Bist du noch ein junger Spieler, höre den Führungsspielern immer gut zu.

Ich blickte zu Michael auf, denn zu Beginn meiner Karriere habe ich mich wie ein kleiner Junge gefühlt und dieser gestandene Kerl mit einer Familie und einer langen Karriere nahm mich unter seine Fittiche. Außerdem hielt er mich von Ärger fern. Bei unserer ersten Auswärtsfahrt in Miami beispielsweise. Wie Du dir sicher vorstellen kannst, wollte ich nach dem Spiel so schnell wie möglich in den nächsten Club. Ich hatte nicht direkt vor, die Sau rauszulassen, aber – hey, wir waren auswärts in Miami! Sobald das Spiel jedoch vorüber und wir geduscht und umgezogen waren, nahm Michael mich beiseite und befahl: »Komm mit, Großer. Du kommst mit mir, wir gehen was essen.«

Auch das zeichnet einen guten Teamkollegen aus. Vielleicht hätte ich an diesem Abend irgendwelchen Ärger bekommen. Und wer weiß – vielleicht hätte mich das von meinem Pfad abgebracht, ein wirklich Großer in der NBA zu werden.

Schließlich war da noch mein guter Freund Shane Battier. Jeder weiß, dass Shane einer war, der seine Mannschaft wie Kitt zusammenhielt. Er war ein großartiger Teamkollege und absolut selbstlos. Er wollte unbedingt gewinnen, das war alles, worum es ihm ging: gewinnen, gewinnen, gewinnen.

Einmal habe ich Shane gefragt, wieso er eigentlich immer ein so toller Teamkollege ist. Ich weiß, das ist eine seltsame Frage. Er aber verriet mir, das habe er schon früh gelernt, in der ersten Klasse nämlich. Er war als Sohn einer weißen Mutter und eines schwarzen Vaters in kleinen Verhältnissen in einem Vorort von Detroit aufgewachsen. In seiner Schule waren alle Kinder weiß und er der einzige Schwarze – zudem war er ein Riese. Kurzum: Er war anders als die anderen Kinder – schwarz, groß und arm.

Er gehörte also nie dazu – was aber alle Kinder wollen, wenn sie noch klein sind. Irgendwann fand er heraus, dass Basketball sein Schlüssel dazu war. Er verwendete den Begriff »soziales Überleben« dafür. Er lernte schnell, dass die anderen ihn akzeptierten, wenn seine Mannschaft in der Pause – oder wann sonst Kickball, Basketball oder andere Sportarten gespielt wurden – gewann. Er erkannte, dass er dazuzugehören konnte, wenn er für seine Teamkollegen da war.

Ich erlebte das mit ihm hautnah: Shane tat, was immer nötig war, damit sein Team gewinnen konnte. In Miami hieß das, sich jeden Abend mit bärenstarken und ausgebufften Riesen wie Zach Randolph und Kevin Garnett handfeste Rangeleien im Low Post zu liefern. Doch er holte sich diese Hits ab und stand am nächsten Abend wieder auf dem Feld, denn dies war Teil des Systems, das unser Coach Erik Spoelstra umsetzen wollte. »Small Ball« spielen mit kleineren, schnelleren Jungs, überall auf dem Court. Shane hatte das verstanden und tat, was dafür nötig war. Er erzählte mir, seine Strategie bei den Profis war es, so zu spielen, dass ein Coach unmöglich ohne ihn auskommen konnte. Er war aus gutem Grund ein Champion in jeder Hinsicht: Nicht nur wegen seines Talents, auch wegen seiner Intelligenz und seinem Drive. Jedes Team braucht einen Shane Battier.

Natürlich gehört auch D-Wade in diese Aufzählung. Was ich, abgesehen von seinem Talent, so sehr an ihm respektiert habe, war, wie viel Arbeit er hinter den Kulissen reingesteckt hat, damit die Big Three in Miami funktionierten. Auf dem Court war es nicht unbedingt festzustellen, aber bis wir drei perfekt zusammenarbeiteten, brauchte es viele gemeinsame Abendessen, viele private Gespräche und viel Ausprobieren, welche neue Rolle jeder von uns einnehmen würde. D-Wade war die treibende Kraft. Und wie ich schon sagte: Miami war seine Stadt – er ging also voran, indem er dafür sorgte, dass seine Mitspieler sich dort auch wie zu Hause fühlten.

Dabei sprachen wir nicht nur über Basketball. Irgendwann hat man keine Lust mehr, über Spielzüge und Strategien zu sprechen und jemand fragt: »Hey, was gibt's eigentlich sonst so

Neues?« Du weißt, was Dwyane auf dem Court leisten konnte, aber Du hättest sehen sollen, was er abseits des Spielfelds noch so trieb. Er ist ein wahrer Anführer – einer, der immer das Beste aus Dir herausholt, aber auch einer, mit dem Du stets über alles Mögliche sprechen kannst.

Wenn Du so lange in der NBA spielst, wie ich es tat, dann geschieht irgendwann etwas Seltsames. Du stellst fest, dass die jüngeren Spieler beginnen, Dich um Rat zu fragen. Plötzlich bist Du das Vorbild für andere und Du merkst genau, wann dieser Moment gekommen ist. Als es bei mir so weit war, konnte ich glücklicherweise auf die Ratschläge meiner alten Teamkollegen zurückgreifen und ihrem Beispiel folgen.

Wenn die jungen Spieler etwas davon lernen konnten, mich beim Spiel und im Training zu beobachten, dann hoffentlich, dass Basketball ein Geschäft ist. Diesen Spruch hört man häufig, wenn Spieler getradet werden. Er bedeutet: Sei unsentimental und binde Dich nicht zu sehr an Dein Team, denn der General Manager der Franchise hat vermutlich keine Bindung zu Dir. Aber das ist nicht das, was ich meine. Ich meine: Wir machen hier einen Job. Wir müssen jeden Morgen zur Arbeit erscheinen und dürfen keinen einzigen Arbeitstag versäumen. Ich weiß, wie verlockend es ist, mal blauzumachen – oder mitten im Spiel der Regular Season mal einen Gang zurückzuschalten und zu sagen: »Was soll's, ist doch nur ein verlorener Tag.«

Aber Basketball *ist* ein Geschäft – es ist unser Beruf und unsere Berufung. Nimmst Du dir einen Tag frei, garantiere ich Dir, dass Deine Konkurrenz das nicht tut. Ich versuchte deshalb immer, die jungen Spieler unter meine Fittiche zu nehmen und sie so zu pushen, wie es die erfahrenen Spieler damals mit mir taten. Ich tat das, weil ich wollte, dass wir gewinnen. Aber auch, weil mir wirklich an ihrem Erfolg gelegen war und weil ich weiß, welch großen Unterschied es zu Beginn Deiner Karriere machen kann, wenn einer der älteren Spieler sich um Deinen Erfolg sorgt.

Einer meiner Mitspieler hat einmal zu mir gesagt: »Ich will einfach nur, dass du erfolgreich bist.« Das habe ich nie vergessen – und meine jüngeren Mitspieler sollten stets wissen, dass ich mir dasselbe für sie wünschte. Das macht einen echten Teamkollegen aus: Er wünscht sich den Erfolg für jeden einzelnen Spieler – und nicht nur für sich selbst.

Dies steht im krassen Gegensatz zum immerwährenden Kampf zwischen dem alternden Quarterback-Star und dem jungen Draftpick im Football. »Ich bin nicht dein Mentor«, heißt es dort häufig. Im Kampf um Deinen Platz bist du dort auf Dich allein gestellt.

Ich will diese Mentalität gar nicht verurteilen, denn dahinter steht mehr als nur individuelles Interesse. Für mich war es schwerer, mich um die jüngeren Spieler zu kümmern, als für manch älteren Spieler. Nicht weil ich selbstsüchtig war – obwohl sich natürlich jeder Gedanken darüber macht, ersetzt zu werden –, sondern weil ich von Natur aus ein ruhiger Typ bin und es ein langer Weg für mich war, bis ich mich aus meinem Schneckenhaus herausgetraut habe. Ich wünschte dennoch, ich wäre ein wenig gesprächiger gewesen, hätte ein paar innigere Bekanntschaften mehr geknüpft, wäre zu noch mehr gemeinsamen Abendessen gegangen und hätte ein paar mehr Jungs angesprochen, denen ich bei etwas hätte helfen können.

Zumindest habe ich versucht, über meinen Schatten zu springen und darauf bin ich stolz.

Ich habe Dir meine persönliche Liste von Spielern, die mich dazu inspiriert haben, der zu werden, der ich heute bin, gerade aufgezählt und hoffe, dass auch ich auf einer ähnlichen Liste irgendeines Spielers vertreten bin. Ich hoffe, dass ich ein wenig von dem Wissen weitergeben konnte, das andere an mich weitergaben. Ich meine hier nicht nur die Tricks unseres Handwerks, sondern echte Erkenntnisse darüber, was es heißt, ein Mann zu sein. Das menschliche Gehirn befindet sich bis zum 25. Lebensjahr angeblich noch in der Entwicklung, richtig? Die meisten Spieler sind deutlich jünger, wenn sie in die NBA kommen. Sie sind ungeschliffene Rohdiamanten, als Spieler wie auch als Menschen. Ich hoffe, ich konnte ein wenig von dem für sie tun, was meine Teamkollegen damals für mich taten.

Vor allem wollte ich, dass sie mir vertrauten. Denn wie ich schon sagte: Ohne Vertrauen ist kein Teamwork möglich. Ich wollte nie ein Angeber und Blender sein, sondern der solide, verlässliche und vertrauenswürdige Teamkollege. Ich wollte nicht, dass meine Mitspieler auch nur eine Sekunde daran zweifelten, dass ich ihnen zur Seite stehen und furchtlos Verantwortung übernehmen würde, wenn die Situation es erforderte. Egal um was es ging oder wie groß der Fight war, ich wollte, dass sie wissen, dass sie sich darauf verlassen konnten, dass ich den Extrapass spiele, den Extrapick stelle oder was auch immer nötig war, um zu gewinnen.

Mein Trikot wird da oben unter dem Hallendach hängen, solange die Heat Basketball spielen. Doch ebenso wichtig ist mir, dass in den jungen Spielern, mit denen ich auf dem Feld stand, weiterlebt, was mich als Teamkollegen ausgezeichnet hat und dass sie das weitergeben, sobald sie an der Reihe sind.

Wer weiß, wohin der Sport Dich führen wird? Vielleicht schaffst Du den Durchbruch und wirst Profi wie ich oder Du erreichst deinen sportlichen Höhepunkt in der Highschool oder auf dem College – es spielt keine Rolle. Eine Fähigkeit wird Dich im Leben immer voranbringen, sie ist das Beste, was du aus diesem Sport mitnehmen kannst: die Fähigkeit, ein guter Teamkollege zu sein.

Sei anderen von Nutzen. Wünsche anderen von Herzen Erfolg … und sei selbst erfolgreich, indem Du ihnen hilfst.

BRIEF 11

GEWINNEN UND VERLIEREN: NICHT ZU HOCH, NICHT ZU TIEF

Vermutlich liest Du nicht oft Gedichte, das ist nicht schlimm. Die meisten Gedichte sind ohnehin nicht mein Ding.

Doch eins mag ich sehr, nämlich »If« – also »Wenn« – von Rudyard Kipling, das dieser einst für seinen Sohn geschrieben hat und das ich als Spieler und Vater gleichermaßen liebgewonnen habe. Im Grunde geht es darin um alle Dinge, die Du können, die verschiedenen mentalen Stärken, die Du kultivieren musst, bevor Du Dich einen Erwachsenen nennen kannst. Es ist ein Klassiker, Du solltest es einmal lesen.

Für den Moment möchte ich aber, dass Du Dich auf ein paar Zeilen daraus konzentrierst. Die mögen wie die totale Antithese zu Deinem Mindset als Sportler klingen, aber exakt aus diesem Grund möchte ich mit Dir darüber sprechen. Es ist sinnvoll, tief verwurzelte Annahmen immer wieder auf die Probe zu stellen und der Wahrheit auf den Grund zu gehen, selbst wenn sie unangenehm ist.

Es geht mir um folgenden Vers:

Wenn du Triumph und Niederlage kennst,
Und beide gleichsam als Schwindler benennst.

Kipling spricht hier von Gewinnen und Verlieren. Er sagt, dass keines von beiden Dich verändern darf – *keines von beiden.*

Es gab eine Zeit in meinem Leben, in der ich vermutlich jeden mit der Einstellung, zwischen Gewinnen und Verlieren gäbe es keinen Unterschied, als *Loser* abgetan hätte. Loser finden Ausreden, etwa dass sie ihr Bestes gegeben hätten und ohnehin alles nur ein Spiel sei. Und Gewinner gewinnen eben. Stimmt's?

Gewinnen ist nicht alles, aber das Einzige, was zählt. Stimmt's?

Über die Jahre habe ich genug Spiele gewonnen und verloren, um hierzu eine qualifizierte Meinung zu haben. Also lass mich Dir erklären, was ich meine und warum in Kiplings Sicht auf das Leben eine Menge Wissen steckt. Wenn Du mir folgen kannst, wird es Dich glücklicher machen und – auch wenn es ein wenig paradox klingen mag – Dir vielleicht helfen, mehr zu gewinnen und weniger zu verlieren.

In meinen Anfangstagen in der NBA fiel es mir schwer, mit Niederlagen umzugehen. Siege waren selten und rar gesät. Ein Mitspieler sagte mir damals etwas, das mir bis heute im Gedächtnis geblieben ist: »Komm nicht zu hoch und nicht zu tief, bleib genau in der Mitte.«

Bei so vielen Spielen, wie Du sie in der NBA absolvierst, musst du lernen, dass das Leben auch abseits des Courts weitergeht, egal wie jedes dieser Spiele ausgeht. Du musst lernen, mit Gewinnen und Verlieren *gleichermaßen* umzugehen. Du darfst Dich davon nicht zu sehr runterziehen, aber auch nicht zu sehr aufputschen lassen. Was tust Du also, wenn Du eine 15-Punkte-Führung vor heimischer Kulisse in den letzten sieben Minuten eines Spiels noch abgibst? Das ist beschämend, aber Du hakst das besser schnell ab, denn morgen oder übermorgen stehst Du schon wieder auf dem Feld.

»Komm nicht zu hoch und nicht zu tief.« Mit dieser Einstellung verhinderst Du, dass eine einzelne Niederlage sich zu einer verheerenden Niederlagenserie auswächst oder ein hoher Sieg zu destruktiver Selbstüberschätzung führt.

Ich habe viel darüber gesprochen, wie ich mit den Heat meine Meisterschaftsringe gewonnen habe. Der Gewinn dieser beiden Meistertitel gehörte, ganz ohne Frage, zu den großartigsten Momenten meines Lebens. Bestimmt hast Du schon einmal gesehen, wie eine Mannschaft nach dem Gewinn einer Meisterschaft in der Umkleidekabine Champagnerflaschen köpft und ihren Sieg feiert. Nun, ich habe das Ganze schon einige Male selbst erlebt und kann Dir sagen, dass Videoaufnahmen diesen Momenten kaum gerecht werden können. Dieses Gefühl, wenn der Traum, den Du jahrelang verfolgt hast, plötzlich wahr wird, ist unbeschreiblich. Dieser Moment im Sport, wenn die Uhr auf null springt und Du endgültig weißt, wer gewonnen und wer verloren hat, ist magisch. Hast Du einen großen Sieg errungen, ist das ein Gefühl, das Dir niemand mehr nehmen kann. Es ist das beste High, das Du je erleben wirst.

Doch lass mich Dir auch von einer Niederlage erzählen: Im März 2003 verlor Georgia Tech im Viertelfinale des NIT – ein traditionelles College-Basketballturnier – gegen Texas Tech. Dies war meine letzte Partie als Collegespieler. Die ganze Saison war ohnehin enttäuschend, denn wir hatten es nicht ins bedeutendere NCAA-Turnier geschafft und nur mit Hängen und Würgen überhaupt eine positive Bilanz hingedreht. Es war eigentlich zu erwarten, dass wir in diesem Turnier nicht durchstarten würden und im Final Four nicht die Netze von den Körben schneiden würden – eine alte Tradition im US-Basketball. Zu diesem Zeitpunkt stand schon fest, dass ich zu den Profis wechsle, deshalb war mir bewusst, dass dies mein letztes Spiel auf dem College gewesen war, als am Ende des vierten Viertels die Schlusssirene ertönte. Ich freute mich auf meine Profilaufbahn, denn die Zeit auf dem College war – wie ich bereits berichtet hatte – in vielerlei Hinsicht nicht einfach für mich gewesen. Aber dennoch war dies der Abschluss eines wichtigen Kapitels in meinem Leben.

Es war die Art von Niederlage, die man niemals wettmachen kann. Mir wurde bewusst, dass ich die Netze der Körbe nicht nur am Ende dieser Saison nicht abschneiden würde – sondern niemals. Jedes Kind, das in Amerika davon träumt, einmal College-Basketball zu spielen, hat die »One Shining Moment«-Videomontage am Ende des entscheidenden Spiels um die nationale Meisterschaft gesehen, die damit endet, dass die Siegermannschaft in eigens bedruckten Kappen und T-Shirts eine Leiter hinaufklettert und jeder Spieler sich Teile der Korbnetze als Souvenir zur Erinnerung abtrennt. Dies nicht tun zu können, nicht einmal die Chance dazu gehabt zu haben, tat mächtig weh, das gebe ich ehrlich zu.

Ein großer Sieg und eine große Niederlage. Weißt Du, was ich in beiden Situationen getan habe? Ich tat, was wahre Profis nach jedem Spiel tun, egal wie es ausgegangen ist: Ich ging zurück an die Arbeit. Ich studierte Spielszenen. Bat meine Trainer um Feedback. Ich richtete meinen Fokus auf das nächste Spiel, selbst wenn dieses nächste Spiel in einer neuen Saison oder gar einer höheren Liga stattfinden würde. Wie bügelst Du eine Niederlage aus? Richtig, indem Du wieder gewinnst. Und wie zeigst Du allen, dass ein großer Sieg nicht nur ein Zufall war? Genau, indem Du weiter gewinnst.

Du willst einen großen Sieg feiern? Nur zu! Ich liebe Siegesfeiern. Jeder mag Paraden, vor allem wenn sie Dir zu Ehren stattfinden. Aber vergiss nicht, dass Du von nun an ein großes Fadenkreuz auf dem Rücken hast und andere Leute bereits darauf hintrainieren, Dich zu schlagen, während Du noch am Feiern bist.

Du willst nach einer schweren Niederlage den Kopf hängen lassen? Nur zu! Mir musst Du nicht erklären, wir sehr Niederlagen schmerzen – ich *weiß* das nur zu gut. Aber jeden Tag, den Du damit zubringst, Dich selbst zu bemitleiden, ist ein Tag, an dem Du nicht daran arbeiten kannst, den Schmerz der Niederlage auf die einzig nachhaltige Art und Weise auszulöschen.

Ich will nicht herunterspielen, wie schlimm sich eine Niederlage anfühlt. Wenn Du Wettkampfsport betreibst, wirst Du hin und wieder auch verlieren, egal um welchen Sport es sich handelt. Jeder Mensch muss persönliche Niederlagen hinnehmen – etwa, dass Deine Top-Uni Dich ablehnt oder Du jemanden um ein Date bittest und einen Korb bekommst –, aber Sportler spüren Niederlagen auf besonders dramatische Weise, weil sportliche Niederlagen unwiderlegbar sind – keine Ausrede macht aus einer Niederlage einen Sieg – schließlich ist alles vor Zeugen, vor Publikum geschehen. Es hat seinen Grund, warum Collegespieler weinend auf der Bank sitzen, wenn sie bei der nationalen Hochschulmeisterschaft »March Madness«

scheitern oder warum Kinder auf dem Spielfeld zusammenbrechen, wenn sie aus der »Little League World Series« ausscheiden. Passiert so etwas, kannst Du Dir das nicht schönreden. Du hast verloren, Punkt. Wir Profis brechen nicht so häufig weinend zusammen, was nicht zwingend daran liegt, dass wir taffer sind. Es hat damit zu tun, dass wir, bis wir Profis werden, schon *mehr als genug* verloren haben. Selbst wenn wir nicht auf dem Spielfeld heulen, zu verlieren tut uns dennoch weh.

Natürlich ist eine große Niederlage immer die Kehrseite jedes großen Sieges.

Einer der legendärsten Würfe der letzten Jahre war Kawhi Leonards spielentscheidender Treffer in Spiel 7 gegen die Sixers in den Playoffs 2019. Vielleicht hast Du ihn noch vor Augen: Ein weiter Wurf aus der Ecke, der über Joel Embiid hinwegflog und auf dem Korb wild hin- und hersprang, bevor er schließlich reinging. Der Ball tänzelte so lange auf dem Ring, dass Kawhi sogar Zeit hatte, sich hinter der Grundlinie hinzuhocken und zu beobachten, wie er endlich durchs Netz fiel. Von den Millionen Treffern, die ich in der NBA gesehen habe, ob live auf dem Court oder daheim vor dem Fernseher, kann ich vermutlich an einer Hand abzählen, wie viele Würfe so atemberaubend waren wie dieser. In letzter Sekunde. *In Spiel 7.* Wahnsinn!

Versetze Dich nun einmal in einen Spieler der anderen Mannschaft. Die Sixers gingen als Außenseiter in diese Serie, hatten sich gegen die späteren Champions aber bis zur buchstäblich letzten Sekunde trotzdem ein Unentschieden erkämpft. Bei diesem letzten Play haben sie sogar gut verteidigt. Zwingst Du Deinen Gegner zu einem solchen Wurf, wie

Kawhi ihn nehmen musste, ist das eine mehr als solide Defense. Die Sixers taten also alles, was nötig war – dennoch hat es nicht gereicht.

Auch ich habe so etwas schon erlebt. Es fühlt sich surreal an. *Wir haben doch super gespielt – wie konnten wir nur verlieren?* Als krönenden Abschluss zeigten die Kameras, wie Embiid direkt nach der Schlusssirene in Tränen ausbrach. Auch das kenne ich. Du durchlebst einen der schwersten, emotionalsten Momente Deines Lebens – und er wird landesweit im Fernsehen übertragen!

Und nächste Saison musst Du wieder die Schuhe schnüren und von vorne beginnen. Genau das tat er. Und Du musst das auch.

Ein prominenter Musiker sagte einmal zu mir: »Wenn ich ins Studio gehe und ein starkes Album aufnehme, ist das wie ein Sieg für mich. Aber ich mache das nicht in Echtzeit und nicht vor Zuschauern. Wenn ihr Jungs vor den Augen der ganzen Welt einen Sieg holt, dann ist das echt unglaublich.«

Ja, das ist es wirklich. Doch wenn wir verlieren, tun wir auch das vor den Augen der Welt. An praktisch jedem Abend einer Saison laufen mehrere Spiele im Fernsehen, mit Hunderten Spielern auf ihrem sportlichen Zenit – in Bestform –, die trotzdem verlieren und diese Schmach vor Deinen Augen – in Echtzeit – verarbeiten müssen.

Ich weiß, wie sich das anfühlt, denn mir ging es schon genauso. 2011, in meinem ersten Jahr bei den Heat, wurden wir in den NBA Finals von den Dallas Mavericks geschockt. Deren Stars – Dirk Nowitzki, Jason Kidd, Jason Terry – standen zuvor schon in den Finals und hatten verloren. Als wäre das nicht schon Motivation genug gewesen, hatten sie ihre letzte Finalserie 2006 ausgerechnet gegen die Heat verloren und wollten diese Niederlage nun natürlich wettmachen.

Sie hatten, auf einer viel tiefgründigeren Ebene als wir, verstanden, dass sie die Finals vielleicht nie wieder erreichen würden. Also spielten sie mit einer ganz besonderen Form von Druck. Sie hechteten nach jedem Ball, kämpften um jeden Rebound und das alles eifriger als wir es taten. Über eine ganze Finalserie hinweg macht sich so etwas eben bemerkbar. Durch Dinge wie diese schwingt das Pendel in einem eigentlich ausgeglichenen Duell irgendwann auf die Seite der anderen. Sie kannten den Schmerz der Niederlage und spielten so, als wollten sie diesen Schmerz nie wieder spüren. Dies war ein wichtiger Grund für ihren Sieg.

Umgekehrt war unser Geist noch nicht kultiviert genug, um mit dem Druck einer Finalserie umzugehen. Ich weiß noch, wie groß wir uns fühlten, nachdem wir das erste Spiel gewonnen hatten, so als hätten wir schon die gesamte Serie im Sack. Als wir das zweite Spiel dann verloren, fielen wir plötzlich in ein tiefes Loch – als wäre die Serie damit bereits im Eimer. Unsere Hochs waren zu hoch und unsere Tiefs zu tief. Uns fehlte die beständige Entschlossenheit, die nötig ist, um eine andere Mannschaft zu dominieren und auszuschalten. Auch das machte gegen ein reiferes und mental stärkeres Team als wir es waren einen großen Unterschied. Blicke ich heute auf diese Serie gegen Dallas zurück, glaube ich, dass fehlende mentale und physische Resilienz unsere Schwächen waren.

Ich weiß noch, dass ich mich nach dieser verlorenen Serie wieder wie ein Zehnjähriger fühlte. Als wir den Court verließen, rief uns jemand hinterher: »Viel Glück im nächsten Jahr!« Ich weiß nicht warum, aber beinahe wäre ich ausgeflippt. Ich musste an die harte Arbeit denken, die wir in diese Saison gesteckt hatten, an die Kritiker, die uns nichts zugetraut hatten und daran, wie lang diese Spielzeit gewesen war – das alles war einfach niederschmetternd. Du träumst ein Leben lang davon, es in die Finals zu schaffen, aber Du träumst nie davon, sie zu verlieren. Du kannst Dir also vorstellen, wie wir uns fühlten. Ich hätte alles getan, damit dieser Schmerz vorbeigeht. Zu allem Überfluss heulte auch ich live im landesweiten Fernsehen! Ich war so beschämt, dass ich mich am liebsten in einem Erdloch verkrochen hätte.

Diese Reise durch das Tal der Tränen hat uns jedoch motiviert und war ein großer Grund dafür, warum *wir* im Jahr darauf die Meisterschaft gewinnen konnten.

Der Schmerz, auf eine solche Weise zu verlieren, ist wie Raketentreibstoff. Gehst Du falsch damit um, kann er Dir um die Ohren fliegen und Dich vernichten. Behandelst Du ihn jedoch mit Vorsicht und entzündest ihn zur rechten Zeit, kannst Du damit richtig durchstarten.

Nichts ist motivierender als eine Niederlage, wenn Du damit umzugehen weißt. Je mehr sie schmerzt, desto besser. Denn dieses Gefühl bleibt Dir in Erinnerung und Du würdest alles tun, um es nicht noch einmal zu erleben, stimmt's? Also trainierst Du noch härter, machst ein paar Wiederholungen mehr und stehst künftig eine Stunde früher im Gym. Als ich noch jung war, spürte ich nach jeder Niederlage nicht nur den Schmerz des Verlierens, sondern die Zweifel, trotz all der Extra-Einheiten im Training wirklich genug getan zu haben. Irgendwann begriff ich, dass ich zwar den Schmerz der Niederlage nicht kontrollieren konnte – denn manchmal verlierst Du einfach, egal wie sehr Du den Sieg verdient hättest –, zumindest aber die Zweifel an meinem eigenen Engagement. *Verdammt, diese Sprints tun weh.* Aber tun sie genauso weh wie eine Niederlage? Nein, also ab auf die Tartanbahn.

Eine der aufsehenerregendsten Basketballpleiten der letzten Jahre ereignete sich im NCAA-Turnier 2018. Vielleicht erinnerst Du Dich: Zum ersten Mal in der Geschichte des Turniers verlor mit der University of Virginia (UVA) eine auf Rang eins gesetzte Mannschaft gegen das auf Rang 16 gesetzte Team, die University of Maryland. Und sie verloren nicht nur, sondern bekamen sprichwörtlich ihre Allerwertesten versohlt. Am Ende unterlagen sie mit 20 Punkten Rückstand. Man muss fairerweise erwähnen, dass ihr bester Spieler nur Tage zuvor verletzungsbedingt ausgefallen war. Dennoch hätten sie nicht verlieren müssen und schon gar nicht so deutlich. Stell Dir vor, wie peinlich es sein muss, für alle Zeiten wegen eines solchen Negativrekords in den Geschichtsbüchern verewigt zu sein. Aber sicher weißt Du auch, was danach geschah: UVA feierte im darauffolgenden Jahr ein grandioses Comeback und gewann das ganze Turnier.

Ich könnte es nicht besser ausdrücken als ihr Coach Tony Bennett, der sowohl bei der Niederlage als auch beim Turniersieg an der Seitenlinie stand: »All der Spott, all die Kritik, all die Scham und all die Dinge, die geschehen waren – in diesem Moment wurde uns klar, dass es all das wert war … Wenn du lernst, mit solchen Rückschlägen richtig umzugehen, dann ist das dein Ticket für eine Reise an einen Ort, den du anders nie erreichen könntest.«

Ich weiß, was er meint, denn ich habe selbst viele dieser Tickets kaufen müssen und einige davon gelöst. Spielst Du nur lange genug Basketball, bekommst du zwangsläufig irgendwann eins in die Hand gedrückt. Bei der Anzahl der Spiele pro Saison belegt Basketball (gemeinsam mit Eishockey) unter den großen amerikanischen Profi-Sportligen mit 82 Partien den zweiten Platz (hinter Baseball). Hinzu kommen die Playoffs! Ich habe 13 Spielzeiten als Profi absolviert, insgesamt waren es 982 Spiele. *437* davon habe ich verloren, 32 in den Playoffs. Wie oft ich in meiner Karriere insgesamt schon verloren habe, wenn ich alle Spiele aus Amateurliga, Highschool, College, Profiliga und Nationalmannschaft zusammennehme, kann ich gar nicht zählen. Ich würde nicht behaupten, dass ich mich ans Verlieren *gewöhnt* habe, aber ich bin zumindest gut damit vertraut.

Im Sport musst Du das auch sein. Beziehungsweise eigentlich überall, wo Du etwas Großes erreichen willst.

Natürlich bleiben Niederlagen immer Dein Feind, aber Du lernst damit zu leben, sobald Du das Kriegsbeil einmal begraben hast. Quarterback Peyton Manning besaß eine der besten Quoten für komplettierte Pässe der NFL-Geschichte. Dennoch betrug sie nur 65,3 Prozent. Er warf 251 Interceptions. Einige dieser Interceptions kosteten seine Mannschaft den Sieg – und in einigen herzzerreißenden Situationen sogar die ganze Saison.

Vielleicht hast du davon gehört, wie schwer es ist, einen Baseball zu treffen. Wenn du als Schlagmann in der Major

League einen Wert von 0,400 erreichst, ist Dir ein Platz in der Hall of Fame sicher. Der letzte, dem das gelang, war Ted Williams – vor fast 80 Jahren! Doch selbst mit einer so herausragenden Trefferquote verfehlst Du immer noch sechs von zehn Schlägen. Ted Williams also scheiterte in der Batter's Box häufiger, als dass er traf.

Mark Zuckerberg ist milliardenschwer. Dennoch stürzte der Börsenwert seines Unternehmens am 26. Juli 2018 an einem einzigen Tag um 120 Milliarden Dollar ab – der höchste Kurseinbruch aller Zeiten. Uff. Dafür hat er Instagram aufgekauft, als es noch vergleichsweise günstig war – eine der bedeutendsten Übernahmen der jüngeren Kapitalmarktgeschichte –, aber Zuckerberg scheiterte auch mehrfach daran, Snapchat zu übernehmen. Kein Land, kein General, kein Anführer und kein Team können auf eine perfekte Bilanz zurückblicken. Niemand kann das.

Du willst ein ganz Großer werden? Dann stell Dich darauf ein, zu verlieren – schmerzvoll, unwiderlegbar, vor den Augen unzähliger Zuschauer – und zwar öfter als in vermutlich jeder anderen Branche.

Ich kann nicht beurteilen, wie schwer diese Lektion für Dich sein wird, aber ich kann Dir verraten, dass sie für mich extrem hart war, weil ich Verlieren wirklich *hasse*. Als Kind war ich immer ein schlechter Verlierer. Es hat viele Jahre gedauert, bis ich reif genug war, um gut mit Niederlagen umgehen zu können. Als Kind habe ich nach jeder Niederlage geweint. Es war so schlimm, dass mein Vater sogar dachte, mit mir stimme etwas nicht – wahre Geschichte. Als Jugendlicher habe ich nach dem Verlieren zwar nicht mehr geweint, aber war richtig angefressen.

Eine dieser Niederlagen wurmt mich bis heute: Unsere Saisonbilanz war 32:2, wir wollten die Staatsmeisterschaft gewinnen und verloren im Final Four gegen die Lanier High School aus San Antonio – ein Team, das wir, um ehrlich zu sein, völlig unterschätzt hatten. Interessanterweise stand Lanier im Jahr zuvor bereits im Finale und hatte verloren. Sie wussten also, wie sich eine Finalniederlage anfühlt, weshalb sie schlicht mehr gewinnen wollten als wir. Wir kannten dieses Gefühl nicht und als wir es kannten, verstanden wir nicht, warum es so sehr wehtat. Ich zumindest nicht. Zum Teil war es mir peinlich, weil meine Mitschüler, Freunde und Familie sahen, wie ich verlor. Zum Teil war ich beschämt. Was auch immer es war, diese Niederlage hörte nie auf, wehzutun.

Als ich größer wurde, lernte ich, dass man kein Loser ist, wenn man eine Niederlage akzeptiert –, sondern dass man dadurch tapfer wird. Du musst draußen auf dem Spielfeld alles, was Du hast, auf eine Karte setzen und manchmal wird es trotzdem nicht reichen. Je mehr Dich das Verlieren schmerzt, desto mehr musst Du riskieren. Als ich das erkannt habe, lernte ich, dass zu verlieren und am nächsten Tag wieder auf dem Feld zu stehen, waschechte Courage erfordert.

Manche Menschen besitzen Abwehrmechanismen, die automatisch ablaufen, nachdem sie verloren haben. Sie sagen dann Dinge wie: »Ach, war doch eh nicht so wichtig. Alles gut, mir geht's prima.« Viele suchen auch nach Ausreden – schuld waren die Schiedsrichter oder die Strategie vom Coach oder pures Pech. Irgendwas ist immer. Viele Menschen zeigen, wenn sie verlieren, gern mit dem Finger auf jeden anderen, nur nicht auf sich selbst. Ich weiß das, denn ich habe es selbst öfter getan, als ich zugeben möchte. Ich habe erlebt, wie Spieler ihren Mitspielern die Schuld gaben, dem Coach, den Referees, der Höhenluft oder dem Schlafmangel. Auch ich habe das getan. Mithilfe dieser Ausreden versucht man aber bloß, die Wahrheit zu meiden, das zu verdrängen, was tatsächlich passiert ist. Denn es erfordert Stärke, sich der Wahrheit zu stellen. In den meisten Fällen war die andere Mannschaft einfach besser. Find Dich damit ab und finde heraus, wie Du es beim nächsten Mal besser machen kannst. Aber zeig nicht mit dem Finger auf andere, denn damit vergibst Du eine wichtige Chance, Dich zu verbessern.

Das gilt übrigens auch, wenn Du *tatsächlich* mal Opfer einer schlechten Schiedsrichterentscheidung sein solltest. Konzentrierst Du Dich nämlich nur auf diese ärgerliche Entscheidung, vergeudest Du den motivierenden Treibstoff, der Dich während des nächsten Trainings oder der nächsten Saison antreiben könnte. Du hast keinen Einfluss darauf, wie die Schiedsrichter in wichtigen Momenten pfeifen. Aber du hast Einfluss darauf, wofür Du Deine mentale Energie aufwendest.

Nach einer Niederlage erfordert es Mut, Dir einzugestehen: »Es ist nicht alles in Ordnung. Mir geht es mies!« Du musst diesen Schmerz annehmen und tief in Dir drin in Motivation verwandeln. Des Weiteren musst Du Dich auf Dein nächstes Spiel vorbereiten und wieder alles geben, ohne Furcht davor, wie sehr eine erneute Niederlage schmerzen würde.

Du musst einen Weg finden, aus diesen Niederlagen zu lernen, daraus einen Mehrwert zu ziehen. Du musst lernen, einerseits mit Würde zu verlieren, andererseits aber nicht zu resignieren und Dich der Niederlage zu ergeben – diese Gratwanderung ist sehr wichtig. Verlieren kann jeder. Aber um ein *guter Verlierer* zu sein, braucht es mentale Stärke.

Wie wird man ein guter Verlierer? Erfahrung hilft natürlich. Du musst aber auch einsehen, dass Du derselbe Mensch bleibst, egal ob Du gewinnst oder verlierst. Dass Du stolz darauf sein kannst, wie Du gespielt hast, egal welches Ergebnis am Ende auf der Punktetafel steht. Das ist nicht dasselbe, als ob Du nüchtern konstatierst: »Alles gut, ist doch nur ein Spiel.« Es bedeutet, zu erkennen, dass es in diesem Sport viele wichtige Dinge gibt, die sich nicht am Endergebnis eines Spiels ablesen lassen. Von diesen Dingen abgesehen zählt nur, dass Du in der Arena stehst – und auch darauf kannst Du stolz sein. Du bist auf dem Spielfeld und riskierst eine Niederlage, setzt alles auf eine Karte – was die Leute auf den Zuschauerrängen nicht von sich behaupten können. Es verdient Respekt, wenn Du auf dem Spielfeld alles gibst, egal wie das Ergebnis lautet.

Wenn Du dann gewinnst, fühlt sich das umso besser an. Denn wie kann Gewinnen etwas Besonderes sein, wenn Du nicht weißt, wie sich Verlieren anfühlt? Es gibt schließlich keine Hitze ohne Kälte und kein Licht ohne Dunkelheit, oder? Genauso gibt es auch kein Gewinnen ohne Verlieren. Ein Sieg übrigens lässt sich aus äußerst frustrierenden Gründen manchmal sogar noch schwieriger verarbeiten als eine Niederlage. Seine Konsequenzen sind tückischer:

Ich stand viermal im wichtigsten Wettbewerb meiner Sportart: 2011, 2012, 2013 und 2014 – die Hälfte davon haben wir verloren. Die andere Hälfte haben wir gewonnen. In den mittleren Jahren holten wir den Titel. Und obwohl beide Meisterschaftssiege nach außen hin gleich wirkten, so fühlten sich die beiden Male, in denen ich den Pokal in den Händen halten durfte, doch völlig unterschiedlich an.

2012 spürte ich vor allem große Erleichterung. Wir hatten die Dämonen unserer schockierenden Niederlage im Jahr zuvor verjagt. Wir hatten die Kritiker zum Schweigen gebracht, die geurteilt hatten, unsere Mannschaft sei zu ich-fixiert, zu ego-getrieben, um auf höchstem Niveau erfolgreich zu sein. Und ich hatte den Kritiker in mir zum Schweigen gebracht, der sich nach einem schlechten Spiel oder mitten in einer schlechten Phase, wenn keine Würfe treffen wollen, immer zu Wort meldet, um mir zu bestätigen, dass ich es niemals bis an die Spitze schaffen werde. Der Finalsieg 2012 war der Beweis, dass alle Kritiker – interne wie externe – falschlagen.

Doch von Beginn an war es nicht unser Ziel gewesen, diese eine Meisterschaft zu gewinnen. Wir wollten *mehrere* Meisterschaften gewinnen! Ich nahm mir also den Sommer über ein wenig Zeit, um unseren Sieg zu genießen – und kehrte dann wieder zurück ins Training.

Unser gesamtes Team wusste, dass es jedes Jahr schwerer werden würde. Nicht nur, weil wir alle ein Jahr älter und vielleicht auch selbstzufriedener waren, sondern weil jede andere Mannschaft der Liga ein weiteres Jahr Zeit hatte, uns zu studieren und zu analysieren. Wenn Du der Champion bist, erwarten die Menschen mehr von Dir und hassen Dich auch ein wenig. Underdogs und junge Herausforderer können sich klammheimlich hocharbeiten, aber wenn Du einmal der strahlende Sieger warst, stehst Du so lange im Fokus, bis Du wieder verlierst. Falls Du glaubst, die Menschen würden Dich nun respektieren, weil Du einen Meistertitel gewonnen hast, dann irrst Du Dich. Falls Du glaubst, Deine Gegner würden sich vor Dir verneigen und sich ergeben, dann irrst Du Dich gleich nochmal. Jeder ist hinter Dir her. Alle wollen Dich vom Thron stoßen. Kritiker und Zweifler kommen plötzlich unter ihren Steinen hervorgekrochen, um der Welt zu erklären, warum Dein Titelgewinn nur Zufall war oder dass jeder mal Glück haben kann oder Du mit den großen Stars der Vergangenheit nicht mithalten kannst.

Das ist wie Joggen auf dem Laufband: Um im nächsten Jahr zu gewinnen, musst Du noch besser als in diesem Jahr sein. Du musst schneller laufen, um überhaupt nur auf der Stelle zu bleiben. Gleichzeitig mussten wir uns an neue Mitspieler wie Ray Allen gewöhnen – und sich auf höchstem Niveau auf neue Teamkollegen einzustellen, dauert mindestens eine Saison.

Trotzdem gewannen wir 2013 die Meisterschaft erneut. Das Gefühl ließe sich diesmal am ehesten mit *Euphorie* beschreiben. Nun wusste ich, dass unser Erfolg im Vorjahr kein Zufall gewesen war. Ich wusste, dass meine Mitspieler und ich unsere Egos zwei aufeinanderfolgende Jahre lang im Griff gehabt hatten. Ich wusste, wie sich die Entscheidung anfühlt, ein Teamplayer zu sein, und wie es ist, wenn dieses Opfer sich auszahlt. Es lässt sich schwer beschreiben, aber 2012 hatten wir zwar das Gefühl, gewonnen zu haben – doch 2013 fühlten wir uns endlich wie *Gewinner*.

Ich weiß noch, wie ich nach diesem Spiel geweint habe – wie viele andere auch. Früher, wenn ich andere Spieler nach Titelgewinnen im TV gesehen habe, habe ich mich immer gewundert: »Warum zur Hölle weinen die?« Nun, ich habe es herausgefunden: In diesem Moment scheinen alle Emotionen, die Du vorher zurückhalten musstest – die Selbstzweifel, die Furcht, nur eine Eintagsfliege zu sein, die Erschöpfung – auf einmal aus Dir herauszubrechen.

Das ist ein atemberaubendes Gefühl, aber es ist auch ein gefährlicher Moment. Dies sollte nämlich das letzte Mal gewesen sein, dass wir als Team einen solchen Moment erlebt haben. Beim nächsten Mal schlugen uns die Spurs in fünf Spielen.

John Wooden prägte den Spruch: »Gewinnen erfordert Talent. Nochmal zu gewinnen, erfordert Charakter.« Um immer wieder zu gewinnen, musst Du gegen alle Widerstände ankämpfen, selbst wenn der Hunger, den Du als junger Titelaspirant noch gespürt hast, inzwischen längst gestillt ist. Der Drang, Dich zu beweisen, genügt nicht mehr als Antrieb, weil Du Dich längst bewiesen hast. Dein Antrieb muss nun die Liebe zur Perfektion sein, das Verlangen, diesen Sport auf dem höchsten Niveau auszuüben. Jedes Mal, wenn Du Erfolge feierst, wird Deine externe Motivation ein wenig sinken, bis irgendwann nur noch die in Deinem Inneren übrig ist: Dein persönliches Streben nach Exzellenz.

Als Pat Riley während der Meisterfeier der Lakers 1987 die Bühne betrat und rief »Wir holen das Ding nochmal!«, also bereits die nächste Meisterschaft versprach, während seine Mannschaft gerade die aktuelle feierte, klang das verrückt oder schlicht arrogant. Doch Riley kannte sein Team und wusste, dass sie sich dieser Herausforderung stellen würden. Er gewann damit keinen Beliebtheitswettbewerb, denn seine Mannschaft freute sich schon auf den Sommerurlaub. Doch im darauffolgenden Jahr holten die Lakers als erstes NBA-Team seit fast 20 Jahren tatsächlich die zweite Meisterschaft in Folge.

Wie die meisten Sportarten ist Profibasketball so strukturiert, dass erfolgreiche Teams es Jahr für Jahr schwerer haben. Der amtierende Meister erhält den niedrigsten Draftpick. Die Mannschaft hat in der vorherigen Saison mehr Spiele absolviert als jede andere, ausgenommen die zweitplatzierte natürlich. Die Top-Spieler verlassen häufig das Team, um dem Ruf des Geldes zu folgen oder woanders individuellen Erfolg zu suchen. Assistenztrainer werden von anderen Mannschaften als Cheftrainer abgeworben. Und was die immateriellen Faktoren angeht: Gewinnen kann, wie gesagt, ein großer Motivationskiller sein. All das macht nachhaltigen Erfolg zur wahren Charakterprobe. So gesehen ist Basketball nicht anders als das normale Leben. Jung und hungrig zu sein, ist nicht schwer. Viel schwieriger ist es, älter, erfolgreich und *trotzdem noch hungrig* zu sein.

Denk an die großen Dynastien im US-Sport: Jordans Bulls, die Cowboys der frühen 90er-Jahre oder die Yankees der späten 90er-Jahre. Vielleicht magst Du solche Mannschaften nicht, so geht es vielen. Aber *respektieren* musst Du sie auf jeden Fall. Mannschaften wie diese holen nicht einfach einen Titel nach dem anderen. Sie spielen Jahr für Jahr unter immer schwierigeren Bedingungen konstant effektiv. Darum ist nachhaltiger Erfolg so ehrfurchtgebietend. Diese Mannschaften streben weiter nach Exzellenz, selbst wenn alle externen Motivatoren Stück für Stück verschwunden sind.

Sieh Dir einen Spieler wie Steph Curry an, wie er beim Aufwärmen einen Treffer nach dem anderen versenkt, obwohl er im Basketball absolut nichts mehr zu beweisen braucht. Dann bekommst Du ein intuitives Gespür dafür, was es bedeutet,

Triumph und Niederlage in Kiplings Sinn wie Schwindler zu behandeln. Gewinnen wird sich nicht plötzlich weniger gut anfühlen und verlieren wird nicht weniger schmerzhaft sein. Aber egal ob Curry in der Nacht zuvor gewonnen oder verloren hat, er wärmt sich genauso auf und spielt mit demselben Einsatz wie immer. Er kontrolliert, was er kontrollieren kann und lässt den Rest einfach geschehen. Er erfreut sich an den schönen Dingen des Spiels – das Geräusch beim Einnetzen eines Sprungwurfs, ein knackiger Pass zu einem Mitspieler –, alles Dinge, deren Schönheit nicht davon abhängt, ob Du mit 20 Punkten führst oder zurückliegst.

Und weil ein Spieler wie Curry versteht, dass dieser Sport größer ist als er, bekommt er nach einem Sieg niemals einen Höhenflug und fällt nach Niederlagen auch in kein tiefes Loch.

Seneca, einer der großen Stoiker und Philosophen, hatte dieses Konzept verstanden – lange bevor die Sportart Basketball erfunden war. Vor etwa 2000 Jahren schrieb er folgende Ratschläge nieder, wie ein Vater seinem Sohn beibringen könne, ein guter Sportsmann zu werden:

> *Im Wettstreit mit seinen Kameraden dürfen wir ihn nicht trotzig werden oder in Zorn verfallen lassen. Lasst uns sehen, dass er zu jenen, mit denen er wetteifert, ein freundschaftliches Verhältnis pflegt, sodass er im Kampfe selbst lernen mag, seinen Gegenspieler nicht verletzen, sondern besiegen zu wollen. Sobald er den Sieg errungen oder etwas Rühmenswertes vollbracht hat, sollten wir ihm erlauben, seinen Triumph zu genießen, doch nicht vorschnell*

in Wonne zu verfallen, denn Freude führt zu Hochgefühl und Hochgefühl zu Übermut und Prahlerei.

Die Sache ist die: Ein guter Sportsmann zu sein, ist auch *gut für Dich* – nicht nur für die Menschen, gegen die Du antrittst. Wenn Du nach Niederlagen schmollst und Dich nach Siegen wie ein Idiot aufführst, wirst Du kaum jemals besser werden. Beides blockiert auf unterschiedliche Weise Dein Streben nach Exzellenz.

Deshalb können selbst die erfolgreichsten Sportler nicht mit dem Gewinnen aufhören. 2001 war ich ein Highschool All-American, gehörte also zu den besten Jugendspielern des Landes, und eines Tages besuchte uns Kobe Bryant in unserem Trainingslager. Damals hatte er gerade seinen großartigen Lauf gemeinsam mit Shaq bei den Lakers. Er sagte uns: »Wenn ihr glaubt, dass Gewinnen euch als Menschen vollkommen macht, dann irrt ihr euch.« Er erklärte uns, dass es immer eine nächste Saison und einen neuen Champion geben würde. Selbst wenn Du den Titel nochmal und nochmal gewinnst, irgendwann holt ihn ein anderer. Das Hochgefühl des Sieges ist vergänglich, doch wenn die Jagd nach diesem Hoch Dein einziger Lebensinhalt ist, wirst Du irgendwann enttäuscht werden. Diesen Rat habe ich nie vergessen. So verlockend es auch sein mag, habe ich Siege nie als etwas betrachtet, das mich als Mensch vollkommener macht. Jetzt, da Kobe nicht mehr unter uns weilt, haben diese Worte eine noch viel größere Bedeutung für mich.

Triumph und Niederlage sind Schwindler – das sage ich Dir als jemand, der sich vier Jahre in Folge ein Stelldichein mit beiden geliefert hat. Ich sage das nicht leichtfertig. Bist Du mental wirklich stark, weißt Du, dass Dein Selbstwert und das Glücksgefühl in Dir nicht von den Ziffern auf der Punktetafel abhängen. Gewinnen beschert Dir keinen Seelenfrieden und Verlieren muss ihn Dir nicht rauben.

Einer der Gründe, warum so viele Menschen Sport lieben, ist, dass Sport eine Simplifizierung des wahren Lebens darstellt. Im Sport ertönt die Schlusssirene und man weiß ohne jeden Zweifel, wer gewonnen und wer verloren hat. Es gibt ein tolles Zitat aus einem Roman von Sergio de la Pava, in dem er beschreibt, wie die Besitzerin eines Footballteams ihre Spieler vor einer wichtigen Partie einschwört: »Die überwältigende Mehrheit der Menschen verwendet ihre Energie auf Dinge, die weder Punkte noch eindeutige Gewinner und Verlierer kennen. Das hat zur Folge, dass sie sich selbst, wenn nötig, etwas vormachen können. Diesen Luxus werdet ihr nicht haben … Jeden Sonntag wird eine Punktwertung feststehen, an der ihr den Wert eures Handwerks ablesen könnt. Und ganz am Ende wird diese Mannschaft eine Bilanz haben, die euch diesen Wert noch viel deutlicher erkennen lässt.« Der große NFL-Coach Bill Parcells hat es knapper formuliert: »Du bist das, was deine Bilanz über dich verrät.«

Das Leben – zumindest das Leben abseits Deines Sports – ist viel komplexer. Hier kann etwas, das Du einmal für einen großen Gewinn gehalten hast, rückblickend genau der Moment sein, an dem plötzlich alles bergab gegangen ist. Oder Du blickst auf etwas zurück, das Dir einmal wie eine persönliche Niederlage erschienen ist und erkennst, dass dieser Augenblick Dich auf den richtigen Pfad geführt hat. Oder Du kannst anderen Menschen oder Dir selbst weismachen, dass eine Niederlage in Wahrheit ein Sieg war.

In jedem Lebensbereich außer Deinem Sport kannst Du nicht wirklich eine Bilanz vorweisen, zumindest keine so eindeutige wie ein 16:0 oder ein 8:8. Du hast ein *Leben*. Doch wenn es eines gibt, was Du vom Sport auf den Rest Deines Lebens übertragen kannst, dann ist dies die Weigerung, Dich selbst zu betrügen. Rede Dir nicht ein, eine Niederlage wäre ein Sieg. Und wichtiger noch: Rede Dir nicht ein, ein Sieg – ob in der Schule, im Beruf, in der Liebe oder wo auch immer – könne Dich vervollkommnen. Denn das vermag er nicht. Es gibt unzählige Gewinner, die – wie sich später herausgestellt hat – im echten Leben die größten Verlierer waren.

Deshalb sollten wir meiner Meinung nach stets freundlich und respektvoll auftreten. Als ich die Doku *The Last Dance* geschaut habe, hat mich eine Sache besonders berührt: Der Kontrast zwischen der Szene mit Isiah Thomas und Bill Laimbeer, die sich nach den Eastern Conference Finals 1991 weigerten, den Bulls die Hände zu schütteln und den Aufnahmen von Karl Malone. Der war nämlich dem Bus der Bulls hinterhergejagt und dort eingestiegen, um Michael Jordan die Hand zu schütteln – vor den Augen seiner Mitspieler, die Malone das zweite Jahr in Folge besiegt hatten. Malone ist ein Mann, der sich selbst, seine Emotionen und seine Seele im Griff hat, das kann ich Dir versichern. Allein beim Gedanken daran bekomme ich eine Gänsehaut, fast so schön, als hätte ich gerade eine atemberaubende Aktion auf dem Court gesehen.

Wie ich Dir in Brief 2 schon geschrieben habe, musst Du ein *Warum* finden, das Dich über Siege und Niederlagen hinweg antreibt. Ein Warum, das Dich weitermachen lässt, obwohl Du eigentlich schlappmachen und aufgeben möchtest. Dein Warum lässt Dich imposant erscheinen, nicht Deine Bilanz. Das ist es, was Dich durch ein Leben trägt, in dem noch ganz andere Erfolge und Fehlschläge lauern werden, als Du Dir heute vorstellen magst.

BRIEF 12

ES BRAUCHT, WAS ES BRAUCHT

Wie wirst Du ein Champion?
Was braucht es dafür?

Die einzige Antwort darauf, die ich kenne und für gut befinde, stammt von Trevor Moawad, einem Mentaltrainer, der mit Russell Wilson zusammenarbeitet.

Er sagt: »Es braucht, *was es eben braucht.*« Dieses Konzept hat seine Wurzeln in der Antike, wie so vieles Wissen, das bis heute nachhallt. Schon zu Zeiten der Römer meinte der Stoiker und Philosoph Epiktet im Grunde dasselbe: »Sportler entscheiden zuerst, was sie sein wollen, und tun dann, was dafür nötig ist.«

Tu, was nötig ist. Es braucht, was es eben braucht.

So einfach ist das. Und so kompliziert. Aber machbar.

Du musst fest daran glauben, dass, wenn andere etwas schaffen, *Du* es auch schaffen kannst. Dies ist ein sehr starkes Mindset. In meiner Jugend habe ich Magic Johnson und Michael Jordan zugeschaut. Vielleicht hast Du ja mir zugeschaut oder Steph Curry und KD. Vielleicht ist Dein Idol auch Spud Webb, Shaquem Griffin, Thomas Hitzlsperger oder Lisa Leslie. Wer auch immer es ist, diese Leute sind keine Superhelden. Jackie Robinson war kein Außerirdischer. Er war ein ganz normaler Mensch wie Du und ich. Er war nur gewillt, fleißig dafür zu arbeiten, das meiste aus seinem Talent zu machen und zu tun, was nötig ist. Was die Pioniere geschafft haben, war nur möglich, weil es eben menschenmöglich war. Und das bedeutet, dass auch wir es schaffen können.

Du kannst unmöglich schon im Vorhinein bestimmen, was genau Dich Exzellenz einmal kosten wird. Dies lässt sich nicht vorab berechnen. Doch das Streben danach wird Dich immer wieder vor neue Anforderungen stellen, die Dich jeweils etwas kosten werden.

Würdest Du die Gesamtkosten schon vorher kennen, sagen wir mal: »Übe 10 000 Freiwürfe, laufe 1000 Intervallsprints und mache 500 Klimmzüge, dann bist Du ein Champion« – dann könnte das jeder. Oder fast jeder. Das Schwierige ist nicht bloß die harte Arbeit, sondern dass Du jeden Tag alles geben musst, ohne irgendeine Garantie zu haben, außer deiner Liebe für den Sport.

Es braucht, was es eben braucht.

Jeden Tag.

Dein ganzes Leben lang.

Und selbst dann reicht es vielleicht nicht.

Ich weiß, wie sehr Du Dich nach Erfolg sehnst. Ich wollte das auch.

Ich schwor mir selbst, bereit zu sein, all die harte Arbeit reinzustecken, denn ich wusste, wie hart meine Idole geschuftet hatten. Wie viele Stunden sie im Gym verbrachten. Ich kannte die Geschichten von Spielern, die das Training erst dann beendeten, wenn sie eine bestimmte Anzahl Würfe getroffen hatten. Tiger Woods zum Beispiel, der als einziger Sportler in Stanford seinen eigenen Schlüssel zum Kraftraum des Footballteams hatte – obwohl er Golf spielte.

Meine Helden sprachen ständig davon, wie viel Arbeit sie auf ihrem Weg an die Spitze reingesteckt haben. In Interviews berichteten ihre alten Coaches aus der Highschool- oder Kindermannschaft, wie fleißig sie trainiert hatten. Um jeden von ihnen rankten sich Legenden, wie viel Zeit sie in der Trainingshalle verbracht hatten, als sie noch Kinder waren. Ich wollte sein wie sie, wollte genauso viel in den Sport investieren wie sie.

Ich wusste, dass es wichtig war, hart zu arbeiten. Doch zu Beginn meiner Laufbahn hatte ich keine Ahnung, was harte Arbeit *überhaupt bedeutete*. Kein Kind weiß das. Noch nicht.

Ich hatte Talent. Also hatte ich Glück. In gewisser Weise aber auch Pech, weil mir deshalb am Anfang alles so leichtfiel, dass ich unterschätzte, wie viel Arbeit noch nötig sein würde, um wirklich ein Großer zu werden. Vielleicht ging es Dir ähnlich. Eines Tages wirst Du merken, dass es, um an die Spitze zu kommen, mehr braucht, als Du Dir je hättest vorstellen können.

Das ist es, was harte Arbeit bedeutet: Deinen Körper und Geist weit über ihre Grenzen hinaus zu beanspruchen, wieder und wieder – ohne Garantie, dass Du wirklich auch dort ankommst, wo Du einmal hinwillst. *Wenn Du nur noch müde bist …* darüber haben wir im ersten Brief ja schon gesprochen. Doch es braucht mehr, als trotz Erschöpfung weiterzumachen. Der Weg ist unendlich weit und Du musst immer und immer wieder dieselben Dinge wiederholen. Du musst Dein ganzes Leben dem Sport unterordnen.

Gäbe es diese Garantie für Erfolg, wäre die Arbeit nicht halb so schwer. Doch es braucht eben, was es braucht.

Meine ich damit das Training? Aber hallo spreche ich vom Training. Es gibt keine Spiele, keine Meisterschaften, keine MVP-Titel, keine Signing-Boni, keine akkuraten No-Look-Pässe, keine perfekten Alley-Oops und keine historischen Überraschungssiege ohne Training.

Ohne Fleiß kein Preis.

Du willst Deine Träume verwirklichen, Pokale gewinnen, Millionen verdienen, Meister werden, berühmt sein oder was auch immer? Gut! Jeder träumt von solchen Dingen. Die Träume müssen gar nicht so groß sein. Du willst ein Buch schreiben, das Klavierspiel beherrschen, ein Einserschüler werden oder eine andere Sprache lernen? Gut! Auch von solchen Dingen träumt jeder.

Oder sollte ich lieber sagen: »Jeder träumt solche Dinge *vom Ende her*«?

Wer nämlich will sie sich wirklich erarbeiten und verdienen?

Wer ist bereit, dafür zu zahlen, was nötig ist?

Die wenigsten.

Kobe Bryant erwähnte in einem Interview, wie er mental trainiert hat, als er noch ein kleiner Junge war: Jeden Abend, wenn er zu Bett ging, stellte er sich vor, wie er in einem NBA-Spiel richtig auftrumpfte, einen Wurf nach dem anderen traf und am Ende astronomische 120 Punkte auflegte.

Viele Kinder haben solche Träume. Doch Folgendes unterschied Kobe von ihnen: Am nächsten Tag stand er auf, ging in die Trainingshalle und übte all die Würfe, die er am Abend zuvor visualisiert hatte. Jeden Tag absolvierte er Trainingswürfe. Aber nicht irgendwelche, sondern von jeder denkbaren Position auf dem Court aus, um jedes denkbare Szenario durchzuspielen. Dreier aus der Ecke. Fadeaways aus Höhe der Freiwurflinie. Sprungwürfe aus einem Wurfblock heraus. Was auch immer in einem echten Spiel passieren konnte, Kobe wollte mental und physisch darauf vorbereitet sein. »Wenn du das auf dein Betriebssystem runterlädst, dann geht auf dem Court alles ganz automatisch, weil du es vorher schon Tausende Male geübt hast«, sagte er.

Jeder Coach, der mich je trainierte, hatte eine ähnliche Story auf Lager, von irgendeinem legendären Spieler und dessen Trainingsmethoden. Ich hatte beispielsweise einen Assistenztrainer, der Steve Nash kannte. Der erzählte mit, dass Steve und Dirk Nowitzki jede Nacht auf den Court gingen – egal ob sie dort gerade ein Spiel hinter sich gebracht hatten oder nicht – und noch einmal hundert Würfe nahmen. Pro Kopf. Jede Nacht. Das war sozusagen ihre Routine. Irgendwann dachte ich mir: »Hmm, wenn der beste Werfer der Welt das jeden Abend tut, dann sollte ich lieber auch damit anfangen.« Im Basketball ist es genau wie anderswo im Leben auch: Du bekommst das raus, was du reinsteckst.

Später stellte sich heraus, dass es von allen Spielern, zu denen ich aufblickte, ähnliche Geschichten darüber gab, welch unglaublichen Fleiß sie in ihr Spiel gesteckt haben, wenn die Kameras nicht mehr liefen und ihre Teamkollegen längst Feierabend hatten. Ich weiß noch, wie ich zum ersten Mal einen dürren Kerl wie mich in der NBA wahrgenommen habe. Er nahm Sprungwürfe von weit draußen und blockte die Würfe der anderen. Ich fand das super, weil dünne Center damals nicht sonderlich beliebt waren. Plötzlich hatte ich ein Vorbild, dem ich nacheifern konnte. Der dürre Kerl hieß Kevin Garnett. Ich sah ihm nicht nur beim Spielen zu, ich hing Poster von ihm in meinem Zimmer auf und verschlang alles, was ich über ihn finden konnte: jeden Artikel, jedes Interview. Und immer, wenn er mal wieder verriet, was er tat, um so gut zu spielen, befolgte ich seine Ratschläge gewissenhaft.

Einer der glücklichsten Zufälle während meiner Anfangszeit in der NBA war, dass einer meiner Trainer, Sam Mitchell – selbst ein ehemaliger Profi –, auch Garnetts Mentor gewesen ist. Sam hatte zu meinem Glück jede Menge KG-Storys auf Lager. Deshalb fragte ich ihm Löcher in den Bauch: »Was tat KG, um in der Zone besser zu werden?« oder: »Wie verbesserte er seinen Sprungwurf?« Die Details in Sams Geschichten variierten abhängig vom Thema – schließlich ist es etwas anderes, ob Du Deinen Drop-Step im Low-Post verbessern willst oder aus dem Wurfblock heraus den Ball annehmen und einen Sprungwurf verwandeln willst –, aber durch alle Geschichten zog sich ein roter Faden: KG war jeden Tag in der Trainingshalle und trainierte wie ein Besessener.

Ich kann Dir versichern: Egal welche Idole Du hast, sie haben es nicht auf Sparflamme bis an die Spitze geschafft, sondern härter dafür gearbeitet, als Du es Dir vorstellen kannst.

Hast Du Dich je gefragt, warum die Sportler, zu denen Du aufblickst, in Drucksituationen so hervorragend funktionieren? Ganz einfach: Weil sie diese Drucksituationen im Training immer und immer wieder simuliert haben, bis sie zur Routine wurden. Kobe traf spielentscheidende Würfe deshalb so zuverlässig, weil er einen großen Teil seines Lebens dafür aufgewendet hatte, sich solche Clutch-Momente vorzustellen und genau diese Würfe zu üben. »Als Kind habe ich das millionenfach gemacht«, sagte er einmal. »Und ich habe niemals versagt, denn ich war gleichzeitig auch der Zeitnehmer. Wenn ein Wurf in letzter Sekunde danebenging, wurde die Uhr eben um ein paar Sekunden zurückgestellt.«

Ich werde nie die Wurfmechanik des unglaublichen Treffers vergessen, den Ray Allen in den Schlusssekunden der regulären Spielzeit von Spiel 6 der Finals 2013 verwandelte und unser Team damit vor der Niederlage bewahrte. Nachdem ich den Rebound runtergefischt hatte, bemerkte ich, wie er sich in Richtung Ecke zurückzog. Als ich ihm den Ball zuspielte, nahm er ihn und machte instinktiv einen Schritt zurück hinter die Dreipunktelinie, ohne bewusst auf die Position seiner Füße achten zu müssen. Noch bevor ich wieder umschalten und mich auf den nächsten Rebound vorbereiten konnte, hatte Ray den Ball längst angenommen, war abgesprungen und hatte den Wurf ausgeführt. Das alles in einer flüssigen Bewegung, die weniger als eine Sekunde dauerte. Nachdem wir die Serie gewonnen hatten, verriet er einem Journalisten: »Ich würde sagen, dass ich diesen Wurf schon Hunderttausende Male geübt habe.« Genau *diesen* Wurf.

Er hatte praktisch auch jeden anderen Wurf, von überall auf dem Feld aus, Tausende Male geübt. Denn Ray arbeitete eine ganze Liste mit Würfen von jeder denkbaren Position auf dem Court aus ab, die er bis zur Erschöpfung immer und immer wieder übte, damit sie im Spiel auf jeden Fall saßen, selbst wenn sein Körper am Ende des vierten Viertels bereits um

Gnade winselte. Sprungwurf für Sprungwurf. Drill für Drill. Nicht nur Würfe aus dem Stand, sondern auch aus der Bewegung heraus, aus einem Wurfblock kommend, direkt nach der Ballannahme, aus dem Dribbling, Sprungwürfe aus der Kurz- und Mitteldistanz, Dreipunktewürfe, Fadeaways und so weiter … das volle Programm. Vier Stunden vor jedem Spiel ging er jedes Mal seine gesamte Wurfliste durch, weil er im Spiel keinen Wurf zum ersten Mal an diesem Tag nehmen wollte.

Das ist das Tückische am Training: Bist Du noch jung und fängst gerade an, verrät Dir niemand, dass Du niemals damit aufhören darfst. Im Gegenteil, es wird immer mehr. Als Ray diesen Wurf verwandelte, der uns die Overtime rettete, spielte er bereits seine *17. NBA-Saison*, seine erste bei uns in Miami. Bis dato stand er bei uns kein einziges Mal in der Startformation und spielte kaum die Hälfte eines jeden Spiels. Doch mehr als die Hälfte seiner Würfe waren Dreier: Treffer wie dieser, mit nur noch sechs Sekunden auf der Uhr und unserem Traum von der Meisterschaft auf Messers Schneide. Ich habe mitbekommen, wie Ray trainiert, und ich möchte wetten, dass er diesen Dreier mit Schritt zurück in die Ecke in seinem 17. Jahr noch häufiger geübt hat als in seinem siebten Jahr und in seinem siebten noch häufiger als im ersten Jahr. Denn als Ray sich in der NBA hocharbeitete, kristallisierte sich heraus, was seine Hauptaufgabe sein würde: Nämlich genau diese Sprungwürfe zu treffen, weshalb er sich im Training auch genau darauf konzentrieren musste.

Steph Curry ist heute genauso. Nach jeder Trainingseinheit absolviert er noch 300 *zusätzliche* Würfe. 2017 berichtete der US-Sportsender ESPN, dass Curry und seine Mitspieler so viele Übungswürfe nahmen, dass sie in ihrem Trainingszentrum buchstäblich die Netze damit kaputtmachten. Kein Wunder, dass Steph und Ray vermutlich Platz 1 und 2 in jeder Rangliste der besten Werfer aller Zeiten belegen. Heutzutage nehmen viele Eltern ihre Kinder schon früh zu Spielen der Golden State Warriors mit, damit sie Currys gründliche (und erschöpfende) Aufwärmroutine vor dem Spiel beobachten können. Steph muss nichts mehr beweisen. Er ist ein unbestrittener Most Valuable Player (MVP) der Liga, mehrfacher All-Star und mehrfacher NBA-Champion.

Und dennoch geht er Abend für Abend, vor jedem Spiel, seine beidhändigen Dribblings durch und arbeitet an diesem oder jenem Move. Stell Dir vor, wie einfach es für ihn wäre, von jeder Übung einfach ein paar Wiederholungen weniger zu machen, die Anzahl der Übungen insgesamt zu reduzieren oder auf seine berühmten Würfe vom Spielertunnel aus zu verzichten, mit denen er seine Warm-ups bekanntlich abschließt, wenn die Warriors ein Heimspiel haben. Niemand würde ihm übelnehmen, nähme er den Fuß nur ein wenig vom Gas. Er hat inzwischen drei Kinder und eine Produktionsfirma. Er ist eine globale Marke. Er könnte seine Aufmerksamkeit einer Million anderer Dinge widmen. Aber daran denken Gewinner nicht, wenn das Spiel läuft.

Die Sache mit Ray und Steph ist außerdem, dass sie sich nicht nur stupide geschunden haben. Sie sind schließlich keine Masochisten. Sie trainierten zwar hart, aber auch smart – will sagen: Sie waren sich genau darüber im Klaren, welche Fähigkeiten sie perfektionieren wollten. Bei allen erfolgreichen Spielern ist das so. Sie analysieren stets die Schwachpunkte ihres

Spiels und konzentrieren sich dann darauf. Bist Du mit Deinem Dreier zufrieden, arbeite an Deinem Ballgefühl. Dein Ballgefühl ist top? Dann bau ein paar Muskeln auf, damit Du unter dem Korb nicht mehr so leicht herumgeschubst wirst. Es gibt immer etwas zu verbessern. Woran willst Du heute arbeiten?

Viele Spieler denken in dieser Hinsicht zu eindimensional und arbeiten immer an denselben Dingen. Es genügt ihnen, in nur einer Facette des Spiels spitze zu sein. Das ist natürlich besser als nichts, aber so wirst Du keiner der Großen. Auch wenn es unangenehm ist, Dich auf Deine Schwächen zu konzentrieren – erstens bedeutet das, zuzugeben, dass Du überhaupt welche *hast* (was nicht jeder kann), und zweitens führt es am schnellsten zu Ergebnissen. In keinem Bereich zahlt sich Training nämlich schneller aus, als an Deinen größten Schwachpunkten zu arbeiten. So übst Du nicht nur diese eine Fähigkeit, sondern lernst dabei auch, ehrlich zu Dir selbst zu sein. Du kultivierst jene Stärken, die du in der Crunch Time benötigst: Leidenschaft, Intensität, Konzentration. Als ich jünger war, hatte ich einen Trainer, der uns stets ermahnte, im Training niemals über die Auslinie zu dribbeln, nicht einmal wenn wir nur herumalberten. Denn wo diese Linie sich exakt befindet, muss Dir in Fleisch und Blut übergehen. Du musst sie blind erkennen und meiden wie der Teufel das Weihwasser, weil Du sie sonst in einem echten Spiel, wenn es drauf ankommt, vielleicht übertrittst und so schlimmstenfalls den Sieg vergeigst. Darum geht es im Training. Es heißt nicht umsonst: »Du spielst, wie Du trainierst.«

Spieler wie Steph und Ray sind vermutlich dennoch Ausnahmen dieser Regel. Sie weichen ab von der Norm. Ich habe viele Spieler erlebt, die es auch bis nach oben geschafft und ihre Träume beinahe wahrgemacht haben, die dann jedoch plötzlich aufhörten, hart zu arbeiten – sodass alles wieder zusammenbrach. Deshalb muss Training für Dich zur Gewohnheit werden. Das ist Dein Mittel gegen Pfuscherei und Oberflächlichkeit. Du putzt Dir schließlich auch jeden Tag die Zähne, egal welches Wetter draußen ist oder ob Du einen guten oder schlechten Tag hast – weil Mundhygiene wichtig für Deine Gesundheit ist. Dein Training musst Du genauso handhaben. Denn das ist wichtig für Dein Spiel. Du musst täglich in die Trainingshalle gehen und Körbe werfen, egal ob Du einen guten oder schlechten Tag hast, ob Du nach einer Niederlage einen Durchhänger hast oder nach einem Sieg obenauf bist. Übst Du nicht fleißig jeden Tag, rächt sich das früher, als du denkst. Und das gilt für alle Bereiche, in denen Du tätig bist.

Jascha Heifetz, einer der berühmtesten Geiger des 20. Jahrhunderts, sagte: »Wenn ich einen Tag nicht übe, dann merke ich das. Bei zwei Tagen merken es die Kritiker und bei drei Tagen die Öffentlichkeit.« Das ist auch meine Erfahrung. Spitzenfähigkeiten bauen sich extrem schnell ab, wenn Du sie nicht pflegst. Es ist traurig, in der NBA junge Spieler zu sehen, die ein Leben lang darum gekämpft haben, es in die Liga zu schaffen, und dann, wenn sie endlich dort sind, alles schleifen lassen. Geschieht das nämlich, stehen bereits unzählige andere Spieler bereit, die hungriger sind und diese Plätze übernehmen. Willst Du in einer Sache erfolgreich sein – egal worin –, musst du dafür leben.

Training muss Dein tägliches Ritual werden, dies ist eine der sichersten Methoden, um das Feuer in Dir am Lodern zu halten. Man hört das selten von Basketballspielern – die meisten Menschen glauben, das sei eher eine Baseball- oder Eishockey-Eigenart –, aber wir *alle* haben irgendeine Art von Ritual oder Routine. Wie sollten wir sonst das Maß an Disziplin aufrechterhalten, das nötig ist, um auf einem so hohen Niveau zu spielen? Darum hat Ray seine Wurfliste angefertigt, die er immer wieder abarbeitete – so ritualisierte er sein Training, baute es in seinen Alltag ein, bis es für ihn genauso selbstverständlich wurde wie das morgendliche Zähneputzen.

Hältst Du Dich Tag für Tag an eine Routine, wirst du schnell Ergebnisse sehen. Das soll nicht heißen, dass Du garantiert Meister wirst. Denk daran: Solche Garantien gibt es nicht. Aber Du wirst merken, dass Du stärker, smarter, schneller wirst. Je mehr das geschieht, desto motivierter wirst Du sein, darauf weiter aufzubauen. Denn Du wirst merken, dass Du etwas Besonderes schaffst. Deshalb stand ich in der texanischen Hitze täglich auf dem Court, als ich noch klein war. Deshalb blieb ich nach dem Training noch in der Halle. Ich hatte keine Ahnung, wohin mich das einmal führen würde, aber ich wusste, dass ich mir etwas erarbeitete, auf das ich stolz sein konnte.

Hast du hart für etwas gearbeitet und zahlt sich das endlich aus, fühlt sich das einfach geil an. Zum ersten Mal gespürt habe ich das während eines Sommerturniers an der Roosevelt High School in Dallas, das war im Sommer nach meinem ersten Highschool-Jahr. Damals hatte ich gerade begonnen, Basketball mit einer gewissen Ernsthaftigkeit zu spielen. Ich arbeitete täglich daran, mein Spiel zu verbessern. Ich ging zum ersten Mal in den Kraftraum – mein Coach holte mich ab und brachte mich in die Trainingshalle, wo ich Gewichte stemmen konnte. Es war das Jahr, in dem Antawn Jamison bei UNC gerade voll durchstartete, und ich erinnere mich, wie ich beim Training versuchte, seine Moves zu kopieren. Ich spürte, wie ich immer stärker und geschickter mit dem Ball wurde, wie sich meine Kondition beständig verbesserte. Das Training machte mich geradezu süchtig. Eines Tages konnte ich die Resultate gegen die besten Spieler unseres Bundesstaates einsetzen. Und, bei Gott, es hat funktioniert.

Im Halbfinale des Turniers lagen wir deutlich hinten, ich glaube mit mehr als 20 Punkten. Ich weiß noch, wie ich während der Time-outs auf den Pokal starrte, der für den MVP des Turniers vorgesehen war und auf dem Scorer's Table am Spielfeldrand stand. Ich weiß nicht warum, aber ich war wie besessen von diesem Ding. Ich wollte diesen Pokal unbedingt gewinnen. Vielleicht dachte ich, er könnte eine Art Bestätigung für all die harte Arbeit sein, die ich reingesteckt hatte. Meine Gedanken kreisten nur noch um diesen Pokal, obwohl wir nach wie vor zurücklagen. Und was soll ich sagen? Ich kniff meine Pobacken zusammen, nutzte mein Kraft- und Konditionstraining der letzten Wochen und Monate und holte mir das Ding. Wir fanden ins Spiel zurück, gewannen das Turnier und ich bekam den MVP-Pokal. Den stellte ich in mein Zimmer und starrte ihn dort weiter an. Denn nun hatte ich den Beweis vor mir stehen, dass harte Arbeit sich wirklich auszahlt. Bald darauf begann ich mich zu fragen: »Was kann ich eigentlich noch alles erreichen?«

Wenn Du erfolgreich sein willst – egal in welchem Bereich –, muss dies Dein Mindset sein. Willst Du die Früchte des Erfolges ernten, ohne vorher die dafür nötige Arbeit reingesteckt zu haben, machst Du Dir selbst etwas vor. Hättest Du allerdings gar nicht vor, hart für Deinen Erfolg zu arbeiten, würdest Du dieses Buch vermutlich gar nicht lesen, richtig?

Du solltest Dich freuen, wenn Du die Chance bekommst, an Dir arbeiten und Dich verbessern zu können. Mich hat stets motiviert, mein eigenes Potenzial maximal auszuschöpfen. Ich wollte jedes Spiel gewinnen, und das ging nur, indem ich mir im Training den Allerwertesten aufriss. Deshalb ist es wichtig, herauszufinden, was Dir Spaß macht und dies dann zu tun. So wird es Dir nicht wie Arbeit vorkommen, Zeit dafür zu opfern, ein wirklich Großer zu werden. Denn wir reden hier von einer enormen Menge an Zeit.

Möchtest du ein überragender Spieler werden, wirst du den Großteil Deiner Zeit nicht damit verbringen, Netze abzuschneiden oder Champagnerduschen zu genießen, sondern mit elend viel harter Arbeit. Finde also einen Weg, diese Arbeit zu genießen, selbst wenn's wehtut. Der Komiker Jerry Seinfeld hat es mal so ausgedrückt: »Ein großes Lebensglück ist es, eine Qual zu finden, die du genießen kannst … sei es Arbeit oder Training – finde eine Qual, die du als angenehm empfindest und du wirst erfolgreich damit sein.«

Das gefällt mir, weil es realistisch ist. Keiner behauptet, dass Einheiten im Kraftraum oder Sprints sich gut anfühlen. Im Gegenteil: Die machen die meiste Zeit über keinen Spaß und fühlen sich manchmal wie Folter an. Aber wenn du wirklich erfolgreich sein willst, dann musst und wirst du Wege finden, sie zu genießen. Nach Workouts saß ich häufig da und stellte mir vor, wie ich erfolgreich bin: Wie ich die neuen Moves, an denen wir den gesamten Sommer über gearbeitet haben, zum Saisonstart im Spiel einsetze. Wie ich einen wichtigen Freiwurf verwandle. Wie ich den Meisterschaftspokal in die Luft recke. Training erlaubt es dir, all diese Emotionen, Fantasien und Handlungen im Kopf durchzuspielen, bevor du sie auf dem Court durchspielst.

Das sind die Ergebnisse von Training. Zusätzlich verschafft es Dir dieses pure Gefühl, in Topform zu sein – egal auf welchem Niveau du spielst. In der »Zone« zu sein.

Jeder spricht davon, »in the Zone« zu sein, aber in einen solchen Flow-Zustand gelangst Du nur durch intensives Training und zielgerichtete Konzentration. Nur durch beständiges Training kannst Du während eines Spiels oder in anderen Momenten mit völlig klarem Geist funktionieren und Leistung erbringen. Das Einzige, was Dir dann durch den Kopf geht, wenn der Ball bei einem Wurf Deine Hand verlässt, sind die korrekte Wurfmechanik und das richtige Gleichgewicht. Du kannst alles ausblenden – Zwischenrufer, 20 000 schreiende Fans und selbst die Angst vorm Versagen. Doch wie immer im Sport sehen die Zuschauer zwar die Ergebnisse dieses Flow-Zustands – »Wow, der spielt heute wie vom anderen Stern!« –, aber nicht ansatzweise die Arbeit, die zum Erreichen dieser Bewusstseinsebene nötig ist.

Ich werde häufig gefragt, wie es sich denn anfühle, »in der Zone« zu sein, aber das lässt sich nur schwer beschreiben. Man ist viel zu sehr damit beschäftigt, mitten im Moment zu sein, um das beschreiben zu können – und sobald man darüber nachdenkt, was gerade geschieht, ist es vorbei. Im Flow-Zustand ist man einfach nur präsent. Aber in diesen Zustand gelangst Du nicht automatisch, wenn Du Dich nicht tagein, tagaus darauf vorbereitest. Du kannst ihn nicht erzwingen, aber Du kannst den Boden dafür bereiten. In gewisser Weise ist dieser Zustand totaler Gegenwärtigkeit Deine Belohnung für die geleistete Arbeit. Die meisten Sportler werden niemals eine Meisterschaft gewinnen. Doch egal auf welchem Niveau du spielst, kannst Du diesen Zustand völligen Vertieftseins erleben – wenn Du Dich darauf vorbereitest.

Etwas Besonderes ist es, wenn ein ganzes Team diesen Zustand gemeinsam erreicht. Du musst als Einzelperson fleißig trainieren – und auch als Team müsst Ihr das tun. Ihr müsst zu kommunizieren verstehen, in der Defense rotieren oder in der Offense den freien Mann finden. Wie ich in diesem Buch schon beschrieben habe, braucht es viele Trainingseinheiten und manchmal sogar Jahre, bevor eine Gruppe als Einheit funktioniert.

Schau Dir an, wie die Spurs uns Jahr für Jahr neu angegriffen haben, bis sie endlich in der Lage waren, uns zu besiegen. 2012 verloren sie die Finals der Western Conference. Im darauffolgenden Jahr schlugen wir sie im Finale um die Meisterschaft. Ein weiteres Jahr später kamen sie noch stärker zurück und konnten uns schlagen. Das war ein langer, steiniger Weg für sie. Die Mannschaft bestand aus einer Gruppe unglaublich talentierter Spieler und hatte mit Gregg Popovich einen der besten Coaches aller Zeiten. In der Ära der »Superteams«, die durch die Free Agency entstand, behielten die Spurs dieselbe Gruppe von Spielern bei und kämpften sich damit ganz methodisch Jahr für Jahr weiter nach oben, um uns schließlich vom Thron zu stoßen. Das tat weh – Verlieren tut immer weh.

Doch ich habe die harte Arbeit meiner Gegner stets bewundert und habe den allerhöchsten Respekt davor, was die Spurs damals geleistet haben, um es an die Spitze zu schaffen. Praktisch fünf Hall-of-Fame-Spieler im Team gehabt zu haben, half natürlich auch!

In all diesen Briefen geht es darum, dass Du hart für Deinen Erfolg arbeiten musst. Deinen Geist kultivieren. Deinen Körper an seine Grenzen bringen. Dein Ego im Zaum halten. Lernen, mit Deinen Mitspielern zu funktionieren. Nichts davon ist einfach – sonst wäre es schließlich keine große Sache, ein Champion zu sein. Ich kann Dir nur davon berichten und versuchen, Dich zu motivieren. Die Arbeit abnehmen kann ich Dir nicht. Wie das nächste Kapitel Deiner persönlichen Geschichte aussieht, liegt ganz bei Dir.

Ich habe *The Last Dance*, eine Doku über Michael Jordan und die Bulls am Ende ihres zweiten Three-peats (drei in Folge gewonnene Meisterschaften), schon einmal erwähnt. Falls Du sie noch nicht gesehen hast, solltest Du das unbedingt nachholen. Und sie dann noch einmal anschauen. Immer wieder, wie eine Videoanalyse des Gegners vor Deinem nächsten Spiel. Halte das Video an wichtigen Punkten an und studiere es. Es stecken viele subtile, kleine Details in dem Film, die Dir entgehen, wenn Du nicht genau hinschaust. Eine Sache, die mir aufgefallen ist: Zu Anfang ihres letzten Playoff-Laufs stehen Jordan und seine Mitspieler in einem Pulk und strecken ihre Hände in die Mitte. Jordan verkündet ihnen – ganz ruhig, ohne zu brüllen – das Motto für das Spiel und die Saison: »Am Anfang steht die Arbeit, am Ende wartet Champagner.«

Am Anfang steht die Arbeit, am Ende wartet Champagner.

Von wie viel Arbeit reden wir?

So viel, wie nötig ist.

So einfach ist das. Nur wenige Sportler – wenn überhaupt einer – waren so talentiert wie MJ, doch auch keiner hat härter gearbeitet. Er legte sieben Kilo Muskelmasse zu, um seinem Team zu helfen, in den 90er-Jahren die Detroit Pistons zu besiegen. Als Phil Jackson an Bord kam, lernte Jordan ein neues Spielsystem für die Offensive, das sogenannte »Triangle«, das verhindern sollte, dass Gegner die Bulls besiegten, indem sie ihn mit zwei oder gar drei Spielern neutralisierten. Er lernte, ein guter Passgeber zu sein, ein Spielmacher, der beste Verteidiger der Liga. Als sein Markenimperium immer größer wurde, lernte er auch, ein Geschäftsmann und eine Führungskraft zu sein sowie schwierige Entscheidungen zu treffen. Er brachte Stunden damit zu, mit Journalisten zu sprechen, auf Kritik zu reagieren und herauszufinden, wie er ein besserer Kommunikator und ein Vorbild sein konnte. Alles, was er tat, drehte sich darum, weitere Schwächen zu erkennen und auszumerzen, um in einem neuen Segment Weltklasse zu werden. Nichts davon war einfach. Nichts davon hat Jordan »nebenbei« gelernt.

Viele Menschen betrachten Jordan als einen der talentiertesten Sportler aller Zeiten. Tatsächlich war er das – aber ich betrachte ihn vor allem als einen Menschen, der nie zu lernen aufgehört hat. Nur die Abertausend Stunden harter Arbeit haben ihn zu dem gemacht, der er heute ist.

Ich hatte erzählt, wie Coach Spoelstra mir bei meiner Ankunft in Miami das Buch *Outliers* geschenkt hat, in dem Autor Malcolm Gladwell den berühmten Satz schrieb, es brauche etwa zehntausend Stunden Übung, um in einer beliebigen Fähigkeit Kompetenz zu entwickeln. Ein weiteres gutes Buch darüber, wie Du in Deinem Bereich Exzellenz entwickelst, ist *Mastery* von Robert Greene, der dafür eher zwanzigtausend Stunden veranschlagt. Das aber gilt nur Pi mal Daumen. Viele Leuten haben weitaus mehr Zeit investiert und es dennoch nie bis ganz nach oben geschafft. Könntest Du zig Stunden Arbeit für garantierte Exzellenz eintauschen, wäre Exzellenz nicht mehr beeindruckend.

Du kannst vorab nicht wissen, was Exzellenz Dich kosten wird, wenn Du am Anfang Deines Weges stehst. Vielleicht ist der Weg auch deshalb so beschwerlich – und vielleicht ist es deshalb so ein lohnendes Gefühl, wenn Du an Deinem Ziel ankommst. Vermutlich ist alles, was Du sagen kannst: *Es braucht, was es braucht.*

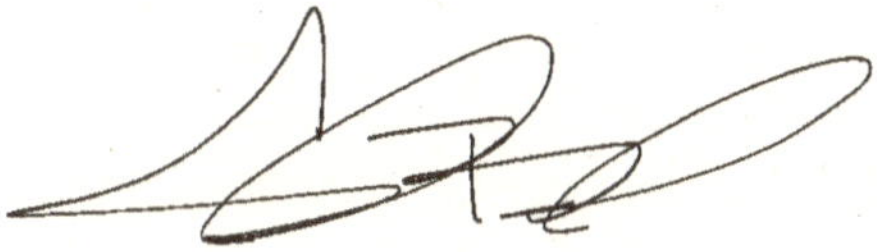

FAZIT

Spiele jedes Spiel, als wäre es Dein letztes.

Diesen Spruch hast Du vermutlich schon millionenfach gehört. Als Klischee überhörst du ihn. Als Motivationsgrundlage nutzt Du ihn.

Die Vorstellung allerdings, ein Spiel könnte Dein letztes sein, magst Du nicht zulassen. Dieser Gedanke ist zu schmerzhaft, um ihn als Gegebenheit überhaupt in Erwägung zu ziehen. Ich spreche aus leidvoller Erfahrung, denn die eine Sache, auf die ich mein gesamtes Leben lang hingearbeitet habe – in der NBA zu spielen –, wurde mir von heute auf morgen genommen. Plötzlich. Auf grausame Weise. Durch eine seltene medizinische Komplikation. Nicht aufgrund eines Fehlers meinerseits. Und dennoch stand ich nun nicht mehr auf dem Court, sondern auf der Verletztenliste. Es gibt ein Zitat, das im Internet kursiert. Es wird häufig dem Film *Herkules und die Sandlot-Kids* zugeschrieben, allerdings kann ich mich nicht erinnern, es dort gehört zu haben –, obwohl es gut reingepasst hätte:

> *Es gab einen Tag in deiner Kindheit, an dem du und deine Freunde, ohne es zu wissen, zum letzten Mal rausgingen und spielten.*

Mein letztes NBA-Spiel fand an einem Mittwochabend im Februar gegen die Spurs statt. Wir haben nicht gewonnen. Wir haben nicht einmal sonderlich gut gespielt. Es war ein ganz normaler Tag in einer ganz normalen Saison in der Geschichte der Liga. Ich wollte nur, dass unsere Mannschaft stark genug auftritt, um nach dem All-Star-Spiel noch einen Angriff auf die NBA-Meisterschaft zu wagen. LeBron war nicht mehr bei uns, sondern verteidigte mit den Cavs den Meistertitel der Eastern Conference.

Ich war mir sicher, dass wir trotzdem das Zeug dazu hatten. Wir hätten das gepackt. Was wäre das für eine tolle Serie geworden: Eine, an die man sich noch lange erinnert hätte.

Aber es sollte nicht sein.

Im Winter 2015 fanden Ärzte ein Blutgerinnsel in einem meiner Lungenflügel. Ich hielt das anfangs für eins dieser Wehwehchen, die Sportler manchmal haben. Ich nahm mir eine kurze Auszeit, um mich zu erholen und spielte die Saison dann zu Ende.

Ein Jahr darauf wurde ein weiteres Blutgerinnsel in meinem Bein entdeckt. Erneut glaubte ich, nach einer kurzen Reha hätte sich die Sache erledigt und ich könnte zu den Playoffs gestärkt wieder einsteigen. Aber das geschah nicht. Die Sache erledigte sich nie. Ein Blutgerinnsel kann sich lösen und durch den Blutkreislauf wandern. Die Wahrscheinlichkeit dafür ist höher bei intensiver körperlicher Anstrengung – wie etwa bei einem Basketballspiel. Setzt es sich in einer Arterie fest, die Blut in die Lunge transportiert, kann das eine Lungenembolie verursachen. Setzt es sich im Herzmuskel fest, kann es zum Herzinfarkt kommen. Und wenn es sich im Gehirn festsetzt, zum Schlaganfall. Die Ärzte warnten mich eindringlich: »Wenn Sie weiterspielen, riskieren Sie Ihr Leben.«

Wenn ich ehrlich bin, hat es eine Weile gedauert, bis ich verstand, was sie mir sagen wollten. Hier ging es nicht um eine karrierebedrohende Verletzung. Basketball konnte mich buchstäblich umbringen. Mein erster Gedanke war: »Basketball ist doch mein Leben.« Es gab wirklich Momente, in denen es mir sinnvoller erschien, mein Leben aufs Spiel zu setzen, als mit Basketball aufzuhören.

Momente wie diese zeigen Dir, wie wichtig es ist, einen Grund und Leidenschaft für das zu haben, was Du tust. Dies zwang mich, zu überdenken, wofür ich spielte, was Basketball mir bedeutete und vor allem, wer ich als Mensch überhaupt war. In diesem Frühjahr wurde ich für die Playoffs gestrichen. Zu diesem Zeitpunkt dachte ich immer noch, das Problem würde sich über den Sommer beheben lassen und ich könnte in der nächsten Saison wieder spielen, aber nein. Ich hatte mein letztes Spiel bestritten, ohne es zu wissen.

Was war geschehen? Hätte man es verhindern können? Seit meiner Schulzeit habe ich mir den Hintern aufgerissen und alles für diesen Sport gegeben. Ich hatte versucht, alles nur Erdenkliche zu kontrollieren – meine Kondition, meine Ernährung, die Beziehung zu meinen Mitspielern. Doch was meine Karriere schließlich beendete, entzog sich völlig meiner Kontrolle – ein Blutgerinnsel, nur wenige Zentimeter groß. Nach allem, was ich für diesen Sport getan hatte: Warum musste mir das passieren?

»Theirs not to reason why«, heißt es in Tennysons Gedicht *The Charge of the Light Brigade*, auf Deutsch etwa: »Es ist nicht an ihnen, nach Gründen zu suchen«.

Es ist, wie es ist.

Wir können nicht kontrollieren, was uns widerfährt, sagen die Stoiker. Wir können lediglich kontrollieren, wie wir darauf reagieren.

Ich hatte geglaubt, das Schwerste, was ich je gestemmt habe, sei der Gewinn der NBA-Meisterschaft gewesen. Rückblickend war es deutlich einfacher, den Meistertitel zu holen, als mich damit abzufinden, niemals wieder Basketball zu spielen. Es fühlte sich an, als sei ein Teil von mir gestorben. Als hätte man einen Teil meines Lebens aus mir herausgeschnitten, gestohlen und viel zu früh genommen.

Manche Menschen schauen auf den Erfolg, den ich hatte und sagen: »Hey, tolle Karriere, Mann! Du solltest stolz auf dich sein. Deine Gesundheit ist doch viel wichtiger.«

Das stimmt. In gewisser Weise weiß ich, dass sie recht haben. Dass ich dankbar dafür sein sollte, was ich erreicht habe und dass es viel schlimmere Arten gibt, aus dem Sport auszuscheiden. Etwa sich auf dem Spielfeld das Bein zu brechen und unter fürchterlichen Schmerzen aus der Halle getragen zu werden. Oder eines morgens im Trainingslager herauszufinden, dass man entlassen wurde: »War schön, dich gekannt zu haben, jetzt räum deinen Spind aus.« Rational betrachtet hatte ich mehr Glück als die meisten Menschen, die jemals Basketball gespielt haben.

Sport aber ist eben nicht immer rational, nicht immer vernünftig. Sport ist eine Obsession. Es ist Liebe. Eine Form der Verwirklichung. In Amerika sagen sie: *Ball is life*. Basketball ist Leben. Genau das ist es. Und wenn es nicht mehr da ist, aus welchem Grund auch immer, löst das echte Trauer aus.

Für mich war Basketball die tägliche Erfüllung dessen, wozu ich geboren wurde. Meine Gesundheit? Ach, ich habe mit Verletzungen gespielt, bin auf dem Court Risiken eingegangen, habe wahre Schlachten geschlagen ... so wie ich das sah, riskierte ich meine Gesundheit sowieso in jedem Spiel ein bisschen. Auch wenn es nun ernster aussah – der Unterschied, auf Krücken zu laufen oder zu sterben, war mir schon bewusst. Dies war die bitterste Pille, die ich jemals schlucken musste.

Basketball ist Leben. Doch auch Abschiede gehören zum Leben dazu. Und jeder Abschied tut weh. Ich weiß nicht, wie sich der Schmerz der Erkenntnis über mein Karriereende im Vergleich zum Schmerz anderer Sportler anfühlte, die in einer ähnlichen Situation waren. Diesen Schmerz spürst Du nur einmal und Du spürst ihn nur ganz für Dich allein. Doch ob wir schreiend, wütend und um uns schlagend oder würdevoll die große Bühne verlassen, gehen müssen wir alle irgendwann.

Egal ob nach Deinem letzten Jahr in der Lacrosse-Schulmannschaft, am Ende Deiner Uni-Schwimmkarriere oder am Tag, an dem Du einsehen musst, dass Du niemals in einer der großen Profiligen spielen wirst – irgendwann wird sich Dein Status als Sportler unweigerlich verändern. Einige von uns bekommen Knieprobleme und können nie wieder einen Sprungwurf ausführen, andere haben Autounfälle und laufen nie wieder einen Marathon, und wieder andere werden bloß alt und spielen Golf statt Vollkontakt-Football.

Mit dem Sport aufhören zu müssen, versetzte meiner Seele einen herben Schlag. Aber es ermöglichte mir auch, meine Seele für neue Dinge zu öffnen. Es ließ mich erkennen, dass es im Sport nicht nur darum geht, zu gewinnen und bezahlt zu werden, um mehr als den Hunger, sich ständig zu verbessern – so wichtig diese Dinge auch sind. Es geht auch um Freundschaften, um das tägliche Ausüben von etwas, das du liebst, sowie darum, etwas gemeinsam als Team durchzustehen und Dich selbst über die eigenen Grenzen hinaus zu pushen. Zu lernen, gemeinsam auf ein bestimmtes Ziel hinzuarbeiten und die Triumphe und Niederlagen zu spüren und zu teilen, die damit einhergehen.

Es war ein langer, harter Weg, doch ich würde mir kein Leben ohne Herausforderungen wünschen. Genauso ging es mir, als ich noch Basketball spielte: Die Meisterschaften zu gewinnen fühlte sich so toll an, weil sie uns so viel gekostet hatten. Mir ein Leben *nach* dem Basketball aufzubauen, war ebenso toll, weil es das Schwerste war, das ich je getan habe. Ich war niedergeschlagen an einigen Tagen, habe mich selbst bemitleidet und so weiter. Doch was man im Sport gelernt hat, vergisst man nicht – und eine Sache, die ich gelernt habe, war, wieder aufzustehen, wenn mich etwas umgehauen hat, egal wie sehr es wehtat. Um erfolgreich auf höchstem Niveau zu spielen, musst Du es hassen zu verlieren. Du wirst es nicht an die Spitze schaffen, ohne auf dem Weg dorthin viele Niederlagen zu kassieren. Mit einer Sportart aufzuhören, ist sicherlich schmerzvoll – aber die Sportart überhaupt auszuüben, ist eine wirkungsvolle Vorbereitung auf den eines Tages unvermeidbaren Schmerz des Loslassens.

Ich habe es Dir in diesen Briefen immer wieder gesagt: Wenn Sport für Dich nur stärkere Muskeln oder bessere Kondition bedeutet, dann verpasst Du so einiges, was er Dir zu bieten hat. Etwa die Möglichkeit, offen und ehrlich zu kommunizieren, Kritik anzunehmen und daran zu wachsen, voller Würde zu verlieren, voller Demut zu gewinnen und Dich selbst bis über Deine vermeintlichen körperlichen und mentalen Grenzen hinaus zu pushen. Mein Leben ist reichhaltiger geworden durch die Dinge, die ich dank Basketball gelernt habe. Diese Fähigkeiten sind nun ein Teil von mir. Ich kann sie behalten, ob ich auf dem Court stehe oder nicht.

Inzwischen habe ich mein eigenes Team zu Hause – fünf Kinder. Ich versuche mein Bestes, ihnen jeden Tag ein gutes Vorbild zu sein. Und ich freue mich schon darauf, mir Gedanken darüber zu machen, was für mich als nächstes kommt. Denn Basketball hat nur das erste Viertel meines Lebens dominiert. Nun will ich neue Dinge erkunden, die das Beste in mir hervorbringen und mich Neues lehren, so wie es lange Zeit der Sport getan hat.

Ich hatte mir erhofft, dass meine Karriere einmal wie die von David Robinson enden würde, der in seinem letzten Jahr nochmal eine Meisterschaft gewann. Oder, wenn schon eine Verletzung mein Karriereende besiegeln sollte, dann wollte ich es wenigstens machen wie Payton Manning, der in seinem letzten Super Bowl kaputt, aber unverwüstlich zum Sieg in die Endzone humpelte und anschließend keinen Moment zu früh zurücktrat. Und wenn ich nicht mit dem Gewinn einer Meisterschaft abtreten konnte, so hätte ich den Zeitpunkt und die Art meines Rücktritts doch gerne selbst bestimmt und wie D-Wade oder Dirk noch eine Ehrenrunde gedreht.

Aber nochmal: Es sollte nicht sein.

Es ist nicht an mir, nach Gründen zu suchen.

Es ist, wie es ist.

Ich war enttäuscht. Wütend. Traurig.

Doch alles, was ich tun konnte, war, zu reagieren, weiterzumachen und die nächsten Herausforderungen anzugehen. Denn so ist das Leben.

Das Ende eines Weges markiert gleichzeitig den Anfang eines neuen. LeBron hat recht, wenn er sagt, wir seien »mehr als Sportler.« Weißt Du, was David Robinson heutzutage treibt? Er leitet eine innovative Schule namens Carver Academy, die schon Tausenden Kindern aus San Antonio geholfen hat. Was wurde aus Bill Bradley? War mehr als 15 Jahre US-Senator für den Bundesstaat New Jersey. Gerald Ford übrigens hatte die Möglichkeit, in der NFL zu spielen, doch entschied sich für Jura und Politik, was ihn bis ins Oval Office führte. Steve Young besitzt eine Investmentfirma. Maya Moore ist eine glühende Fürsprecherin für soziale Gerechtigkeit und wirbt für eine Reform der Strafjustiz. Stephen Jackson entschied sich nach mehr als zehn Jahren in der NBA dazu, einen Podcast zu moderieren. Er hatte keine Ahnung, was das Schicksal dabei als Aufgabe für ihn vorgesehen hatte, doch als sein Freund aus Kindheitstagen, George Floyd, 2020 brutal von der Polizei ermordet wurde, da wusste er es. Jackson hielt eine berühmt gewordene Protestrede auf einer Demonstration in Minnesota.

Wir sind mehr als Sportler. Diese Aussage soll Sportler keinesfalls kleinreden. Es ist ein Kompliment. Welch bessere Vorbereitung auf die Geschäftswelt oder Politik, für Führungsaufgaben oder den Kampf für Gerechtigkeit könnte es geben, als den Spießrutenlauf, den wir als Sportler Jahre lang durchlebt haben? Jedes Training, jeder Spielzug, jeder Sieg und jede Niederlage bereiten Dich auf etwas vor, ob Du es in diesem Moment schon verstehst oder nicht. Lass Dir von niemandem einreden, dass Du die »Klappe halten und spielen« sollst. Du hast nicht nur das gute Recht, Dich einzubringen und mitzubestimmen, wie die Zukunft Deines Landes aussehen soll – ich würde sogar behaupten, es ist Deine *Pflicht*, dies zu tun!

Ich habe eine Weile gebraucht, musste viel nachdenken, viel diskutieren und sogar dieses Buch schreiben, um einzusehen, dass die Art und Weise, wie ich aus dem Sport ausgeschieden bin, vielleicht sogar perfekt war.

Das Spiel gegen die Spurs, mein letztes, mitten in der Regular Season, war nicht sonderlich glamourös. *Doch es war Basketball.* Ein ganz normaler Abend, an dem wir gegen einen alten Rivalen antraten. Es gab keine hohen Erwartungen und es hatte nichts Besonderes, abgesehen vom Privileg, vor mehr als zehntausend Fans spielen zu dürfen. Es war Basketball. Ich habe alles gegeben. Es war ein Spiel wie Hunderte andere, die ich über die Jahre bestritten hatte, und genauso wie jene, die auch Du schon bestritten hast. Ich habe nicht deshalb alles gegeben, weil ich wusste, dass dies mein letztes Spiel sein würde, sondern weil ich mir vorgenommen hatte, jedes Spiel anzugehen, als wäre es mein letztes. Und dann war es das plötzlich tatsächlich, ohne dass ich es hätte ahnen können. Ich war hungrig wie immer. Ich spürte im vierten Viertel das altbekannte Brennen in meinen Muskeln. Ich stellte mein Ego zum Wohle der Mannschaft zurück. Ich baute meine Mitspieler nach Fehlern auf und sie taten dasselbe für mich. Ich war präsent. Ich war mittendrin. Ich hörte jedes Ticken der Shot Clock.

Du kannst entscheiden, jede einzelne Partie so zu spielen: als sei es Deine letzte. Arbeite hart, selbst wenn Du keine Lust hast, selbst wenn Dein Körper und Geist um Gnade flehen. Will Dir jemand eine einfache Abkürzung zeigen, nimm lieber den harten Weg. Sei für das Spiel da und genauso für Deine Mitspieler. Und denk immer daran, dass das Spiel – welches auch immer Du spielst – größer ist als Du, dass Du aber auch zu Größerem berufen bist.

Tust Du all das, wirst Du vielleicht trotzdem einmal enttäuscht sein, wenn es endet oder wie es endet, so wie ich es zunächst war. Aber Du wirst nichts zu bereuen haben.

DANKSAGUNG

Dieses Buch zu schreiben war eine immense Herausforderung, die ich allein nicht hätte bewältigen können, und ich bin all jenen bis in alle Ewigkeit dankbar, die bei seiner Entstehung mitgeholfen haben.

Ich möchte meiner Frau und meinen Kindern danken, die mich in schwierigen und frustrierenden Momenten unterstützt und ermutigt haben.

Ich danke meinen Agenten Anthony Mattero und Justin Castillo von CAA, die mir diese Chance gegeben und dieses Buch möglich gemacht haben. Ich will ehrlich sein: Als die Idee, ein Buch zu schreiben, erstmals aufkam, erschien sie mir ein wenig zu weit hergeholt, das Ergebnis kaum erreichbar. Doch in vielen Meetings und Telefonaten entstand schließlich ein machbares Konzept. Vielen Dank für eure Mühe! Ich möchte außerdem dem großartigen und inzwischen leider verstorbenen Henry Thomas danken, mein ehemaliger Agent und einer der besten Menschen, die ich je gekannt habe. Du warst wirklich einer der Guten! Mögest du in Frieden ruhen.

Danke, Ryan Holiday, für die unzähligen Stunden Gespräche, Sprachnachrichten und die Arbeit an diesem Buch. Schon bei unserem ersten Treffen wusste ich, dass du genau der richtige für dieses Projekt bist. Diesen gesamten Prozess mit dir gemeinsam zu gestalten, war eine tolle Lernerfahrung für mich. Das Konzept, wie ich meine Botschaft in diesem Buch übermitteln konnte, werde ich für immer mit mir tragen. Du hast dafür gesorgt, dass dieser Prozess Spaß gemacht hat und ich ihn, trotz aller Herausforderungen, genießen konnte.

Ich danke Scott Moyers und seinem Team bei Penguin, für die vielen Gespräche, von der Idee zu diesem Buch, über das konkrete Konzept bis hin zu jedem einzelnen Wort in jedem einzelnen Kapitel. Die unzähligen E-Mails, die wir hin und her geschrieben haben, zeigen mir, dass euch die Botschaft dieses Buchs genauso am Herzen liegt wie mir. Schreiben und Redigieren kann ein mühsamer Prozess sein, doch ihr habt alle dazu beigetragen, ihn so angenehm wie möglich zu gestalten. Die Zusammenarbeit mit euch war wundervoll, und ich freue mich auf weitere Projekte mit euch in der Zukunft. Es gibt noch viel zu tun!!

Zu guter Letzt möchte ich loswerden, dass man ganz erstaunliche Dinge schaffen kann, wenn man sich nur genug anstrengt. Dieses Buch ist der lebende Beweis dafür.

INDEX

A

Abdul-Jabbar, Kareem 62

Aldridge, LaMarcus 48

Ali, Muhammad 49

Allen, Ray 139, 165, 235
  2013 NBA Finals 11 f., 43, 202, 210, 249

Allen, Robert 35

Antetokounmpo, Giannis 93, 115

Anthony, Carmelo
  Olympische Spiele 2008 121
  Leben nach dem Basketball 100
  An jedem verdammten Sonntag (Film) 59

Aristoteles 195

Arizona State Sun Devils 66

Atlanta Braves 87

Atlanta Falcons 59 f.

B

Bad News Bears 63

Barea, J. J. 127

Barkley, Charles »Chuck« 185

Barry, Rick 77

Battier, Shane
  Meisterschaftsringe 139
  mentale Vorbereitung 95 f.
  Teamwork 205, 213 f.

Belichick, Bill 80

Belluz, Julia 170

Bennett, Tony 228

Biggie Smalls 62

Bird, Sue 142

Birdsong, Otis 62

Bishop, Leonard 146 f., 157, 160

Bleacher Report (Sportmagazin) 186

Bosh, Adrienne 5, 20

Bosh, Noel 5, 20

Boston Celtics 98

Bradley, Bill 270

Brady, Tom 78 f., 100, 129
  Selbstsorge 165, 170 f.

Briefe an einen jungen Dichter (Rilke) 30 f.

Bryant, Kobe
  Olympische Spiele 2008 121, 136
  Kritik 192, 209
  Visualisierung und Training 39, 129, 239, 246 ff.

Business Insider (Webportal) 169

C

Calderón, José 211
Captain Class, The (Walker) 150
Carter, Maverick 167
Carver Academy 270
Central Arkansas Bears 47
Chalmers, Mario 115 f.
Chandler, Tyson 65
Chicago Bulls 77, 151 f., 196, 237, 241, 259 f.
Chop Wood Carry Water (Medcalf) 100
Churchill, Winston 98 f., 108 f.
Clemens, Roger 86
Cleveland Cavaliers 264
Curry, Michael 212
Curry, Seth 77
Curry, Stephen 73, 95, 243
  Training 237 f., 250 f.

D

Dallas Cowboys 237
Dallas Mavericks, NBA Finals 2011 13, 15 f., 18, 187, 225 f.
D'Antoni, Mike 27, 37
David, Walter 62
Davis, Anthony 105 f., 115
De la Pava, Sergio 240
Denver Nuggets 142
Der große Gatsby (Fitzgerald) 91
Detroit Pistons 77, 260
Die Tribute von Panem (Collins) 73
Dončić, Luka 104
Dragić, Goran 19
Dream Team (US-Basketball-Olympiamannschaft der Herren 1992) 208
Drew League 62
Duke Blue Devils 47, 66
Duncan, Tim 39, 43, 209
  NBA Finals 2013 10, 45, 207
Durant, Kevin »KD« 10, 95, 243
  Kritik 184

E

Eastern Conference Finals
  1991 241
  2011 152
Eisenhower, Dwight 118
Embiid, Joel 224 f.
Emery, Ray 99
Epiktet 243
ESPN (Sportsender) 127, 250

F

Floyd, George 270
Ford, Gerald 270
Fujita, Scott 60

G

Gaines, Cork 169
Garnett, Kevin 98, 214, 248
Georgia Tech Yellow Jackets 47, 130 f., 221
Gilmore, Artis 62
Ginobili, Manu 10
Gladwell, Malcolm 84, 260
Gleason, Steve 60
Goggins, David 41
Golden State Warriors 159, 168, 177, 183, 209, 251
Green, Danny 12, 105, 127
Green, Draymond 76, 177
Green Bay Packers 85
Greene, Robert 261
Griffin, Shaquem 243

H

Hamilton, Lewis 77
Hamilton, Rip 39
Hardaway, Tim, Jr. 76
Harden, James 10, 78, 115
Harry Potter (Rowling) 91
Heat, *siehe:* Miami Heat
Heifetz, Jascha 253
Herkules und die Sandlot-Kids (Film) 263
Hernandez, Jose 87
Hewitt, Paul 130 f.
Hill, Thomas 28 f., 67
Hitler, Adolf 108
Hitzlsperger, Thomas 243
Holyfield, Evander 99
Houston Rockets 94
Howard, Dwight 105, 136
Howard, Juwan 120, 149 f.
Hurley, Bobby 66 f.

I

Iguodala, Andre 141
Ilias (Homer) 109
Illmatic (Album von Nas) 62
Indiana Pacers 43
Inner Game of Tennis, The (Gallwey) 100
Irving, Kyrie 115, 209

J

Jackson, Bo 26
Jackson, Phil 196, 205, 260
Jackson, Stephen 270
James, LeBron 78 f., 82, 85 f., 208, 270
  Olympische Spiele 2008 121, 136
  Saison 2010/2011 151 f., 203
  NBA Finals 2011 17
  NBA Finals 2013 12 f.

Wechsel zu Cleveland 2014 19, 264
Big Three 14 ff., 17, 138, 157 f., 203
Kritik 151, 185
Selbstsorge und Regeneration 163 ff., 167 f., 170, 172
Teamwork 105, 115, 138, 138, 205, 209

Jamison, Antawn 255

Jemison, Mae 99

Jeter, Derek 129

Johnson, Dennis 62

Johnson, Earvin »Magic« 243

Johnson, Larry 48

Johnson, Marques 62

Johnson, Randy 86

Jordan, Michael »MJ« 66, 77, 79, 136, 185, 237, 241, 243, 259 f.
Kritik 191
Space Jam 206
The Last Dance 259

K

Karney, Mike 60, 69

Kerr, Steve 141

Kidd, Jason 13, 225

Kipling, Rudyard 205, 219 f., 238

Krzyzewski, Mike »Coach K« 27, 121 f., 135, 205

L

Laimbeer, Bill 241

Larry O'Brien Championship Trophy 201

Last Dance, The (Dokumentation) 241, 259

Leonard, Kawhi 174
Eastern Conference Finals 2019 224 f.

Leslie, Lisa 243

Lewis, Michael 81

Lewis, Rashard 139

Lillard, Damian 95, 99

Little League World Series 224

Lombardi Trophy 58

Los Angeles Dodgers 87

Los Angeles Lakers 196, 205, 236, 239

Los Angeles Rams 59

Los Angeles Sparks 34

Love, Kevin 89, 175

Lucas, Maurice 62

Lynch, Marshawn 33

M

McGinnis, George 62

McLendon, Steve 99

Maddux, Greg 86 f.

Malone, Karl 241

Mancias, Mike 169
Manning, Peyton 229, 269
Martin, Darrick 149 f., 211
Massachusetts Institute of Technology (MIT) 99
Mastery (Greene) 261
Mays, Robert 59
Miami Heat
  Debüt-Saison 2010/11 64
    NBA Finals 17 f., 225 f.
  NBA Finals 2012 9 f., 77 f., 139
  NBA Finals 2013 43
  Saison 2013/14
    Eastern Conference Finals 43
    NBA Finals 221
  Saison 2015/16 19 159
  Blutgerinnsel 19 f., 26, 178, 264 f.
  Saison 2019
    Rücktritt 18, 201
    Ehrung des Trikots 18, 202, 217
    Widrigkeiten 18, 21
    Big Three 15, 204
    Kritik 186, 188
    Bedeutung von Kommunikation 83, 115
    Leadership 13, 21
    Teamrituale 155
    Teamwork 17, 111, 149, 211
Michigan Wolverines 120
Mighty Ducks 63
Mitchell, Sam 132, 207, 248
Moawad, Trevor 243
Moore, Maya 270
Musk, Elon 78
MVPs (Most Valuable Players) 80, 246, 251, 255
Myers, Bob 177

N

Napoleon Bonaparte 109
Nas 62 f.
Nash, Steve 247
National Basketball Association Awards-Larry O'Brien 201
National Invitation Tournament (2003) 221
NBA Finals
  2011 13, 17, 225
  2012 9, 234 f.
  2013 235, 258
NBA G-League 126 f.
NBA Western Conference All-Stars (1979) 62
NCAA-Stipendien 87
NCAA-Turnier 34, 74, 221, 228
New Orleans Saints 58 ff.
New Orleans Superdome 59 ff.
New York Yankees 237
NFC Meisterschaftsspiel 2019 59
Nowitzki, Dirk 13, 225, 247

O

Oakley, Charles 185

Oklahoma City Thunder, NBA Finals 2012 10, 18
Olympische Spiele
  1992 208
  2008 34, 121, 208
O'Neal, Shaquille 192, 209, 239
Outliers (Gladwell) 83, 260
Overbeck, Carla 150

P

Parcells, Bill 240
Parker, Candace 34, 100
Parker, Tony 10 f., 115
Patton, George S. 110
Paul, Chris 104
Payton, Sean 58 ff.
Philadelphia Phillies 66
Philadelphia 76ers 141, 224 f.
Phoenix Suns 19, 37
Pippen, Scottie 47
Pittsburgh Steelers 66
Popovich, Gregg 10, 209, 258

R

Randolph, Zach 214
Rapinoe, Megan 129, 142
Raptors, *siehe*: Toronto Raptors
Redeem Team (US-Basketball-Olympiamannschaft der Herren 2008) 208
Redick, J. J. 46
Riley, Pat 27, 143
  NBA Finals 1987 236
  NBA Finals 2011 13, 17
  NBA Finals 2013 45, 202 f.
Rilke, Rainer Maria 30 f.
Rivers, Austin 76
Roberson, Ken 48
Robinson, David 269 f.
Robinson, Jackie 243
Rodgers, Aaron 85 f.
Rodman, Dennis 47
Rondo, Rajon 106
Roosevelt, Teddy 199, 254
Ruth, Babe 167

S

Saban, Nick 129
San Antonio Spurs 95, 236, 258 f., 263, 271
  NBA Finals 2013 10 ff., 43, 137, 206
  Leonard bei den 174
Schumacher, Michael 77
Seneca der Jüngere 238
Shakur, Tupac 62
Shazier, Ryan 66
Sherman, Richard 87 f.
Sikma, Jack 62
Simmons, Bill 167

Sinek, Simon 55
Southeastern Oklahoma State Savage 47
Space Jam (Film) 206
Spoelstra, Erik »Spo« 10, 27, 83 f., 116, 137, 153, 159 f., 214, 260
Sports Illustrated (Zeitschrift) 87
Springsteen, Bruce 37, 71
Stanford Cardinal 87, 244
Start with Why (Sinek) 55
Super Bowl XXXVI 80
Super Bowl XLIV 61
Super Bowl L 269

T

Tennessee Volunteers 34
Terry, Jason 225
Texas Tech Red Raiders 221
Thomas, Isiah 241
Thomas, Kurt 48
Thompson, David 62
Thompson, Klay 76
To a Young Jazz Musician: Letters from the Road (Marsalis) 30
Toronto Raptors
  Rookie-Saison 2003 131 f.
  Eastern Conference Finals 2019 224
  Leadership 98, 149, 211
Tour de France 169

U

UFC (Ultimate Fighting Championship) 198
US-Basketball-Olympiamannschaft der Herren 1992 208
  2008 135 f., 208
Urschel, John 99
US-WM-Mannschaft 2006 133 f., 136
Utah Jazz 159

V

Van Gundy, Jeff 205
Virginia Cavaliers 228
Virginia Union Panthers 47

W

Wade, Dwyane »D-Wade«
  Olympische Spiele 2008 121, 208
  Saison 2010/2011 152
  NBA Finals 2011 203
  Big Three 14, 138, 157 f., 203
  Kritik 185
  Selbstsorge und Regeneration 172
  Teamwork 115, 203, 214
Wagner, Dajuan 26
Waitkus, Eddie 66
Walker, Herschel 99
Walker, Sam 150

Wallace, Ben 47
Webb, Spud 243
West, Kanye 133
Westbrook, Russell 10, 44, 115
Westphal, Paul 62
White, Dana 198
Whiteside, Hassan 127
Williams, Jay 26
Williams, Serena 63
Williams, Ted 230
Williamson, Zion 67
Wilson, Russell 243
Winner Within, The (Riley) 143
WNBA 34, 142
Weltmeisterschaft der Frauen 1999 150
Wooden, John 30, 236
Woods, Tiger 244

Y

Young, Steve 270

Z

Zenon von Elea 193
Zuckerberg, Mark 230

Dein Ego ist dein Feind

Ryan Holiday

Viele Menschen glauben, dass die Gründe, die sie daran hindern, erfolgreich zu sein, in ihrer Umwelt zu finden sind. Aber in Wirklichkeit steckt der größte Feind in jedem von uns selbst: unser Ego. Es macht uns blind für unsere Fehler, verhindert, dass wir aus ihnen lernen, und hemmt unsere Entwicklung. Denn gerade in Zeiten, in denen die schamlose Selbstdarstellung in sozialen Netzwerken oder im Reality-TV eine Selbstverständlichkeit ist, liegt die wahre Herausforderung in der Idee, weniger Zeit in das Erzählen der eigenen Größe zu stecken und stattdessen die wirklich wichtigen Missionen des Lebens zu meistern. Mit einer Fülle an Beispielen aus Literatur, Philosophie und Geschichte zeigt Ryan Holiday eindrucksvoll und praxisnah, wie die Überwindung des eigenen Egos zum unnachahmlichen Erfolg verhilft.

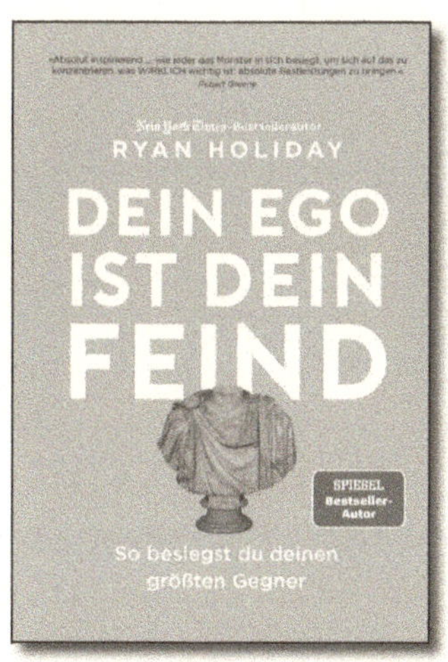

288 Seiten | Hardcover | 19,99 € (D) | 20,60 € (A) | ISBN 978-3-95972-032-8

Dein Hindernis ist dein Weg

Ryan Holiday

Tagtäglich werden wir mit Problemen konfrontiert. Dabei haben wir stets die Wahl: Wir können uns von den Hürden auf unserem Weg aufhalten lassen oder wir wachsen an der Herausforderung. Wenn wir vor Aufgaben stehen, die frustrierend oder schwierig sind, löst dies im ersten Moment oft Angst, Wut oder Hilflosigkeit aus. Doch es liegt in unserer Macht, diese erste Reaktion zu nutzen, sie in eine Stärke umzuwandeln und so ans Ziel zu kommen. Ryan Holiday zeigt, wie das Wissen der Stoiker gerade für unsere hektische und unsichere Zeit ein Segen sein kann. In viele kleine Lektionen verpackt, enthüllt er, wie große Geister wie Edison, Roosevelt aber auch Steve Jobs oder Barack Obama Weisheit, Mut, Selbstbeherrschung und Gelassenheit erlernt haben, um in der zunehmenden Komplexität unserer Welt nicht nur zu bestehen, sondern Großartiges zu leisten.

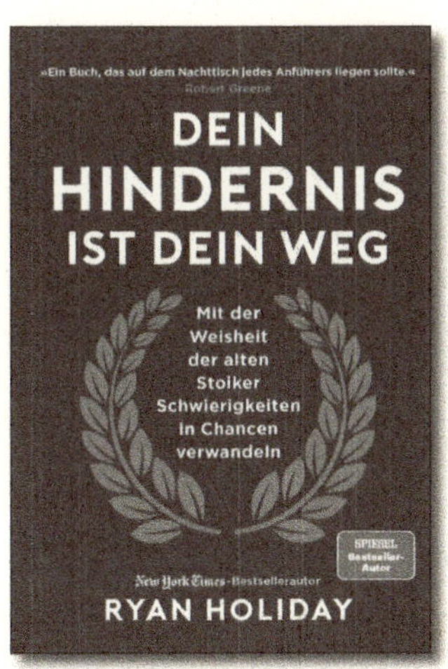

224 Seiten | Hardcover | 16,99 € (D) | 17,50 € (A) | ISBN 978-3-95972-157-8